复旦大学新闻学院与上海市委宣传部共建"有中国特色社会主义新闻学教学与研究基地"复旦大学马克思主义新闻观教学与研究基地学术成果

马克思主义新闻观
典型案例分析

马克思主义新闻观教学团队　编写

陈建云　主编　　马凌　徐佳　副主编

復旦大學 出版社

前　言

马克思主义新闻观的核心理念与实践本质

陈建云

一

马克思主义新闻观是马克思主义经典作家和无产阶级政党关于新闻媒体性质、功能、运作和新闻传播活动、规律的观念体系。这一观念体系，经过数代马克思主义经典作家的提出、凝练、论证和发展，经过一百多年来无产阶级政党，尤其是中国共产党新闻宣传理论建构和实践检验而臻于成熟。与西方自由主义新闻观相比，党性原则、坚持正确舆论导向、以人民为中心、责任先于自由等方针原则，是马克思主义新闻观最为基本、最为核心的理念，也是其区别于西方自由主义新闻观的本质所在。

1. 党性原则

党性原则是列宁提出的无产阶级政党的一个组织、纪律原则，是对马克思主义政党学说的重要贡献。列宁所说的党性原则，即每个党员、党组织都要自觉遵守党的纲领决议、方针政策，不能有"小组习气"和派别性。在《党的组织和党的出版物》一文中，列宁又把党性原则贯穿于党的新闻舆论工作之中。

中国共产党在创立之初，就把新闻舆论工作视为党的事业的重要组成部分，纳入党的直接领导。经过长期的新闻舆论实践与理论积淀,中国共产党于1942年延安整风时期,首次明确地把党性、群众性、战斗性、组织性概括为党报的四大品质。党报的这四大品质中,党性处于统领地位,群众性、战斗性和组织性由党性而生发,统一于党性原则之下。党报的党性原则主要有两重含义:其一,党报是党的宣传鼓动工作最有力的工具,党要倾力加强对党报的领导,务必使党报编辑部与党的领导机关的政治生活联成一气;其二,党报宣传必须服从党的政策,必须与整个党的方针、政策、动向密切相连,呼吸相通,成为实现党的一切政策、号召的尖兵和倡导者[①]。中国共产党继承和发展马克思主义的党报学说,自此形成一套以"四性一统"为核心理念的新闻理论体系,指导党的新闻舆论工作实践,取得了中国革命、建设、改革的伟大胜利。

互联网技术的勃兴使传播形态、媒体格局发生剧变,但是党性原则依然是党的新闻舆论工作必须坚持的基本原则。2016年2月19日,习近平在党的新闻舆论工作座谈会(下文简称"2·19"讲话)上就强调,党的新闻舆论工作是党的一项重要工作,是治国理政、安邦定国的大事,做好党的新闻舆论工作,"事关旗帜和道路,事关贯彻落实党的理论和路线方针政策,事关顺利推进党和国家各项事业,事关全党全国各族人民凝聚力和向心力,事关党和国家前途命运"。因此,党的新闻舆论工作必须把政治方向摆在第一位,牢牢坚持党性原则。坚持党性原则,最根本的是坚持党对新闻舆论工作的领导。不管传播形态、媒体格局如何变化,党管媒体的原则和制度不能变,党和政府主办的媒体必须姓党,新闻舆论工作者必须增强看齐意识,做到爱党、护党、为党,在思想上政治上行动上同党中央保持高度一致,坚决维护国家意识形态安全和政治安全[②]。

在以互联网为技术支撑的全媒体时代,新闻舆论工作更要坚持

---

① 《致读者》,延安《解放日报》1942年4月1日社论。
② 《坚持正确方向创新方法手段 提高新闻舆论传播力引导力》,《人民日报》2016年2月20日。下引习近平总书记"2·19"讲话内容同此出处。

党性原则,立场坚定,旗帜鲜明,凝聚人心,服务大局。2014年8月,中央全面深化改革领导小组第四次会议审议通过《关于推动传统媒体和新兴媒体融合发展的指导意见》,要求在坚持正确方向和舆论导向的前提下,遵循新闻传播规律和新兴媒体发展规律,强化互联网思维,推动传统媒体和新兴媒体在内容、渠道、平台、经营、管理等方面深度融合,着力打造新型主流媒体,更好地传播党和政府的声音,更好地满足人民群众的信息需求。2018年8月,习近平在全国宣传思想工作会议上强调,新形势下的宣传思想工作,必须增强"四个意识",坚定"四个自信",自觉承担起举旗帜、聚民心、育新人、兴文化、展形象的使命任务,坚持正确政治方向,促进全体人民在理想信念、价值理念、道德观念上紧紧团结在一起,为服务党和国家事业全局作出更大贡献。2019年1月25日,中共中央政治局在人民日报社专门就全媒体时代和媒体融合发展举行第十二次集体学习。习近平主持学习会并发表重要讲话,他指出,在"全程媒体、全息媒体、全员媒体、全效媒体"的全媒体时代,信息无处不在、无所不及、无人不用,导致舆论生态、媒体格局、传播方式发生深刻变化,新闻舆论工作面临新的挑战。"我们要因势而谋、应势而动、顺势而为,加快推动媒体融合发展,使主流媒体具有强大传播力、引导力、影响力、公信力,形成网上网下同心圆,使全体人民在理想信念、价值理念、道德观念上紧紧团结在一起,让正能量更强劲、主旋律更高昂。"要通过顶层设计打造新型传播平台,建成新型主流媒体,"扩大主流价值影响力版图,让党的声音传得更开、传得更广、传得更深入。要旗帜鲜明地坚持正确的政治方向、舆论导向、价值取向,通过理念、内容、形式、方法、手段等创新,使正面宣传质量和水平有一个明显提高"[①]。

[①] 《习近平主持中共中央政治局第十二次集体学习并发表重要讲话》,中国政府网,http://www.gov.cn/xinwen/2019-01/25/content_5361197.htm。

2. 坚持正确舆论导向

所谓舆论,是指民众基于固有的信念与价值观,对特定社会现象与问题进行持续关注所形成的"共识性意见"。舆论的形成需要特殊的时空即"舆论场",新闻媒体作为民众意见表达、交汇、整合的载体与平台,是形成社会舆论的最有力工具。实践证明,新闻宣传不仅可以形成舆论、强化舆论,而且能够引领舆论的走向。"舆论导向正确,是党和人民之福;舆论导向错误,是党和人民之祸。"①基于这一深刻认识,我们党在新时期根据马克思主义新闻思想的基本原理,结合当代中国改革、发展、稳定的具体实际,创造性地提出了"坚持正确舆论导向"的新闻工作基本方针。当今中国正在经历快速而深刻的社会转型,对于社会变革的目标、步骤、举措,以及如何化解社会变革伴生的矛盾,需要全社会形成共识,齐心协力攻坚克难。但是,当下中国官方舆论场、民间舆论场、境外舆论场并存的多元化舆论表达格局,给党政媒体引导公众舆论、形成社会共识带来了前所未有的挑战。所以,新闻舆论工作各个方面、各个环节都要坚持正确舆论导向,是世情、国情、党情所需,具有很强的现实针对性。坚持正确舆论导向,就是要求我们的新闻舆论工作必须坚持以正确的舆论引导人,全面营造有利于坚持中国共产党领导和我国社会主义制度、有利于推动改革发展、有利于增进全国各族人民团结、有利于维护社会和谐稳定的舆论环境。

党的新闻舆论工作必须"坚持正确舆论导向",自然引申出"坚持以正面宣传为主"的方针。新闻报道的主题、基调、色彩会影响国民精神风貌,感染公众情绪心理。新闻媒体大力宣扬良善,倡导美好,公众自然会昂扬奋发,从善如流;如果大量集中暴露社会丑恶和阴暗面,公众则会悲观失望,自私自利。所以,党的新闻舆论工作必须遵循以正面宣传为主的方针,唱响主旋律,传播正能量,团结稳定鼓劲,

---

① 《江泽民文选》第1卷,人民出版社2006年版,第564页。

做好正面宣传,增强吸引力和感染力。2013年8月,习近平在全国宣传思想工作会议上就指出:"坚持团结稳定鼓劲、正面宣传为主,是宣传思想工作必须遵循的重要方针。我们正在进行具有许多新的历史特点的伟大斗争,面临的挑战和困难前所未有,必须坚持巩固壮大主流思想舆论,弘扬主旋律,传播正能量,激发全社会团结奋进的强大力量。关键是要提高质量和水平,把握好时、效、度,增强吸引力和感染力,让群众爱听爱看、产生共鸣,充分发挥正面宣传鼓舞人、激励人的作用。"①当然,以正面宣传为主并非不能做"负面报道"。新闻媒体揭露社会丑恶和阴暗面,是在行使正常的舆论监督权利,如果把握好时与度,一样会产生正面影响和积极效果。习近平在"2·19"讲话中也强调:舆论监督和正面宣传是统一的,新闻媒体要直面工作中存在的问题,直面社会丑恶现象,激浊扬清、针砭时弊,同时,发表批评性报道要事实准确、分析客观。

3. 以人民为中心

马克思在早年就提出了"人民报刊"这一命题。1842年12月至1843年1月,他为抗议当局查封《莱比锡总汇报》撰写了一系列报道和评论。在其中一篇文章中,马克思指出:"报刊只是而且只应该是人民(确实按人民的方式思想的人民)日常思想和感情的公开表达者,……它生活在人民当中,它真诚地同情人民的一切希望与忧患、热爱与憎恨、欢乐与痛苦。"②把"群众路线"视为党的生命线和根本工作路线的中国共产党,强调新闻媒体既是党和政府的喉舌,也是人民的喉舌,在新时期发展马克思的"人民报刊"思想,提出"以人民为中心"的新闻舆论工作方针。2004年9月,中共中央作出的《关于加强党的执政能力建设的决定》指出,我们发展文化的目的,就在于"满足人民群众精神文化需求和促进人的全面发展"。2008年6月胡锦涛

---

① 《习近平谈治国理政》,外文出版社2014年版,第155页。
② 《马克思恩格斯全集》(第2版)第1卷,人民出版社1995年版,第352页。

考察人民日报社时也说,我们的新闻宣传工作必须坚持"以人为本",增强新闻报道的亲和力、吸引力、感染力。

因为中国共产党"来自人民、植根人民、服务人民,党的根基在人民、血脉在人民、力量在人民"①,党性与人民性统一,党的利益与人民的利益一致,所以新闻舆论工作"以人民为中心"原则与党性原则并不矛盾。2013年8月,习近平在全国宣传思想工作会议上深刻阐述了两者之间的内在关系:"党性和人民性从来都是一致的、统一的。坚持党性,核心就是坚持正确政治方向,站稳政治立场,坚定宣传党的理论和路线方针政策,坚定宣传中央重大工作部署,坚定宣传中央关于形势的重大分析判断,坚决同党中央保持高度一致,坚决拥护中央权威。所有宣传思想部门和单位,所有宣传思想战线上的党员、干部都要旗帜鲜明坚持党性原则。坚持人民性,就是要把实现好、维护好、发展好最广大人民根本利益作为出发点和落脚点,坚持以民为本、以人为本。要树立以人民为中心的工作导向,把服务群众同教育群众结合起来,把满足需求同提高素养结合起来,多宣传报道人民群众中涌现出来的先进典型和感人事迹,丰富人民精神世界,增强人民精神力量,满足人民精神需求。"②他在"2·19"讲话中再次强调:党的新闻舆论工作要坚持"以人民为中心"的工作导向,坚持党性和人民性相统一,不断解决好"为了谁、依靠谁、我是谁"这个根本问题,转作风、改文风、察实情、说实话,努力推出有思想、有温度、有品质的作品,"丰富人民精神世界,增强人民精神力量"。

"以人民为中心"的方针,是新闻舆论工作"人民性",也可以说是"党性"的必然要求和重要体现。新闻舆论工作坚持"以人民为中心"的方针,就是坚持"以民为本、以人为本",以人民群众喜闻乐见的方式反映万家忧乐、民众意见与呼声,尊重人民主体地位,发挥人民首

---

① 《习近平谈治国理政》,外文出版社2014年版,第367页。
② 同上书,第154页。

创精神,保障人民知情权、参与权、表达权、监督权的充分实现。

4. 责任先于自由

马克思主义创始人马克思和恩格斯都尊崇新闻出版自由。马克思曾说,"没有新闻出版自由,其他一切自由都会成为泡影","新闻出版法就是对新闻出版自由在法律上的认可"①。马克思反对书报检查制度,把实行书报检查的时期称为"精神的大斋期",也反对政府用保证金、知识税等经济手段对新闻出版业实施间接管制。恩格斯给"出版自由"下过一个精当的定义:"每个人都可以不经国家事先许可自由无阻地发表自己的意见,这也就是出版自由。"②列宁早年为俄国社会民主工党起草纲领,就将"绝对的出版自由"列为党的奋斗目标之一。在新民主主义革命时期,毛泽东曾说过:"人民的言论、出版、集会、结社、思想、信仰和身体这几项自由,是最重要的自由。"③中华人民共和国成立后,毛泽东更多地从阶级观点去看待新闻事业和新闻自由:"在阶级消灭之前,不管通讯社或报纸的新闻,都有阶级性。资产阶级所说的'新闻自由'是骗人的,完全客观的报道是没有的。"④针对网络空间、网络传播的高度开放性与自由性,习近平则指出:网络空间既要提倡自由也要保持秩序,自由是秩序的目的,秩序是自由的保障;我们既要尊重网民交流思想、表达意愿的权利,也要依法构建良好网络秩序,这有利于保障广大网民合法权益⑤。

可见,马克思主义新闻观并不否认新闻自由的价值,对新闻自由本质的认识也十分深刻。不过,为了无产阶级革命和社会主义建设、改革事业,马克思主义新闻观强调社会责任先于新闻自由,新闻宣传思想部门"守土有责、守土负责、守土尽责",新闻工作者只有具备政

---

① 《马克思恩格斯全集》(第2版)第1卷,人民出版社1995年版,第201、175页。
② 《马克思恩格斯全集》第1卷,人民出版社1956年版,第695页。
③ 《毛泽东选集》(第2版)第3卷,人民出版社1991年版,第1070页。
④ 《毛泽东新闻工作文选》,新华出版社1983年版,第191页。
⑤ 习近平:《在第二届世界互联网大会开幕式上的讲话》,新华网,http://www.xinhuanet.com/world/2015-12/16/c_1117481089.htm,2015年12月16日。

治意识、大局意识,担负社会责任,才会享有充分的新闻自由。这与新闻自由先于社会责任的西方自由主义新闻观明显不同。

党性原则、坚持正确舆论导向、以人民为中心、责任先于自由这几个核心理念,互相联系,互为条件,统一于马克思主义新闻观这一"新闻舆论工作的灵魂"。

二

实践是所有认识的逻辑起点。马克思主义新闻观当然不是主观臆造的,而是马克思主义经典作家和无产阶级政党对丰富的新闻舆论工作实践的体认和理论概括。马克思、恩格斯、列宁和毛泽东都有经办报刊的经历;高度重视新闻舆论工作,把新闻宣传列为党的一个重要工作部门,大力创办各类媒体以服务于革命和建设事业,是各国无产阶级政党的共同理念和一贯做法。作为一种认识、一种思维,马克思主义新闻观来源于新闻舆论工作实践,生发于新闻舆论工作实践,这是其实践本质的体现之一。

实践是认识的最终目的。马克思主义经典作家和无产阶级政党对新闻舆论工作实践经验进行抽象概括,使之上升到理论范畴,不是为理论而理论,而是服务于实践、应用于实践,指导现实工作把握规律,改进方法,精益求精,更上层楼。"如果有了正确的理论,只是把它空谈一阵,束之高阁,并不实行,那末,这种理论再好也是没有意义的。认识从实践开始,经过实践得到了理论的认识,还须再回到实践去。认识的能动作用,不但表现于从感性的认识到理性的认识之能动的飞跃,更重要的是还须表现于从理性的认识到革命的实践这一个飞跃。"① 马克思主义经典作家和无产阶级政党对新闻舆论工作实践进行理论概括,是为了更好地指导新闻舆论工作实践,这是马克思

---

① 毛泽东:《实践论》,载《毛泽东选集》(第2版)第1卷,人民出版社1991年版,第292页。

主义新闻观的实践本质体现之二。

经过长期的新闻舆论工作实践检验,马克思主义新闻观被证明是符合客观实际的正确认识即真理,这是其实践本质的体现之三。"真理就是标志主观同客观相符合的范畴","检验认识的真理性,就是检验主观认识同客观事物是否符合,以及符合到什么程度"①。早在1845年马克思就明确提出:"人的思维是否具有客观的真理性,这并不是一个理论的问题,而是一个实践的问题。人应该在实践中证明自己思维的真理性,即自己思维的现实性和力量,亦即自己思维的此岸性。关于离开实践的思维是否具有现实性的争论,是一个纯粹经院哲学问题。"②一项认识是否正确,一种理论是否为真理,即是否正确反映了客观实际,只能靠社会实践来检验,因为唯有社会实践才能把主观和客观联系起来、沟通起来。实践是检验真理的唯一标准,这是马克思主义认识论的一个基本原理。经过无产阶级政党,特别是中国共产党新闻舆论工作实践的不断检验,马克思主义新闻观正确反映了新闻舆论工作实际,科学指导了新闻舆论工作实践,可以说是被社会实践反复验证过的一种真理。

马克思主义新闻观必须在实践中不断发展和检验,这是其实践本质的体现之四。毛泽东在《实践论》中指出:"马克思主义者承认,在绝对的总的宇宙发展过程中,各个具体过程的发展都是相对的,因而在绝对真理的长河中,人们对于在各个一定发展阶段上的具体过程的认识具有相对的真理性。"③任何认识、任何理论都基于一定历史阶段的社会实践;社会实践不断发展,认识、理论也要随之而自我修正、自我完善,否则将成为僵死的教条。马克思主义也是如此。2017年9月29日,习近平在主持中共十八届中央政治局第43次集体学

---

① 李秀林等主编:《辩证唯物主义和历史唯物主义原理》(修订本),中国人民大学出版社1982年版,第242页。
② 马克思:《关于费尔巴哈的提纲》,载《马克思恩格斯选集》第1卷,人民出版社1972年版,第16页。
③ 《毛泽东选集》(第2版)第1卷,人民出版社1991年版,第295页。

习会时就强调:"我们党是用马克思主义武装起来的政党,马克思主义是我们共产党人理想信念的灵魂。发展21世纪马克思主义、当代中国马克思主义,必须立足中国、放眼世界,保持与时俱进的理论风格,深刻认识马克思主义的时代意义和现实意义,锲而不舍推进马克思主义中国化、时代化、大众化,使马克思主义放射更加灿烂的真理光芒。"①改革开放以来,我们党根据世情、国情、党情和媒情的变化,提出了坚持正确舆论导向、打造新型主流媒体、提升传播的时效度、加强网络空间治理、增强国际话语权等一系列新观点,为发展马克思主义新闻观作出了中国的原创性贡献。

马克思主义新闻观的新观点的真理性,需要当下新闻舆论工作实践来检验;就是已经被实践证实为真理的认识、观点,仍然需要发展的实践不断检验、不断完善。"我们不仅承认实践是真理的标准,而且要从发展的观点看待实践的标准。"马克思主义认为,实践作为检验真理的标准,既具有绝对性——一切思想和理论都必须由实践来检验,实践最终也能够验证其是否为真理,又具有相对性——实践在它发展的一定阶段上都有其局限性,不能无条件地完全证实或完全驳倒一切思想和理论。"辩证唯物主义认识论关于实践标准的绝对性和相对性辩证统一的观点,就是任何思想、任何理论必须无例外地、永远地、不断地接受实践的检验的观点,也就是真理发展的观点。任何思想、理论,即使是已经在一定的实践阶段上证明为真理,在其发展过程中仍然要接受新的实践的检验而得到补充、丰富或者纠正。"②

作为马克思主义的组成部分,马克思主义新闻观来源于新闻舆论工作实践,验证于新闻舆论工作实践,服务于新闻舆论工作实践。马克思主义新闻观是一个开放包容、与时俱进的理论体系,也会随着

---

① 《习近平谈治国理政》第2卷,外文出版社2017年版,第65页。
② 《实践是检验真理的唯一标准》,《光明日报》1978年5月11日,本报特约评论员文章。

新闻舆论工作实践的不断发展而自我创新完善,也应该不断接受新的新闻舆论工作实践的检验。"通过实践而发现真理,又通过实践而证实真理和发展真理。从感性认识而能动地发展到理性认识,又从理性认识而能动地指导革命实践,改造主观世界和客观世界。实践、认识、再实践、再认识,这种形式,循环往复以至无穷,而实践和认识之每一循环的内容,都比较地进到了高一级的程度。这就是辩证唯物论的全部认识论,这就是辩证唯物论的知行统一观。"①

三

习近平总书记在"2·19"讲话中指出,在新的时代条件下,党的新闻舆论工作的职责和使命是:高举旗帜、引领导向,围绕中心、服务大局,团结人民、鼓舞士气,成风化人、凝心聚力,澄清谬误、明辨是非,联接中外、沟通世界。要深入开展马克思主义新闻观教育,引导广大新闻舆论工作者做党的政策主张的传播者、时代风云的记录者、社会进步的推动者、公平正义的守望者②。2016年11月7日,习近平总书记在会见中国记协第九届理事会全体代表和中国新闻奖、长江韬奋奖获奖者代表时,又对广大新闻工作者提出了四点希望:一是要坚持正确政治方向,做政治坚定的新闻工作者;二是要坚持正确舆论导向,做引领时代的新闻工作者;三是要坚持正确新闻志向,做业务精湛的新闻工作者;四是要坚持正确工作取向,做作风优良的新闻工作者③。

广大新闻工作者只有坚持马克思主义新闻观,践行马克思主义新闻观,在实践中发展马克思主义新闻观,才能肩负起党的新闻舆论

---

① 毛泽东:《实践论》,载《毛泽东选集》(第2版)第1卷,人民出版社1991年版,第296—297页。
② 《习近平谈治国理政》第2卷,外文出版社2017年版,第332页。
③ 《习近平会见中国记协第九届理事会全体代表和中国新闻奖、长江韬奋奖获奖代表》,央视网,http://news.cctv.com/2016/11/07/ARTIwFqri1t152xbTtPMXwqX161107.shtml,2016年11月7日。

工作的职责和使命，成为政治坚定、引领时代、业务精湛、作风优良的新闻工作者，为实现党的十八大确定的"两个一百年"奋斗目标、实现中华民族伟大复兴的中国梦提供强大精神动力和有力舆论支持。有鉴于此，我们组织编写了这部《马克思主义新闻观典型案例分析》，希望对广大新闻工作者学习、践行马克思主义新闻观有所帮助。

（陈建云，复旦大学新闻学院副院长、教授。本文第一部分的主要内容曾以《马克思主义新闻观的核心理念》为题，发表于《当代传播》2016年第12期。）

目 录

前言 ··· 1

第一部分　先进典型

"时代楷模"钟扬人物报道分析 ······························· 3
"司法路上的燃灯者"邹碧华人物报道分析 ··················· 25

第二部分　主题报道

新华网"十九大"专题报道分析 ······························ 41
"国家公祭日"主题报道分析 ································· 56
腾讯网"中国人的一天"主题策划分析 ······················· 77

第三部分　舆论监督

新闻媒体监督"毒跑道"事件分析 ···························· 97
"于欢案"舆论监督与舆论引导分析 ························ 113

第四部分　突发事件

"8·12"天津滨海新区爆炸事故报道分析 ················· 133
昆明"3·01"暴恐事件报道分析 ···························· 153

第五部分　社会责任

"魏则西事件"报道分析 ··································· 171

"江歌案"报道分析 …………………………………………… 188

第六部分　职业伦理

21世纪网新闻敲诈案分析 …………………………………… 213
"上海女孩逃离江西农村"事件报道分析 …………………… 232

第一部分

先进典型

"时代楷模"钟扬人物报道分析

一、案例介绍

2017年9月25日,复旦大学教授钟扬在去内蒙古城川民族干部学院为民族地区干部讲课的出差途中遭遇车祸,不幸逝世,年仅53岁。

钟扬,1964年5月出生,湖南邵阳人,1991年6月加入中国共产党。中国科学技术大学少年班毕业,日本国立综合研究大学院大学生物系统科学博士;1984年至1999年任职于中国科学院武汉植物研究所,2000年起任复旦大学生命科学学院教授、植物学和生物信息学博士生导师。2001年起,钟扬坚持10年自主进藏开展科研,收集了上千种植物的四千万颗种子,建立"生物基因库",为保护生态存储未来的希望;同时他作为援藏干部,致力于在西藏建设生态学科,培养人才。

钟扬生前系复旦大学党委委员、研究生院院长、生命科学学院教授、博士生导师,中央组织部第六、七、八批援藏干部,教育部长江学者特聘教授,国家杰出青年科学基金获得者。他三十多年来从事植物学、生物信息学科学研究和教学工作,在生物信息学、进化生物学等生命科学前沿领域有长期的积累和独创性成果,曾获国务院政府特殊津贴、教育部自然科学一等奖、上海市自然科学二等奖、国家杰出青年基金、全国对口支援西藏先进个人、国家发明二等奖、全国先进工作者、"上海市精神文明十佳好人好事"奖、上海市教卫系统优秀党员、中央电视台和光明日报社2015"寻找最美教师"大型公益活动

"特别关注教师"等荣誉。

钟扬逝世后,教育部追授其"全国优秀教师"荣誉称号,号召全国广大教师和教育科研工作者要以钟扬同志为榜样,学习他忠诚于党、科研报国的崇高信念;学习他爱岗敬业、潜心育人的高尚师德;学习他心系民生、造福人民的至诚情怀;学习他不畏艰险、锐意进取的创新精神;学习他求真务实、敬业奉献的人格风范。中共上海市委追授钟扬为"上海市优秀共产党员",兴起全市广大党员、干部向钟扬同志学习的热潮,要求各级党组织把学习钟扬同志先进事迹,作为推动"两学一做"学习教育常态化制度化、开展"不忘初心、牢记使命"主题教育的重要内容,充分发挥先进典型的模范带动作用。新华社和《人民日报》《解放日报》《中国青年报》《中国教育报》等多家媒体对钟扬的事迹进行了详细报道。这些报道通过钟扬的亲人、同事、朋友、学生以及社会各界人士的回忆,讲述了钟扬教导学生、致力科研、援助西藏以及与家人相处的动人细节,讲述了他关于"种子""梦想""西藏"和"初心"的故事。新闻媒体的宣传报道使钟扬的事迹广为传播,深入人心。

2018年3月29日,中共中央宣传部追授钟扬"时代楷模"称号,向全社会发布钟扬的先进事迹,号召大家向他学习。《人民日报》《光明日报》先后发表长篇报告文学《解密"种子"的基因》《与时间赛跑的人——钟扬教授的两个昼夜》,全方位、多角度展现了钟扬的成长历程以及他生前工作、生活的许多细节。5月,新华社发表《书写新时代奋斗者的答卷——从黄大年到钟扬的时代启示》,高度赞扬了钟扬的奋斗精神,充分肯定了他作为时代楷模的典型意义。各大媒体再一次对钟扬的事迹进行了集中宣传报道,在全社会引起强烈反响。6月28日,中共中央又追授钟扬同志"全国优秀共产党员"称号。2019年2月,钟扬当选"感动中国"2018年度人物。

2013年8月19日,习近平总书记在全国宣传思想工作会议上指出:"坚持团结稳定鼓劲、正面宣传为主,是宣传思想工作必须遵循的重要方针","多宣传报道人民群众中涌现出来的先进典型和感人事迹,丰富人民精神世界,增强人民精神力量,满足人民精神需求"。钟扬无疑是新时代涌现出的先进典型。钟扬的事迹能够深入人心,转化为人民的精神力量,一方面是他本身具有先进性和独特的人格魅力,另一方面与新闻媒体的宣传报道分不开。新闻媒体对钟扬的宣传报道为新时代坚持马克思主义新闻观,进行典型人物宣传报道提供了范例。

二、案例分析

先进典型不是媒体刻意推出的,而是典型人物本身具有先进事迹和优秀品格。新闻媒体抓住先进典型进行宣传报道,呈现他们的先进事迹和优秀品格,引发受众共鸣,进而在社会中起到模范和引领作用。钟扬崇高的理想信念、执着的科学追求和朴素的生活作风,都符合新闻媒体将其作为先进典型进行宣传报道的标准,并能够成为公民道德教育的楷模。

(一) 细节白描展现人格魅力

新闻媒体报道钟扬的整体行文风格不是慷慨激昂地歌功颂德,而是向读者讲述一个人一生的经历,拉近了读者与典型人物之间的距离。在讲述的过程中,报道中的描述非常细致,抓住了人物工作和生活中的许多小故事、小细节,使文章真实可信且有感染力。通过对许多细节的描写,呈现了钟扬有梦想、讲奉献、待人亲和、生活朴素的人格魅力。

"我曾经有过许多梦想,那些梦想都在遥远的地方,我独自远航,为了那些梦想。"这是钟扬生前一句颇有诗意的自白。多篇报道都提到了钟扬15岁考入中科大少年班,在2000年升任中国科学院武汉植物研究所副所长前夕,放弃从政,转而前往复旦大学从教的故事。他心中始终有一个关于教育、关于植物学的梦想。多家媒体的报道都通过钟扬自己的话和他在工作中的争分夺秒,展现了他对梦想的不懈追求。

《"种子猎人"离去,给未来留四千万种子》(2017年9月27日,《新京报》)中,有一段描写钟扬采集种子的文字:"2001年,钟扬踏上青藏高原,做的第一件事是收集种子。这片高原上,有近6 000个能结种子的高等植物物种,占全国的18%,数量大,质量也非常好。'非常糟糕的是,由于全球环境的破坏,人类活动的剧烈,在了解和知道它能否被利用前,很多种子就已经没有了。'钟扬曾倍感惋惜。有次,钟扬发现一种桃核光滑的毛桃,就在高原上采摘了8 000颗。为了不损坏种子,他发动全课题组老师、学生啃毛桃,刷干净、擦干、晾干后,再送入种子库,筛选出5 000个封到瓶子里。那年夏天,他做了500个这样的样本。在青藏高原上完成这些事,不是件简单的事情。"通过具体数据、人物语言和细节描写,使报道充满了画面感,也能让读者感受到采集种子的不易,体会到钟扬对人类未来命运的担忧。这较好地表达了文章的主题,显示出钟扬对学术、学科的热爱,对事业的激情,更体现了他渴望为人类留下生命的"种子"这一崇高的追求。

《高原上的"种子先生"》(2017年10月11日,《中国青年报》)里写道:"作为复旦大学研究生院院长,他每年都有超过150天待在西藏。因为经常在野外考察,钟扬的皮肤黝黑。虽然戴着眼镜,但很多人形容他'一点也不像教授'。他极少穿正装,去哪儿都穿着冲锋衣和格子衬衣,逢人就用带着浓重湖南口音的普通话说自己在西藏29元买的牛仔裤比名牌的还牢固";"在飞机上,在饭馆等菜时,甚至在主席台上讲话的间隙,他都在偷偷回短信、邮件。因为事情太多,平时他衣袋里都装着叠着的纸片,上面密密麻麻写满了待办事项";"钟扬的高原反应一直很严重,却总是每次早上7点准时和研究团队出发考察,累了就裹着大衣睡在车上。为了节省空间装野生植物样品,他每天只带两个面包、一袋榨菜"。

关于钟扬的外貌和穿着描写,使读者脑海中对他的印象更为具体,通过"黝黑的皮肤"和"29元的牛仔裤",展现出钟扬吃苦耐劳、艰苦朴素的形象;对他工作内容的描写,则体现了其工作强度和需要承担的责任。虽然这里没有任何煽情的语句,但是读者也会被这些细节所刻画的人物形象打动。从这些生活细节中,读者看到的是一个朴素、不摆架子的平实形象,这跟印象中的知识精英有很大的反差,有利于人物整体形象的展现。

(二)平实文风触动读者内心

在有关钟扬的报道中,多家媒体都采用了较为平实的语言风格,像讲故事一样娓娓道来,给读者以亲近感。在细节描述的基础上,采用朴实的写作方式来更好地打动读者。在这样的写作中,展现的是一种平和、真挚、细腻的情感,这样描绘出的钟扬形象就不会给人以"假大空"的感觉,与读者之间就不会产生距离,反而让人心生亲切。

《他是一粒回归大地的种子》(2017年12月13日,《新闻晨报》)这样写道:"钟扬的身体状况并不适合频繁地前往高原。他患有痛风,每次出差赶路,他的步履总是有些蹒跚;野外考察时,他要拿毯子盖在腿上,减轻受寒带来的双腿疼痛。他身体偏胖,血压偏高,高原反应会加剧他的头痛和头晕。在复旦花半小时就可以写好的稿子,在西藏大学可能要花好几个小时。可是钟扬却说,他这辈子戒得掉心爱的酒,却戒不掉去西藏。"平实的文字表现了钟扬生活的具体情景,展现了人物的性格,也表现出他坚强的意志。如果只是写西藏生活环境如何恶劣,并不能较好地表现出高原反应的严重性,通过"步履蹒跚""盖毯子"以及复旦大学和西藏大学工作状况的对比,更加能让读者有所体会。

《不忘初心追梦人》(2017年12月25日,《中国教育报》)中写道:"在双胞胎儿子幼时的记忆中,钟扬是个'不靠谱的爸爸',因为他每次答应要一起出去玩,事到临头总是被冲掉。学生有事情,出于行政职务需要,或者西藏同事有需求,钟扬总是放下与孩子一起玩的约定,去处理工作上的事情。"《他留给未来 4 000 万颗种子》(2017 年 9 月 28 日,《广州日报》)中写道:"一年 365 天,钟扬的工作日程表总是排得满满的,他或是在西藏采样,或是在复旦大学的校园内忙碌于行政与教学工作,又或是穿梭于各种讲座为大众进行科普。为了能尽可能挤出时间工作,钟扬习惯于利用时间碎片工作,他会在等人的时候写文章,也会在飞机上写文章,还曾在主席台上偷偷写文章。"这些对日常生活和工作的描写,娓娓道来,更容易升华文章的情感,触动人心。

《记住他,记住知识分子真正的情怀与气节》(2017 年 11 月 7 日,"上观新闻")一文采访了很多人对钟扬的看法,赞扬了钟扬作为知识分子所具有的家国情怀,直抒胸臆:"有梦想当然是基础,但有了梦之后要'筑梦',更要'逐梦'。'筑梦'意味着将梦想化作理想与目标,使之不再虚无缥缈;'逐梦'则意味着将梦想化作实践与行动,使之从不断接近直至终成现实。无疑,这需要付出艰辛、付出代价,甚至是生命的代价","钟扬用他的人生作出了回答,亦用他的人生为我们留下了提问"。"这意味着,我们在很多时候必须放下一点小聪明、忘掉捷径;必须抛开一切'精致的利己主义'、绝不投机——这也许是值得每个人从钟扬身上学习的。"此文通过对"筑梦""情怀"的深入诠释,层层递进,在文章末尾达到了情感的爆发,这种感情的表达并不是生硬的呼喊,而是渐进地调动读者的情绪。

典型报道不能靠直抒胸臆来表达情感,报道的情绪应该是动人且克制的,读者应该是从细节和文风自发地感受到情感,而不是由作者"喊"出来。这需要文字的细腻与张力。

(三)多维度打造人物立体感

在典型人物报道中,要通过多个采访对象、多视角来展现典型人物的形象,丰富报道的内涵,深化报道的主题,使报道层次丰富、内容充实,这样才能够对读者产生更深刻的影响。

1. 对典型人物亲属的采访

亲属对典型人物的感情是最为真挚的,也是其他人无法代替的,对典型人物亲属进行采访当然是获取一手资料的主要来源。不过,对意外离世的典型人物的亲属频繁采访,也可能激发他们更大的心理伤痛。钟扬的相关报道中很少有对他的亲属进行直接采访,主要是引用了钟扬夫人在纪念活动上发表的演讲《在我心里,你永不远去》。在钟扬夫人隐忍而又动情的演讲中,她回忆了钟扬生前工作和生活的许多点滴:"在钟扬走后,我在家整理旧照片才发现,我们全家最近的一张全家福竟然已经是 12 年前了。最近几年也有过一些全家一起拍照的机会,但是几乎每一次钟扬都因为工作又临时缺席了。虽然钟扬陪伴我们的时间很少,但是我们全家人的心始终是紧靠在一起的。"这样的描述表现了钟扬生前工作的忙碌和对事业的投入,同时也展现了家属的悲痛和对亲人的深切思念。这是记者自己用文字无法表达的感情,报道对这一演讲的引用深化了情感的表达。

2. 对典型人物主要社会关系的采访

典型人物的主要社会关系包括典型人物的好友、同事、学生等,通过对这些人的采访补充家属提供的信息,使人物形象更加丰满,人物事迹也更加丰富。在对钟扬事迹的报道中,大多都对其生前的好友、同事、学生进行了采访,并且进行了大量的原话引用。

《为后代收藏种子的人走了》(2017 年 9 月 26 日,《北京青年报》)一文中,钟扬的老朋友中国科学院昆明植物研究所所长孙航表示:"钟教授多次对包括珠峰地区在内的西藏腹地进行考察,系统地采集种子,至今已超过万份,大部分种子都是首次采集到的,多是青藏高原特有的珍稀植物。"四川大学生命科学学院刘建全教授谈到,钟扬每次去西藏,基本都要待 3 到 5 个月的时间,长期的高原生活给他的身体带来了很多负担。几年前钟扬曾经遭遇过一次严重的脑出血,幸亏被身边的人及时送到医院才脱离了生命危险。"当时我们见到他,都说他太不要命了,劝他以后不要再去高原考察,但病好之后没多久,他又跑到西藏去了。"生病后,为了能够去西藏,钟扬改变自己爱吃肉、喝酒的习惯,几年来瘦了三十多斤。

《钟扬一生的故事,就是种子的故事》(2017年12月23日,《解放日报》)中,钟扬在西藏的同事拉琼说:"熟悉钟老师的人知道,他生活极其简朴。他常年穿的一条牛仔裤是在拉萨地摊上买的,只花了29元。刚开始我还觉得,一个上海来的大教授,怎么如此小气。但后来我发现,他对藏大师生非常慷慨无私。"

在《他留给未来4 000万颗种子》中,钟扬的学生赵佳媛说:"我们总要两个人才能比较轻松地拎起钟老师的双肩包,他却一人就能背着去各地出差、出野外。那个双肩包里藏着的是大忙人钟老师见缝插针的各项工作内容,是他写满了密密麻麻字迹的各种手稿,是他工作30余年来的心得体会,是他工作中的最好见证。"朱彬回忆说:"每天工作结束后,钟老师都会做晚饭给我们吃,我负责买菜,女同学负责洗菜,钟老师负责烧菜。"

在《他是一粒回归大地的种子》一文中,钟扬的同事、复旦大学研究生院副院长楚永全谈道:"钟扬的初心,以我的了解,就是做一名好的老师。他最后的使命就是建设生态学的学科。我们会延续他的梦想,完成他未尽的事宜。"

通过采访钟扬的朋友、同事和学生,记者获得了钟扬在工作生活中的更多细节,通过他人之口对钟扬进行了如实、动情的评价。在典型报道中,通过对典型人物主要社会关系的采访,避免了记者对典型人物的直接赞扬,让读者通过这些直接引用的采访内容,更加全面、深入地了解典型人物的具体情况,进而达到更好的宣传效果。

3. 对典型人物言论的引用

新闻媒体刊发的钟扬报道,大都重视对钟扬自己言论的直接引用。这是典型人物报道比较惯常的做法,主要还在于钟扬生前的确有很多富有诗意和激情的"金句"。

《他留给未来 4 000 万颗种子》《一位植物学家走了,他给未来留下 4 000 万颗种子》(2017 年 9 月 27 日,新华社)等多篇报道,都引用了钟扬在纪录片《播种未来》中的一段独白:"任何生命都有其结束的一天,但我毫不畏惧,因为我的学生会将科学探索之路延续,而我们采集的种子,也许会在几百年后的某一天生根发芽,到那时,不知会完成多少人的梦想。"《人民日报》的两篇文章则把钟扬的名言"非杰出者才做梦,而是善梦者才杰出"作为报道的标题和主旨。

引用典型人物自己的名句来点题,使得报道更加有说服力,用话语揭示理想信念,凸显了"不忘初心"的主题思想。此外,报道中还引用了许多钟扬对于学术的看法。《为后代收藏种子的人走了》一文的最后引用了钟扬的一段话:"我们猜测一下,大概一百多年后,大家发现有一种植物有抗癌的作用,但是这种植物因为气候变化已经没有了,但是一百多年前有个姓钟的教授曾经采集过,人们发现了收藏种子的罐子,里面有 5 000 粒种子,取出来发现只有 500 粒能活,最后种出来只有 50 粒能结种子,但这个植物不就恢复了吗?也有人会说,也许 100 年后这些种子没有用了呢?我期待种子没有用的那一天,那说明那种植物还存在呢,那该多好啊。"这段话充分体现了钟扬对职业的热爱,展现了对人类未来命运的关心,这都是他作为科学家、知识分子所具有的最宝贵的精神。这篇报道在文章的结尾引用钟扬的原话,升华了整篇报道的主题和情感。

(四)多平台传播强化宣传效果

当前的典型人物报道除了利用传统媒体这一惯用的传播平台外,也开始尽可能地利用网络新媒体平台,如传统媒体开设的"两微一端"。这样一来,由传统媒体采写的典型人物报道,既规范严谨,同时又适应网络传播平台生动鲜活的特点,能够获得年轻群体的关注。这是在融媒体时代典型人物报道所应进行的改变和创新。

在钟扬事迹报道中,各大传统媒体都利用了互联网平台发布报道,使这些报道具备新媒体在行文、排版等方面的新特点,同时也保留长期以来我国典型人物报道所具有的优势,保证作品的立意和价值取向,通过这种结合使典型人物宣传在新时代能发挥更大的影响力。

新闻媒体对钟扬的宣传报道着重于对人物生活、工作细节的描写,通过一个个小故事、小细节,展现了钟扬有梦想、讲奉献、待人亲和、生活朴素的人格魅力。通过平实的行文来打动读者,报道中的情感是平和、真实、细腻的,而不是为了宣传而宣传,这是非常突出的写作特点。媒体通过多方面的采访,力求多维度展现人物性格,丰富人物形象。充分借助新媒体平台进行典型宣传,受众也能够借助新媒体表达自己的感情,使得典型人物报道在新媒介环境下焕发出生机与活力。

在媒体对钟扬事迹的报道中,展现了新时代的价值取向,符合正能量宣传的需要。特别是在习近平总书记提出"不忘初心,方得始终"这一具体的要求之下,钟扬作为典型人物是符合宣传要求的,宣传他的事迹对社会主义道德建设、党风廉政建设有重要的现实意义。可以说,钟扬是我们这个时代需要的典型,是"不忘初心,方得始终"的"时代楷模"。

自20世纪40年代延安《解放日报》率先进行典型报道以来,典型人物报道成为我国新闻事业的重要组成部分,"典型人物报道在各个历史时期都发挥了典型示范、精神激励、舆论引导的重要作用,成为中国新闻媒体一道独特的亮丽风景线"[1]。在多媒体融合、文化多元发展的当下,富有人情味、人民看得见、学得到的榜样才会具有长久的生命力,人民群众才愿意去学习。新闻媒体对钟扬的宣传报道就为大众呈现出了一个富有人情味、看得见、学得到的榜样。

---

[1] 侯增文:《榜样的力量——社会核心价值观视域中的典型报道研究》,中华书局2013年版,第1页。

三、重要报道评析

书写新时代奋斗者的答卷——从黄大年到钟扬的时代启示

(2018年5月2日 新华社,新华社记者 陈芳 吴晶 陈聪,参与记者 吴振东)

有了大写的人,才有大写的国。

近些年来,两位中国科学家的名字被人们广为传颂。

黄大年——地球物理学家,吉林大学教授,在毅然归国后的7年里,推动中国深部地球探测技术实现跨代飞跃。

钟扬——植物学家,复旦大学教授,在生命的最后16年,扎根青藏高原,带领团队收集4 000万颗种子,盘点了世界屋脊的生物"家底"。

从白山松江到雪域高原,他们并不熟识却精神相通。他们的身后,是千千万万"心有大我、至诚报国"的知识分子,以忠诚和奋斗书写着新时代的精彩答卷。

生命,为祖国澎湃——从黄大年到钟扬,一个个当代知识分子传承前辈精神,以爱国之情、报国之志、卓越之才写下奋斗者的答卷。

评析:中华民族在实现伟大复兴的征途中,之所以取得如此辉煌的成就,是因为有黄大年、钟扬这样"大写的人",他们具有"爱国之情、报国之志、卓越之才",以对国家的忠诚和不懈的奋斗精神,书写着新时代的精彩答卷。开宗明义,提出本报道的人物特质和主题思想。

追溯黄大年和钟扬的生命轨迹,探询他们的人生理想,我们看到了新中国一代代知识分子为中华之崛起而读书、为民族复兴而奋斗的精神谱系。

穿越历史的星空,他们如此相似。

钱学森——1955年,冲破重重阻力离开美国,投身到新中国建设的热潮中,用7年时间实现了中国导弹从仿制到自行研制的飞跃,却一直不愿接受"导弹之父"或"航天之父"的称呼。他曾说,航天是一项大规模的科学技术事业,成就应归功于集体。

邓稼先——26岁,在拿到美国博士学位的第9天,回到了一穷二白的中国;34岁,他用3个"不能说"告诉妻子工作的变动,从此,消失整整28年,回来的时候,已是一个直肠癌晚期的病人;弥留之际,他仍嘱咐要在尖端武器研发方面努力,"不要让人家把我们落得太远……"

罗健夫——微电子领域著名科学家,先后研制出我国第一台"图形发生器""Ⅱ型图形发生器",为航天事业作出突出贡献,47岁英年早逝,被称为"中国式保尔"。

蒋筑英——用生命中最后近20年时光填补了光学镜头像质评价领域的空白,去世时年仅44岁,但其光学传递函数学科成果已在航空航天、地面测控领域得到广泛应用……

从无到有,从弱到强,中华民族走向伟大复兴的时空中,闪耀着一代代科学家奋力前行的夺目光芒。

评析: 黄大年、钟扬的这种为民族复兴而奋斗的精神,在中华人民共和国成立以来代代相传,成为民族复兴、国家强大的动力和支柱。该报道从两个典型人物扩展到一个为国奋斗的优秀群体,弘扬他们的理想信念和精神品质,体现了典型报道"以点呈面"的特点。

"大写的人,纯粹的人,永远活在人们心里的人!"黄大年、钟扬的感人事迹令无数网友"泪奔",更令亿万国人思考:这个时代,为何如此热切地呼唤奋斗?

因为,我们既要全面建成小康社会、实现第一个百年奋斗目标,又要乘势而上开启全面建设社会主义现代化国家新征程,向第二个百年奋斗目标进军。

唯奋斗者进,唯奋斗者强,唯奋斗者胜。

一个发展中国家要占领世界科技制高点,不可能靠化缘要来核心技术;一个13亿多人口大国迈向现代化,更不可能靠"搭便车"改变命运。

爬坡过坎、滚石上山,实现中华民族的伟大复兴,需要奋斗;时不我待、只争朝夕,实现人民对美好生活的向往,更需要奋斗。

……

黄大年、钟扬……仰望星空,奋斗者的精神之光熠熠夺目。正是这璀璨的星光,照亮了我们的前行之路。

历史的接力棒已经传到了我们这一代人手上。在以习近平同志为核心的党中央坚强领导下,13亿多中国人民发扬伟大奋斗精神,凝聚起万众一心的澎湃力量,就一定能书写新时代奋斗者更加精彩的答卷!

评析:"唯奋斗者进,唯奋斗者强,唯奋斗者胜。"我国全面建成小康社会,实现两个一百年奋斗目标,从而实现中华民族的伟大复兴,需要每个人都要像钟扬、黄大年那样爱国奉献、奋斗不止。以榜样的精神感召大家、激励大家,呼吁大家向榜样学习,这是先进典型人物报道的主旨所在。

一位植物学家走了,他给未来留下4 000万颗种子

(2017年9月28日 新华社,记者 吴振东 潘旭)

新华社上海9月27日电"我坚信,一个基因可以为一个国家带来希望,一粒种子可以造福万千苍生"。在一部名为《播种未来》的微电影中,影片主人公、著名植物学家、复旦大学生命科学学院教授钟扬如是说。

评析:"一个基因可以为一个国家带来希望,一粒种子可以造福

万千苍生。"这句话充分体现了钟扬的家国情怀,同时又运用了对偶修辞,朗朗上口。用钟扬的这句原话作为消息导语,起到了吸引读者的良好效果。

从教30余年,援藏16年,收集了上千种植物的4 000万颗种子;帮助西藏大学建成一支能够参与国际竞争的植物学研究团队……钟扬攀过了一座座科学研究的高峰。

……

援藏期间,钟扬将全世界仅存的、在西藏的3万多棵巨柏全部登记在册,填补了这一领域的研究空白;他一年中至少行程3万公里,先后为国家种质库收集了上千种植物的4 000万颗种子,对我国西南植物种质资源库建设和西藏生物多样性保护作出了重要贡献。

评析: 用一系列数字说明钟扬的奉献精神、学术追求和科研价值,简明切实,重点突出,体现了"用数字说话"的消息写作要领。

"任何生命都有其结束的一天,但我毫不畏惧,因为我的学生会将科学探索之路延续,而我们采集的种子,也许会在几百年后的某一天生根发芽,到那时,不知会完成多少人的梦想。"这是钟扬在《播种未来》中的一段独白。

钟扬,把一生献给了科学和教育事业,把科学研究的种子播撒在无数学生心中。他作为一名优秀共产党员的生命热度,将继续在祖国大地燃烧、闪耀。

评析: 引用钟扬富有诗意和哲理的原话结尾,感人至深,同时也与导语前后呼应。结尾突出钟扬"把科学研究的种子播撒在无数学生心中"——此"种子"既是钟扬采集的植物种子,也是他献身科学、培养人才的"种子精神",一语双关,耐人寻味,把钟扬的专业研究方向同奉献精神巧妙地结合起来,形象生动,寓意深刻。

做一颗扎根大地的种子
——追记复旦大学研究生院院长、生命科学学院教授钟扬

（2018年1月17日 《人民日报》，作者 姜泓冰）

……

"只要国家需要、人类需要，再艰苦的科研也要做！"
——为了把西藏"生物家底"摸清楚，16年里在高原奔走50万公里
……

生于湖南，工作在武汉、上海，但钟扬53年人生的关键词，却是"西藏"和"种子"。

2001年，钟扬首次报名入藏，是出于一位生物学家的责任感：青藏高原是国际生物多样性热点地区，拥有我国最大的生物"基因库"，在国内外种子库里都缺少收藏，而全球气候变暖和人类活动正在引发生物蔓延性灭绝。他想做一个为世界屋脊盘点生物家底的人，为国家的生态安全和人类未来作出贡献。

"盘点"工程浩大。钟扬计划每年收集600种植物种子。按照国际规范，每个样本都要收集5000颗种子，不同样本种群间的直线距离超过50公里。这意味着，钟扬团队每年要行走3万多公里。

16年间，从藏北高原到藏南谷地，从阿里无人区到雅鲁藏布江，他们的行程超过50万公里，遍及西藏最偏远、最艰苦、最荒芜的地区，多次经历生死一瞬。

为寻找高山雪莲，高原反应严重的钟扬不肯留在珠峰大本营，跟着两名藏族学生拉琼、扎西次仁爬上海拔6000多米处。在珠峰北坡，他们采集到迄今发现的生长在海拔最高处的种子植物鼠曲雪兔子。"那是中国植物学家采样到过的最高点！"拉琼说。

16年间，他们收集了上千种植物的4000多万颗种子，占西藏高级植物物种的1/5，填补了世界种质资源库空白。他们追踪数年寻获的"植物界小白鼠"拟南芥，是在高寒环境中生长了10多万年的模式

植物;他们发现的高原香柏,从中已提取出抗癌成分……西藏巨柏人称藏族"神树",是制作藏香的重要原料,濒危的国家一级重点保护植物,通常长在悬崖边,周边布满灌丛。钟扬与学生扎西次仁花了3年时间,将3万多棵巨柏逐一采样、登记造册,还通过研究找到可供制香的替代树种,筑起保护巨柏的科学屏障。

"这类工作学术成果显示度并不高。"与钟扬相识、共事18年的复旦大学生命科学学院党委书记陈浩明感叹,"以他的聪明才智,大可坐在实验室里验证假设、发表论文,无需艰苦跋涉"。

但在钟扬看来,一个人一辈子留下的不在于论文、奖项,而在于做了多少实实在在的事。他动员学生去最艰苦的阿里地区时说:"别人不愿去,我们必须去。只要国家需要、人类需要,再艰苦的科研也要做!"

评析:列举数据和实例,说明钟扬在采集西藏植物种子、"盘点"西藏生物家底方面所取得的重大成就,并用钟扬自己的话表明其所作所为是"国家需要、人类需要",而非一己之科研成果如何丰硕。这种写法使高深的科学研究真切可感,又揭示了典型人物的精神境界。

"我想为祖国每个民族都培养一个植物学博士!"
——坚守和梦想,成就了西藏高等教育许多个"第一"
……

西藏大学研究生院院长单增罗布最后一次见到钟扬,是在2017年9月9日中午。很久之后,他才知道,那天是钟扬双胞胎儿子的生日。家宴吃到一半,总不着家的爸爸又去忙西藏的事了,大儿子的愿望就是全家一起出去玩一次。

妻子张晓艳说,从援藏开始,钟扬留给家人的时间很少。援藏工作三年一期,他已连做三期。"每次延期他都有无可辩驳的理由,要培养一支高端研究人才队伍,总要把学科带到一定高度……我说你错过了陪伴儿子成长会遗憾,他说我知道,但是现在有更重要的工作,我停不下来……"

……

"工作起来不要命"的钟扬,帮助西藏大学创造了一个又一个"第一":申请到第一个生态学博士点,培养了藏族第一个植物学博士扎西次仁,带出西藏第一支生物学教育部创新团队,将藏大生态学科送入"双一流"学科建设名单,更将西藏大学生物多样性研究成功推向世界。

学生赵佳媛记得,2015年,钟扬老师突发脑溢血,苏醒后担心自己不能再进藏,口述写下他对援藏的思考交给组织,认为"建立高端人才队伍极端重要"。9个月后,他不顾医生告诫,再次走上高原路,还说:"我连酒都戒了,就是戒不了西藏啊!"

不只在西藏,钟扬更成为整个西部教育、科研的播种者。2017年8、9月间,他马不停蹄地奔波于西藏、新疆、宁夏和内蒙古等地。仅2016年,他就坐了157次飞机,为节省时间,他总是选择最早或最晚的航班。作为导师,钟扬特别喜欢招收少数民族学生,"少数民族地区出人才不容易,他们回到家乡,能成为西部生态发展生力军!"他的新梦想就是:"我想为祖国每个民族都培养一个植物学博士。"

评析: 通过钟扬的同事、家人和学生的回忆,讲述钟扬对西藏教育、科研事业的"坚守和梦想"。细节真实,感人泪下。这是典型人物报道的惯用写作方式,借他人之口展现出典型人物生前的工作状态、性格特点和精神追求。

"不是杰出者才做梦,而是善梦者才杰出"
——不忘初心、拼搏追梦的共产党员,点亮了人们心里的灯

……

在复旦大学2013年拍摄的《党员说》微视频中,钟扬被这样定义:"一名党员,就是甘于成为先锋者,向更高的高度攀登;就是愿意

把生命最宝贵的时光,献给祖国最需要的地方。"

……

他是出色的科学家,入选"长江学者""杰出青年",获得过国家技术发明二等奖等多个奖项。

他是学生公认的好老师,他教导学生"立业先立人,立人先立德",野外考察遇到危险,总冲在最前面,生怕学生不安全;无数个野外的清晨,他冻得嘴唇发紫,忍着身体不适早起做饭、打包,只为"你们年轻,要多睡会儿"……

他是积极改革、勇于担当的好领导。2012年起担任研究生院院长后,在保障和提升研究生教育质量方面下功夫,探索实行一系列改革举措,受到国内同行高度评价。

"生命的高度绝不只是一种形式。当一个物种要拓展其疆域而必须迎接恶劣环境挑战的时候,总是需要一些先锋者牺牲个体的优势,以换取整个群体乃至物种新的生存空间和发展机遇。共产党员就是这样的先锋者。"钟扬说。

"加班再晚,离开办公室时,都能看到钟老师的灯亮着。现在,他的灯不再亮了,但他点亮了我们每个人心中的灯。"复旦大学研究生院的同事们说。

评析:用排比手法罗列了钟扬作为科学家、教师、行政管理者的学术成就、师德师风和魄力担当,并揭示这是他"不忘初心、拼搏追梦"的党员本色的必然体现。"他的灯不再亮了,但他点亮了我们每个人心中的灯",讴歌榜样的价值,升华报道的主旨。

追念钟扬:记住他,记住知识分子真正的情怀与气节

(2017年11月7日 《解放日报》,作者 朱珉迕)

真正的爱国与报国,不在说了多少漂亮话,而在做了多少实在事。

距那场致命的车祸已有月余,复旦大学教授钟扬的形象,却未曾在人们心头淡去。

相反,他的同道、学生、挚友,以及千千万万素昧平生、素不相识的"局外人",会不时地念及钟扬留下的那4 000万颗种子、一片红树林以及无数动人肺腑的话语和故事,也常常不由自主地在某些时刻假设:"假如钟扬活着……"

有人把钟扬称作"身边的黄大年",而他身后受到的思念与赞誉,更像更早前猝然离世的法官邹碧华。与后者相似的是,这位植物学家突然离去引发的悲伤和惋惜,远远超出了他所在的单位、地区,更远远超出生物学界,成为整个学术共同体甚至社会共同体的悲伤与惋惜。

4 000万颗种子、连续16年的援藏经历、上海郊区的红树林里、一手创立的学科点……这些都是对钟扬的注脚。我们更想追问的是,促成这一切的,究竟是一种怎样的人格力量?

在"知乎"平台上,一位生物学专业的大二学生说,钟扬"做到这个成绩了,已经可以坐在办公室里,指导着手下一批人干活了",却偏偏是"身居高位,依旧愿意去吃最苦的苦"。

另一位网友评价道,自从一头扎进"青藏高原",钟扬"已经成为一名真正为国家、为未来担负起一份使命,披荆斩棘的领路人。如风所至,皆是国士情怀,和他的身材一样魁梧"。

而钟扬生前自己的解释是:"一个基因可以为一个国家带来希望,一粒种子可以造福万千苍生。"

显然,个人奉献的背后,是极深的家国情怀。

对于一名知识分子而言,有家国情怀的底色,方能让个人努力显示出独特的质感和厚度;也唯有家国情怀,能够让知识分子超越书斋或实验室那一方天地,而进入更为广阔的历史的天空。

某种程度上这也能解释,为何钟扬不像许多科学家那样埋头实验室,却有点像科学界的"媒体知识分子"——他热衷于同公众打交道,不遗余力地用各种方式推广他的"种子梦",本质上还是为了唤起社会重视与认同。就跟他屡上高原"吃最苦的苦"一样,归根到底,是家国的责任在驱动。

但另一方面,知识分子的"家国情怀",又是靠最基础、最坚实的行动支撑起来的。

在知识界,自顾自做些"小题目"只为发文章,全然不管治学的时空价值、社会意义的,是一种极端;用满嘴跑火车的方式空谈"意义",抑或用华丽辞藻堆砌"意义"的,则是另一种极端。

后一种极端上的人,往往争做"聪明人"而绝不做"老实人",身上难觅"认真做事"的踪迹,却常显"精致的利己主义"。在极端时刻,甚至连爱国与报国——知识分子至为深沉的情怀与理想,也会被个别人拿来当作投机取巧的工具、沽名钓誉的旗号。这种现象虽不算多,但其传递的浮躁之风,却足以损害整个社会的风气。

钟扬拿他的行动告诉世人,真正的爱国与报国,不在说了多少漂亮话,而在做了多少实在事。而这个过程,是没有懒可偷,没有捷径可走,也很可能没有利益可谋的。此时的坚持,正是知识分子的"气节"。

而其身兼的多重身份——科学家、教书匠、共产党员,最终也都落到一个"真"字上来——科研需要顶真,做实验跳不开任何一个步骤;育人需要较真,带学生也不可能"以其昏昏使人昭昭";而为人处世更当认真,时刻忠于理想、忠于承诺、忠于职守,这也是忠于一名共产党人的初心。

"我曾经有过许多梦想,那些梦想都在遥远的地方,我独自远航,为了那些梦想。"这是钟扬生前一句颇带诗意的自白。怀念钟扬时,很多人反复援引另一句话:"不是杰出者才做梦,而是善梦者才杰出。"

"善梦"与"做梦"一字之差,其实能读到微妙却又深刻的差别:有梦想当然是基础,但有了梦之后要"筑梦",更要"逐梦"。"筑梦"意味着将梦想化作理想与目标,使之不再虚无缥缈;"逐梦"则意味着将梦想化作实践与行动,使之从不断接近直至终成现实。无疑,这需要付出艰辛、付出代价,甚至是生命的代价——我们愿意付出这样的代价吗?

钟扬用他的人生作出了回答,亦用他的人生为我们留下了提问。对我们每个人而言,记住钟扬,也是为了延续钟扬。

这种延续,当然不是让所有人都去做同钟扬一样的事,而在于无论你我是谁、身处何方、所做何事,都可以学着像钟扬那样去做一个"善梦"的人。

我们的梦可以很大,也可以很小,但有一点不会变:一旦有了梦,便要用最为老实、最为细微、最为绵长的行动来诠释矢志不渝。

这意味着,我们在很多时候必须放下一点小聪明、忘掉捷径;必须抛开一切"精致的利己主义"、绝不投机——这也许是值得每个人从钟扬身上学习的。

评析:本文是《解放日报》首席评论员朱珉迕撰写的一篇"追念钟扬"的评论文章。文章开宗明义:"真正的爱国与报国,不在说了多少漂亮话,而在做了多少实在事。"作者指出,植物学家钟扬的猝然离世之所以引发整个学术界甚至全社会的悲伤与惋惜,是因为他甘愿吃苦、无私奉献的人格力量。这种饱满的人格力量,则来自他极深的"家国情怀":"对于一名知识分子而言,有家国情怀的底色,方能让个人努力显示出独特的质感和厚度;也唯有家国情怀,能够让知识分子超越书斋或实验室那一方天地,而进入更为广阔的历史的天空。"而知识分子的"家国情怀"又是靠最基础、最坚实的行动支撑起来的。文章接着批评了知识界"聪明人"的"极端利己主义"和浮躁之风。然后指出,钟扬通过他的行动告诉世人:"真正的爱国与报国,不在说了多少漂亮话,而在做了多少实在事。"像钟扬这样的"老实人",坚持用行动做实事,不谋私利,正是知识分子的"气节"。这部分讨论采用了正反对比,又与开篇形成照应。文章最后引用钟扬的名言"不是杰出者才做梦,而是善梦者才杰出",号召大家像钟扬那样做一个"善梦"的人——既要"筑梦",更要"逐梦"。这篇评论文章主旨明确,立意正大,论证层层推进,语言冷静而富有张力。

(撰稿人:杨唯汀)

"司法路上的燃灯者"邹碧华人物报道分析

一、案例介绍

邹碧华,前上海市高级人民法院副院长,投身司法事业26年,2014年12月10日,突发心脏病经抢救无效因公殉职,终年47岁。邹碧华同志英年早逝,不仅引起了整个法律圈的震惊,全社会也响起一片惋惜之声,追忆、缅怀不绝。几天内,媒体发布200多篇文章报道追忆邹碧华,网上近十万人发帖参与讨论。"此间已无九步法,法官当如邹碧华""燃灯者邹碧华"成为社会对他的评价。而后,最高人民法院追授他"全国模范法官"、中共上海市委追授他"上海市优秀共产党员"的荣誉称号。习近平总书记也作出重要批示,称他为"新时期公正为民的好法官,敢于担当的好干部",号召党员干部,特别是政法干部要以邹碧华同志为榜样,向邹碧华同志学习。

邹碧华生前主管上海市高级人民法院的信息化工作,他提出了"司法改革科学化""审判执行过程可视化""司法为民便捷化""司法公开常态化""法官办案智能化""审判管理精细化"六项被大家一致认可的全国法院系统首创成果。为了解决司法公开的难题,他亲自指导了上海高院互联网站改版,并在最高法院三大司法平台的基础上积极创新,构建了包括审判流程、裁判文书、执行信息、12368诉讼服务、律师服务等在内的"十大司法公开与服务平台",打造出全方位、多层次、互动式的司法公开与服务体系。他还亲自主导推出了"互联网上律师服务平台";他主导开发"裁判文书智能分析系统",在国内法院首次提出利用大数据分析技术对裁判文书进行智能评查;

他主导推进"法官业绩数字化评价",在晋升条件中加大工作实绩的权重,为能干事、想干事的同志提供了舞台。他把自己的一生都献给了自己热爱的事业,献给了司法系统。

在他不幸逝世之后,各大媒体都发布了关于邹碧华的报道,各界人士也都对他的职业道德和职业品质给予了高度评价,无不赞扬他无私奉献的职业精神和爱党敬业的优秀品格。人民网发布新闻《法官当如邹碧华"庭前独角兽"甘做司法路上燃灯者》,通过邹碧华的工作成果、他对生活的热爱以及同事朋友对邹碧华的评价,对邹碧华同志进行了深度的报道,并在报道末尾总结道:"对司法改革的推动,对法律工作者的平等和尊重,对学术的专注钻研,对年轻同事的热情引导,对学生的耐心教导……邹碧华无愧是司法改革道路上的燃灯者和前行者。"《人民日报》"今日谈"高度赞誉邹碧华迎难而上、不计毁誉的担当精神,并提到"邹碧华倒在司法改革第一线,令人痛惜。他生命中的最后一瞬大放光彩,让更多的人看到他的担当精神,听到他的改革信念:'改革,一直是一点一点往前拱的',背着'黑锅'前行,是改革者必须经历的修行'",并且指出在利益多元、挑战频出的当下,"改革除了靠中央自上而下的顶层设计和强力推进,还要依靠众多默默无闻的'邹碧华',在改革一线大胆创新、担当责任,逐一破解改革的具体难题,这是中国改革的希望所在",对邹碧华同志的职业道德和职业品质给予了高度的评价。上海市高级人民法院院长在《法制日报》中谈道:"碧华同志秉持公正忠实履职,努力守护着社会公平正义的最后一道防线。他说要'做一名有良心的法官',他是这样说的,也是这样做的。"新华网在《追忆邹碧华:这样的法官百姓需要 法制建设更需要》这则报道中,法官、改革燃灯者和有担当的人民公仆三个角色生动形象地给读者描绘出了一个不畏艰难、忠诚敬业、锐意进取、乐于奉献的邹碧华同志的形象。邹碧华同志虽然不幸离世,但是他的精神永远留在人们心中,"在他的精神中,党员干部看到了理想信念,人民群众看到了公平正义,法律工作者看到了崇法尚德"。

报道在文末指出,在全面深化改革、全面推进依法治国的当下,邹碧华精神将不断激励人们坚定信念、攻坚克难,在各自不同的岗位上创造出无愧于人民的业绩。除此之外,不同于上述几则主要关注邹碧华同志工作以及其高尚职业品格的报道,澎湃新闻《妻子回忆邹碧华:既是工作狂,对家庭的爱也热烈而绵长》的作者专访了邹碧华同志的妻子,通过细数丈夫的点点滴滴,从相识、相恋到家庭生活,从个人性格到事业态度还原邹碧华其人。在妻子的回忆中,邹碧华不仅喜欢学习新知识、热爱工作、勇于担当、积极投身法律事业,更是一个爱家庭、爱妻儿的好丈夫。在对他妻子的访谈中,澎湃新闻向我们展现了一个更加真实、更加有生活气息、普通而又不平凡的邹碧华。东方网的一则新闻《追忆全国模范法官邹碧华:司法赤子 永远年轻》则是通过访谈邹碧华的家人、学生、同事和同行,从熟悉邹碧华同志的人的讲述中让读者更加直观、真实地了解邹碧华同志的为人,以及邹碧华精神到底是怎样一种值得人们去学习的精神。

二、案例分析

(一) 真实性是新闻的本源

邹碧华同志生前对待工作认真负责,为司法事业鞠躬尽瘁26年。他主导推出了"律师网上服务平台",利用该平台,律师可以实现立案全程网上操作;他主导开发的"裁判文书智能分析系统"运用大数据分析技术对裁判文书进行智能评查,对案件裁判文书质量把关、辅助法官结案的论述说理等都具有突破性的意义;而他主导推进的"法官业绩数字化评价"更是为解决科学评估法官办案量的难题提出了新思路和新方法。种种事迹都证明邹碧华确实是一名兢兢业业工作、认认真真为人民服务的好法官,这也是为什么邹碧华同志不幸因公殉职后,数十万网友自发参与网上追忆缅怀活动的原因,他将自己毕生的精力都奉献给了他所热爱的司法事业,赢得了社会各界的尊敬。

　　新闻报道的对象必须是真人真事，这是新闻的基本属性，是新闻报道的原则底线。坚持实事求是的思想路线，以真实报道为原则，是马克思主义新闻观对新闻传播实践提出的基本规范①。各大媒体之所以纷纷对邹碧华同志的先进事迹进行报道、称颂与追忆，是因为邹碧华同志的先进事迹是再真实不过的真人真事。而唯有真实的报道才能得到好的传播效果，达到传播目的，发挥新闻传媒组织动员社会的功能。邹碧华同志的先进事迹之所以在媒体报道后能引起社会的巨大反响，也是因为邹碧华高尚的职业品格和为人是人们有目共睹的，因此当邹碧华同志不幸逝世后，才会有数十万网友自发参与网上的追忆缅怀活动，自发为邹碧华同志送行。

　　凡是新闻都是有倾向的，新闻的倾向性是新闻作者和新闻机构的立场、观点、方法、兴趣的体现。"燃灯者邹碧华""全国模范法官邹碧华"是媒体和人们给予邹碧华同志的称号，媒体报道的行文也无不赞扬邹碧华同志兢兢业业、为人民办实事的高尚职业道德和职业品格。从这些新闻中我们可以看出，对邹碧华先进事迹的报道都倾向于向人们展现一个兢兢业业、献身工作的邹碧华，通过传达邹碧华精神，向人们传递爱岗敬业、为人民服务的主流价值观。

　　新闻真实性还要求新闻活动要向社会公众提供全面的而不是片面的、整体的而不是零星的事实和意见②。在报道邹碧华典型事迹的时候，各大媒体通过采访不同人群，对邹碧华本人进行了更为深入的调查与报道，兼顾了对"法官"邹碧华和"普通人"邹碧华的描绘，把握了不同人眼中、不同侧面的邹碧华。通过对朋友、家人、同事和同行的访谈，新闻中呈现出一个更加真实、更加立体化、更加值得人们去学习、去称颂的邹碧华。

---

① 童兵主编：《马克思主义新闻观读本》，复旦大学出版社2016年版，第25页。
② 同上书，第26页。

(二)坚持新闻的党性原则是马克思主义新闻观的根本原则

习近平在全国宣传思想工作会议上对新闻宣传工作的党性原则作了诠释:"坚持党性,核心就是坚持正确政治方向,站稳政治立场,坚定宣传党的理论和路线方针政策,坚定宣传中央重大工作部署,坚定宣传中央关于形势的重大分析判断,坚决同党中央保持高度一致,坚决维护中央权威。"新闻事业的党性原则要求新闻工作者们在实际的新闻工作中要发扬中国共产党新闻职业精神思想,必须坚持用事实说话;弘扬核心价值观,全心全意为人民服务;保持坚定的政治立场和正确的政治方向①。坚持新闻的党性原则,是马克思主义新闻观的根本原则,这要求在新闻活动中必须充分体现党的思想意识、思想方法、政治主张和组织原则。

邹碧华同志以身作则,爱岗敬业,在他的日历里几乎没有假期。东方网《邹碧华的那些年——有些人你永远无法忘记》写道:"作为上海法院司法改革和信息化建设的主管领导,他呕心沥血、不畏艰难,亲自统领各项工作方案的研究和设计。他不知疲惫、忘我工作的精神,也激励和带动着他身边的人经常是'5加2''白加黑'。""邹碧华始终坚持高标准,为了搞好软件系统开发,他事无巨细,亲力亲为……一个信息系统从开发到发布往往要修改近10次。"他的敬业程度和敬业精神让人们惊讶,也让人们称赞。他身上的这种爱岗敬业、忠于职守、服务人民、服务社会的精神,充分体现了社会主义职业精神,而这也正是我国社会主义核心价值观一直弘扬的精神。

新华网《一名法官逝世之后 记上海高院副院长邹碧华》这则报道中提到了一个事件:身患白血病的孩子被父母抛弃,爷爷奶奶来到法院,要以孩子的名义起诉他的亲生父母,以索要抚养费为孩子看病。然而当时还没有未成年子女告亲生父母的案例,于是邹碧华带

---

① 刘丽:《马克思主义新闻观导论》,合肥工业大学出版社2015年版,第36页。

着法官们开了两天的会研究法条,才得以立案,最终赢得诉讼。这种一心一意为人民服务、为人民群众办实事的工作作风和个人品格,也是社会主义核心价值观的重要体现。

中国共产党新闻网《学习邹碧华,做新时期的好干部》这则报道中指出,邹碧华同志在工作中坚持职业精神,"严把公平用人的原则,坚决不让在一线辛苦办案的老实人和年轻人吃亏"。他不仅著成了《要件审判九步法》等多部著作,为后人的司法工作留下了宝贵的指南,更在巨大的压力下推行了司法改革,成为推动司法改革的践行者。文末号召人们要向邹碧华同志学习,自觉践行"三严三实"的要求。

无论是东方网还是新华网的报道,都发扬了社会主义新闻职业精神思想,不仅在报道工作中坚持用事实说话,而且在实际新闻报道中坚持以正面宣传为主,发挥了舆论导向作用,把社会主义核心价值观贯穿到典型宣传中,弘扬主旋律,传播正能量;在典型人物、先进事迹的报道中引导人们更加全面、客观、深入地认识社会主义核心价值观,不断巩固壮大积极、健康、向上的主流思想舆论,并鼓励人们把这种认知和立场转化为爱岗敬业、为人民事业和中华民族伟大复兴而努力奋斗的动力。

(三) 群众路线是党的新闻工作的生命线

坚持群众路线是马克思主义新闻观的重要内容。如何看待人民群众在历史发展中的地位、角色,如何发挥人民群众的主体作用,这是马克思主义分析问题的逻辑起点,也是指引、评价、检验新闻宣传工作的最高标准[①]。

邹碧华同志其实就是广大普通百姓中的一个,他和任何一个普通人一样热爱工作、热爱家庭。然而他又不普通——他将自己生命中的 26 年都奉献给了他热爱的司法事业,无论是在法院管理、司法

---

① 刘丽:《马克思主义新闻观导论》,合肥工业大学出版社 2015 年版,第 37 页。

公开,还是信息化建设、司法改革等方面,他都取得出了常人难以企及的成就,他用爱岗敬业的精神服务于人民的真实需要,解决人民的困难。在邹碧华同志去世后,各大媒体纷纷自发报道邹碧华先进事迹,以"燃灯者"称赞邹碧华,呼吁广大群众学习邹碧华精神。这实际上体现了十六大后中央向新闻界提出的"贴近实际、贴近群众、贴近生活"的要求。首先,贴近群众是基础,因为人民群众是社会实践的主体。各大媒体对邹碧华典型事迹的报道其实是对人民群众在社会发展中的地位、角色的一种肯定,是对人民群众主体作用的一种确认。无论是"燃灯者"还是"全国模范法官",都是对邹碧华同志及其工作的肯定。而鼓励人们向邹碧华同志学习,无论是学习他的爱岗敬业,还是学习他的锐意进取和创新精神,都是对人民群众在社会历史发展中主体地位的确认和称颂。其次,贴近实际和贴近生活是关键,这要求新闻工作者要深入实际、深入生活,只有在充分调研的基础上,新闻报道才能不流于生活的表面,才能更加准确地反映真实。东方网《追忆全国模范法官邹碧华:司法赤子　永远年轻》这篇报道,从妻子、学生、同事和同行四个不同角度深入剖析邹碧华同志的为人品格与职业精神,向人们解释为什么有如此多的人对他交口称赞,为什么我们要学习邹碧华同志的精神。与那些只陈述邹碧华生平事迹与工作业绩的报道相比,东方网的这则新闻显然在深入剖析邹碧华日常生活和工作的基础上,给人们呈现了一个更加真实、更加贴近生活的邹碧华,也让人们更加深刻地了解了邹碧华同志高尚的人格和职业品格。

(四)把握新闻宣传工作主动权

新闻与宣传是紧密联系的。习近平的网络媒体宣传观与整体宣传观要求我们"形成立体多样、融合发展的现代传播体系","强化互联网思维,坚持传统媒体和新兴媒体优势互补、一体发展","巩固马克思主义在意识形态领域的指导地位,深入开展中国特色社会主义宣传教育,把全国各族人民团结和凝聚在中国特色社会主义伟大旗帜之下;坚持团结稳定鼓劲、正面宣传为主,是宣传思想工作必须遵循的重要方针,即弘扬主旋律,传播正能量"①。

可以看到,各大媒体对邹碧华先进事迹的报道并不都是原创新闻,有些是转载自各大报纸,比如《人民法院报》《光明日报》等,这些实际上在一定程度体现了马克思主义新闻观的时代化——传统主流媒体与新兴媒体相融合。当下我国网络新媒体发展迅猛,报刊等传统主流媒体影响力和传播力大大减弱,这已是不争的事实。因此,在当下,一方面,新闻业应该整合新媒体与传统媒体,在遵循新闻传播规律和新媒体发展规律的基础上,把传统媒体的权威性与新媒体的及时性、互动性、传播范围广等特征相结合,优势互补,进一步加强传统媒体和新兴媒体建设,构建新闻发布和舆论引导的新格局;另一方面,人民网舆情监测室秘书长祝新华提出"两个舆论场"的观点:一是以传统媒体为依托的政策性新闻宣传舆论场,二是以新媒体为依托的网络社会舆论场②。随着网络媒体,尤其是自媒体的兴起,如何提高管理运用这两个舆论平台的能力,如何增强二者之间的沟通对话和良性互动、打通两个舆论场,是新闻业值得思考的事情,也是马克思主义新闻观进一步中国化、时代化、大众化的重要一步。

马克思主义新闻观的宣传观还要求新闻媒体发挥传播社会主流价值的主渠道作用,多联系群众身边事例,运用大众化语言,在生动活泼的新闻宣传报道中引导人们培育和践行社会主义核心价值观③。与"燃灯者邹碧华"或"敢啃硬骨头"等对邹碧华同志的定位不同,网易新闻《追忆全国模范法官:司法赤子 永远年轻》这篇报道,用"他是我心中永远的阳光大男孩"这句话来形容妻子心中的邹碧华;用"他是法院系统最好的产品经理"来描绘同行眼中的邹碧华;而在学

---

① 陈力丹:《习近平的宣传观与新闻观》,《新闻记者》2014年第10期。
② 刘丽:《马克思主义新闻观导论》,合肥工业大学出版社2015年版,第80页。
③ 同上书,第77页。

生眼中,"邹博"则是一个会及时回复他们信息,认认真真修改他们论文,关心他们学习生活的老师。这些语言和报道比起"燃灯者"来更加直接地让人们认识到邹碧华其人,感受到真实生活中的邹碧华是怎样一个热爱家人、热爱工作而又认真负责的人。通过这些大众化的语言,报道通过不同人群对邹碧华的回忆给人们呈现了一个兢兢业业工作、做事认真负责、勇于创新、锐意进取的人物形象,并且向人们传递了爱岗敬业、为人民服务的社会主义核心价值观,弘扬了社会主流价值,在真实的宣传报道中引导人们培育、践行正确的价值理念和高尚的职业品格。

三、重要报道评析

追记邹碧华:"这样的法官百姓需要、法治建设需要"

(2015年2月25日　新华网,记者　黄安琪　吴振东)

做一个好法官

"法律是公平公正的,当然要保护弱者的合法权益。我们要用法的精神解决问题,服务百姓。"邹碧华说。

"我们能不能对当事人有一些情感的关心?在他们需要的时候,我们有没有给他们帮助、给他们安慰?"邹碧华说,"法官不是'审判机器',除了精通法理,做法官更需要有同情心。"

为了继续提高业务水平,邹碧华持之以恒地学习钻研。除了在核心期刊上发表20多篇论文,邹碧华还主编或撰写了《公司法疑难问题解析》《中国法官助理制度改革研究》《法庭上的心理学》等十多部著作。

改革"燃灯者"

"当你处于黑暗之中,看到一支蜡烛点亮的时候,你会有什么感受?你会感觉到温暖,你会感觉到光明。为什么我们自己不能成为那一根蜡烛?在照亮别人的时候,照亮我们自己。"邹碧华在回复一名学生的邮件中写道。

2014年起,上海成为全国司法改革的率先试点地区,任务重、难题多,担任上海市高院司改办主任的邹碧华始终践行敢啃"硬骨头"、甘当"燃灯者"的誓言。面向改革的荆棘之路,邹碧华敢趟险滩、率先探索,让不少司法从业者看见光亮,增强信心。

岁寒知松柏

"哪有把船划到江心就弃桨投江的道理。走上这个岗位,就得承担起这个岗位的使命与责任。"邹碧华的话语掷地有声。

为了挑起肩头的担子,邹碧华书房的灯经常亮到凌晨。"一个双休日,我们把某个试点法院200多名法官的案件办理数据交给邹院长,他让我们把这些人的案卷材料调出来周末看。他认为案件难易度无法从数据中看出,必须看案卷。"

邹碧华走了,邹碧华精神永留人世。在他的精神中,党员干部看到了理想信念,人民群众看到了公平正义,法律工作者看到了崇法尚德。在全面深化改革、全面推进依法治国的伟大进程中,邹碧华精神与我们同在,激励我们前行。

评析: 新闻事业的党性原则要求新闻工作者们在实际的新闻工作中要发扬中国共产党新闻职业精神思想,必须坚持用事实说话;弘扬核心价值观,全心全意为人民服务;保持坚定的政治立场和正确的政治方向[①]。坚持新闻的党性原则是马克思主义新闻观的根本原则,这要求在新闻活动中必须充分体现党的思想意识、思想方法、政治主张和组织原则。《追记邹碧华:"这样的法官百姓需要、法治建设需要"》通过"做一个好法官""改革'燃灯者'""岁寒知松柏"三个部分展现了邹碧华爱岗敬业、以身作则的精神,坚持了新闻报道中的党性原则。

---

① 刘丽:《马克思主义新闻观导论》,合肥工业大学出版社2015年版,第41页。

追忆全国模范法官邹碧华：司法赤子　永远年轻

(2015年2月25日　东方网)

妻子："他是我心中永远的阳光大男孩"

1984年，来自江西的邹碧华与来自上海的唐海琳同时考入了北京大学法律系经济法专业。唐海琳回忆说："最打动我的是他的阳光与勇敢，一直到很多年以后，我们的孩子都已经上大学，他身上那股阳光的活力都没有褪色。"

学生："成长档案是留给我们最真的希望"

唐豪臻回忆说，无论多忙，学生们的短信、邮件，"邹博"总是第一时间回复，每篇论文都仔仔细细修改："他给我们每个学生都建立了'成长档案'，关心着他们的学习、生活和工作。""导师在我们心中种下的希望种子，已经生根发芽。"邹碧华的博士生说。

同事："唯有科学精神足以保证改革进步"

"一定要科学，一定要对得起法官。"这是邹碧华生前对司改团队强调最多的一句话，它改变了对法官办案指标"以数取胜"的单一考核方法，提出了"干多干少不一样""干好干坏不一样"的考核理念，并大胆提出了案件权重系数理论，参与设计多项审判管理评估指标。

同行："他是法院系统最好的产品经理"

12368服务平台、律师一卡通系统、庭审管理工具……邹碧华这位法官一头扎到了信息化的海洋中，综合运用互联网、"大数据"、"云计算"等信息技术，建立了上海法院审判管理信息中心、执行指挥中心、司法警务指挥中心、数据共享中心及十大司法公开与服务平台，成了法院系统当仁不让的最好的产品经理。

寄语："希望律师的执业环境越来越好"

2014年12月9日，邹碧华离开的前一天，上海法院律师诉讼服务平台正式上线运行。作为这一创新举措的操盘手，邹碧华在他的朋友圈里转发了这条消息说："希望律师的执业环境越来越好。"

评析：新闻真实性要求新闻活动向社会公众提供全面的事实和意见，《追忆全国模范法官邹碧华：司法赤子　永远年轻》把握了不同人眼中、不同侧面的邹碧华，通过对妻子、学生、同事、同行的真实报道，给大众呈现了真实、立体化的邹碧华。在真实性的基础上，这篇报道也很好地把握了倾向性，通过邹碧华发表的论文、主编或撰写的著作、司法改革试点等事项，展现了一个兢兢业业、献身工作的邹碧华，通过传达邹碧华精神，向人们传递爱岗敬业、为人民服务的主流价值观。

时间都去哪了？邹碧华人生10个感人瞬间

（2015年2月25日　人民网，记者　韩庆）

感人瞬间一：一气呵成的讲座。2014年11月22日下午，上海交通大学凯原法学院东方大讲堂能容纳近400人的礼堂里，邹碧华正在为上海市全市企业法律顾问做讲座。近3个小时，没有中场休息，一气呵成，异常精彩。

感人瞬间二："铁人"的三句口头禅。与邹碧华共事过的人，都知道精力始终旺盛的他有三句口头禅，"没事，我不累"；"你们先去忙吧"；"没事，有我在就行"。

感人瞬间三：一封让人落泪的亲笔信。信中，邹碧华一笔一划写道，"我们对您以国家利益为重的精神深表感谢。我们继续会对你存在的困难给予极大的关注，并及时提供必要的服务和帮助"。

感人瞬间四：我们把他累坏了。2014年12月15日，一位当年上访者得知邹碧华去世后，专门从香港赶到上海送别，哽咽地说："我们那时候总是麻烦他，真是把他累坏了！"

感人瞬间五：深夜11点的"课外课"。2013年5月一天，6点半开始讲座，结束后，邹碧华没吃晚餐，把自己带的学生集中到一间教室抓紧时间指导。深夜11点多了，辅导员和保洁员先后催促了多次,但都没法打断这次课外课。

感人瞬间六:我要给你们所有人当证婚人。"你们以后结婚都要叫上我,我给你们当证婚人。"邹碧华致完词,特意到陈婷婷一群年轻干警中间,热情打招呼,真诚承诺。

感人瞬间七:书房那一直亮着的灯。在邹碧华的家中,书房是最特殊的地方。书柜从天花板一直到地上,每一格都挤满了书。书房中,很多书似乎还在等着主人邹碧华的翻阅,那盏一直亮到凌晨的灯成了儿子永久的记忆。

感人瞬间八:背着双肩包的背影。"一想起邹院长,我脑中不是他坐在会议桌上或讲台上做报告,而是他背着双肩包跨过垃圾山往新建大楼去的那个背影。"对于长宁法院执行局审判员张青而言,那个背影仿佛就在昨天。

感人瞬间九:要做有良知的法官。1988年,邹碧华北大毕业后考入上海市高级法院,第一个电话就是打给老家的母亲。电话另一头,母亲并没有多少喜悦,而是冷静地告诉他,"要做一名有良知的法官"。母亲的话最朴实,邹碧华当年演讲主题选择的就是"要做一名有良知的法官"。

感人瞬间十:PPT上的"永不抱怨"。邹碧华PPT竟然做了二百多张。谭芳记得,最后一张PPT给在场的所有人留下的印象极深。"永不抱怨!"透过PPT是一种能让所有人都感觉到的法律情怀。

评析:坚持群众路线是马克思主义新闻观的重要内容。贴近实际和贴近生活是关键,这要求新闻工作者要深入实际、深入生活,只有在充分调研的基础上,新闻报道才能不流于生活的表面,才能更加准确地反映真实。《时间都去哪了?邹碧华人生10个感人瞬间》一方面通过不同的视角向展示了人们对邹碧华交口称赞的原因;另一方面,这篇报道用大众化的语言,报道从不同人群对邹碧华的回忆中给人们呈现了一个兢兢业业工作、做事认真负责、勇于创新、锐意进取的人物形象。在真实的宣传报道中引导人们培育、践行正确的价值理念和高尚的职业品格,也很好地把握了新闻宣传工作的主动权。

(撰稿人:秦雪冰)

第二部分

主题报道

新华网"十九大"专题报道分析

一、案例介绍

2017年10月18日至24日,中国共产党在北京召开了第十九次全国代表大会(简称十九大)。这次大会的主题是:不忘初心,牢记使命,高举中国特色社会主义伟大旗帜,决胜全面建成小康社会,夺取新时代中国特色社会主义伟大胜利,为实现中华民族伟大复兴的中国梦不懈奋斗。

2017年10月18日上午,十九大在北京人民大会堂开幕,习近平代表第十八届中央委员会向大会作了题为《决胜全面建成小康社会 夺取新时代中国特色社会主义伟大胜利》的报告。报道分十三个部分共三万余字,其中第三部分"新时代中国特色社会主义思想和基本方略",概括和提出了新时代中国特色社会主义思想。面对新的时代背景与历史走向,党和人民群众面临着一个迫切的时代命题:坚持和发展什么样的中国特色社会主义,以及怎样坚持和发展中国特色社会主义。十九大报告从理论与实践两个层面上系统地给出了未来坚持与发展的方向,明确提出了中国特色社会主义的内容与发展方式,总结了新时代坚持和发展中国特色社会主义的总目标、总任务、总体布局、战略布局和发展方向、发展方式、发展动力、战略步骤、外部条件、政治保证等基本问题。十八届中央纪律检查委员会也向大会作了工作报告,从十个方面总结了十八大以来全面从严治党所取得的卓著成效,概括了五年来党的纪律检查工作经验启示,同时也为未来全面从严治党指明了着力的方向。

2017年10月24日,十九大在人民大会堂胜利闭幕。这次大会,选举产生了新一届中央委员会和中央纪律检查委员会,通过了关于十八届中央委员会报告的决议、关于十八届中央纪律检查委员会工作报告的决议、关于《中国共产党章程(修正案)》的决议。

中国共产党第十九次全国代表大会是在全面建成小康社会决胜阶段、中国特色社会主义发展关键时期召开的一次十分重要的大会,承担着谋划决胜全面建成小康社会、深入推进社会主义现代化建设的重大任务,事关党和国家事业继往开来,事关中国特色社会主义前途命运,事关最广大人民根本利益。"党的十九大概括和提出了习近平新时代中国特色社会主义思想,确立为党必须长期坚持的指导思想并写进党章,实现了党的指导思想的与时俱进。这是党的十九大最重大的理论创新、最重要的政治成果、最深远的历史贡献。"①

十九大召开期间,全国各主流新闻网站均开设十九大新闻报道专题,整合传统媒体与新媒体的新闻资源,推出了海量的融合新闻,大大拓宽新闻展示和传播的渠道,吸引了社会大众的广泛注意力和阅读兴趣。其中,尤为令人瞩目的是人民网、新华网、央视新闻等一批中央级主流新闻网站的十九大专题报道,充分发挥了它们在重大主题报道的权威性优势。

互联网时代,高速发展的新媒体打破了传统大众媒体对社会表达渠道的垄断,拓宽了公众表达与政治参与渠道,成为新的意见交锋和舆论博弈的场所。面对井喷的网络民意,传统的政治传播模式日渐捉襟见肘,造成舆论引导在多重维度上出现弱效或失效的状况。如何改革、调整和创新政治沟通渠道、形态、体制,已成为整个国家层面推进政治社会发展进程中必须面对的议题。2014年8月18日,习近平主持召开了中央全面深化改革小组第四次会议,会议通过了《关

---

① 中共中央宣传部:《习近平新时代中国特色社会主义思想三十讲》,学习出版社2018年版,第1页。

于推动传统媒体和新兴媒体融合发展的指导意见》,正式从国家层面推行媒体融合战略。2016年4月19日,习近平在全国网络安全与信息化工作座谈会上提出"网络群众路线"理念,要求各级党政机关和领导干部要积极回应网民关切、解释疑惑。一系列中央层面的制度设计与指导性讲话表明,面对网络舆论对官方话语权的商榷,新的政治传播调适已经开始。

如何解决舆论引导和政治传播过程中出现的新问题,如何贯彻落实中央的战略部署,这是作为国家通讯社的新华社必须回应的问题。新华网、新华网手机客户端等一系列新媒体矩阵的创办和发展既是顺应时代发展潮流,也是中国政治传播的一种探索与尝试。新华网是新华社主办的综合性新闻信息服务门户网站,是新华社全媒体新闻信息的主要传播平台,同时拥有31个地方频道以及英、法、西、俄、日、韩等多种语言频道。自新华网上线以来,多位国家领导人前往调研,对新华网的建设与发展提出期许;新华网也于2016年10月28日在A股上市。随着媒体融合战略不断推进,目前新华网已经形成以新华炫闻客户端、新华网微博、新华网微信公众号、"4G入口"自媒体联盟等移动产品矩阵。可见,新华网在自身政治影响、经营模式以及媒体效能等多个方面都进行了积极的探索与创新,从而更好地适应新传播环境和履行国家通讯社作为党和人民喉舌的职责要求。

面对十九大这样的重大政治会议,新华网推出"新时代、新征程、新篇章"融媒体专题,除了传统的文字报道,如"现场直击""最新播报"这样的快讯,"授权发布"这样的权威文件发布,以及"新华社特稿",新华网还充分利用网络媒体(视听、即时互动)以及旗下新媒体矩阵①的移动与覆盖优势,推出网络直播(如"现场直击""党代表通道""新华访谈")、数据新闻、专题纪录片等。同时,新华网不仅整合

---

① 包括新华社客户端、新华社微信公号、新华视点微博、新华炫闻、新华网微信公号、新华网法人微博、手机新华网、新华网思客等。

自身媒体渠道,还与其他媒体(如人民网、央视新闻、澎湃新闻、今日头条、一点资讯等)对接,进行内容分发,扩大报道影响力与覆盖面。

二、案例分析

针对传统的主题报道,尤其是会议报道,主流媒体一般采用套路式的报道"常规"①。但是,随着新媒体的崛起,受众兴趣开始分化,传统媒体一贯的"会议报道"模式已经失去其政治沟通效能,陷入重大会议"媒体热议,民众不看"的窘况。因此,面对新的传播格局,互联网、手机等新兴媒体正在分割传统媒体,尤其是纸质媒体拥有的受众市场,也正在分解纸质媒体的影响力与引导力②。如何调整主题报道的形式和内容,更新"会议报道"的传播模式,成为挑战和困扰主流媒体的首要问题。十九大期间,以新华网为代表的主流媒体"国家队"在坚守新闻发布的权威性和公信力的同时,创新"会议报道"惯有的新闻生产和传播模式,结合网络直播、微博和微信互动,使十九大融合新闻广泛覆盖了传统媒体和新媒体的受众群,同时创新的传播模式使重大主题报道的受众覆盖面空前扩大。

(一)调适"主题报道"节奏

传统的会议报道在时间上主要集中于会议召开前后的短短数日,由于报道周期短,常常导致报道对会议的呈现流于概括化,甚至简单化,往往只是集中于开幕式、闭幕式、领导人讲话等方面。导致"会议报道"并不能完全地将会议精神和价值内涵传达给一般大众,也造成大众在潜移默化间逐渐形成"会议与我无关"的错误印象。如何更好地报道重大会议,真正建立大众与会议之间的联系,首先要理解新的传播规律,在此基础上对主题报道的传播节奏进行调适。

新华网的十九大报道早在十九大召开前一个多月就已经展开,

---

① 党报与电视媒体的会议新闻形成一套固定的,甚至可以说"死板的"新闻生产流程、传播策略和传播模式,形成了我们常说的"会议报道"。
② 陈振云:《以思想性提升党报舆论引导力》,《中国记者》2007年第6期。

推出了一系列与十九大密切相关的专题策划。例如,"迎接十九大"的系列网络直播《红色追寻·足迹》深入全国各地,以网络直播的形式展示当下中国的新发展与新变化;"点赞十九大,中国强起来"系列公益互动活动,联合中国邮政、ofo小黄车、新华网、新华社客户端、新华社微信等全网多终端推出;推出系列微视频《党的十九大代表是怎样炼成的?》,以微视频的形式展现了19名基层代表的感人事迹。这些创新的媒体策划一方面传播形式新颖,利用网络直播、微视频以及移动终端等新媒体传播和互动形态进行内容生产与传播,将政治信息、政治观念以"生活化""移动化""场景化"的方式传达给受众,让原本严肃的政治信息融入公众的日常生活和工作场景,可以说是于"细无声"中完成了政治社会化的目的;另一方面,在大会召开之前策划这一系列的会前报道,打破了以往"会议报道"主要集中在大会期间的传播节奏,前期的多样化会议报道策划能有效地为会议"预热"舆论场,将公众注意力有效聚焦到即将召开的十九大上。

(二)创新政治传播语态

传统上而言,重大政治会议报道除例行的中央电视台进行电视会议直播外,主要的宣传与报道还是以传统媒体的文字报道为主;新闻素材的来源相对单一,主要集中为会议内容本身、参会代表、新闻发布会等;传播的主体也主要集中于中央及地方的高层官员的官方声音(重要讲话、高层记者招待会等),较少能够听到来自基层的声音……这也逐渐形成中国典型会议报道的话语形态。然而,在新的传播环境下,这种单向的、"自上而下"、"权威式"的政治传播语态遭到了网络受众的排斥。主流媒体必须重新调整政治传播方式,创新传播形态,以实现与受众"平视"的交流,进而逐渐形成一种全新的政治沟通模式。

十九大在此前相对程式化的会议报道安排基础上有所突破——会议期间高频次地组织了6场记者会和8场集体采访,并且大会新闻中心在人民大会堂首次设立"党代表通道",60名党代表接受来自

19个国家的650多名记者的现场采访。60名党代表涵盖了25个省、自治区、直辖市以及中央国家机关、中央直属机关、中央企业系统、解放军、台联5个团组的党代表,其中包括满族、藏族、维吾尔族、塔吉克族、朝鲜族、瑶族、佤族等多个少数民族,并且其中女性代表占到26名①。同时,参与"党代表通道"的党代表各行各业都有,大多是来自基层一线的代表,他们中有航天员、深潜员、轮滑队员,有县委书记、法官、国家队教练、首席科学家②。新华网采用了现场网络视频直播、文字实录、高清图片回顾等多种形式相结合的方式,对三场"党代表通道"采访活动进行了全方位的报道。中外学者评价"党代表通道"是一次开创性的政治传播探索,来自基层的、普通的一线党代表们成为新闻报道的"主角",他们结合自身职业、工作经历以及身份背景与现场记者、线上网民畅谈"中国梦"。

基层的、多样化的声音在十九大这样重大的政治舞台上向世界传递出去,这60名基层的党代表无疑成为"中国梦"最为具体、形象和生动的代表,展现了中国的政治传播正在从传统的宏大抽象叙事转向微观具体叙事③。之所以会有如此巨大的转变,与党对新传播环境下新闻舆论工作的重视以及对新闻传播规律的准确把握是密不可分的。早在2016年2月19日,习近平总书记在党的新闻舆论工作座谈会上就重新阐释了"坚持正确方向"与"提高新闻舆论传播力引导力"之间的辩证关系,成为舆论引导方式与政治传播创新的理论和实践保障。

(三)增强对抽象议题的视觉化表达

十九大这类重大会议本身是以文字为主的传播载体,比如仅十九大报告就超过三万字。由于会议本身的传播属性也就自然造成传统的"会议报道"主要是大篇幅的文字报道,例如,报告全文刊载、长

---

① 张强:《十九大"党代表通道"的主要做法和经验》,《现代传播》2018年第1期。
② 程曼丽:《十九大"党代表通道":政府传播的创新形式》,《现代传播》2018年第1期。
③ 周勇:《十九大"党代表通道":政治传播的语态创新》,《现代传播》2018年第1期。

篇的报告解读、评论等。这些文字报道权威、重要,但是不符合今天的传播模式与受众的媒介使用习惯。那么如何对这些权威内容进行新媒体化的转换,从而使其符合新传播环境下的受众接受习惯,对于主流媒体来说是一个巨大挑战。新华网在此次十九大的专题当中,一方面保留传统的全文刊载十九大报告、十八届中央纪律检查委员会工作报告以及权威解读与评论这些长篇文字内容,另一方面,大量的图表、动画、H5、视频等非文字形态的数字化传播也被加入到对会议内容的宣传与传播当中。

新华网十九大专题当中的"数说新闻"栏目就以简洁、客观、准确的图表、数据代替了长篇的报告内容,深入浅出地展示了包括十九大报告、党的十八届七中全会公报、全面从严治党报告等原本需要长篇累牍才能呈现的报告内容。用数据、图表代替文字,有效地实现了对政治信息的视觉化转化。在此仅以《七组数据带你速览全面从严治党"成绩单"》①一篇为例,该报道提取了七组相关数据,展示了党的十八大以来党中央全面从严治党取得的新成就,包括三次党内教育活动,违反中央八项规定精神问题处分11万多人,制定与修订71部中央党内法规,立案审查中管干部超过240人,以及人民群众满意度超90%等。以直观的数据、图表相结合的形式呈现了原本需要大篇幅文字才能讲清楚的政治宣传内容,有效规避了长篇报道给受众造成的阅读困难。更加客观、简洁且更具可视性的数据新闻形式更能吸引读者,也消解了传统政治功绩类宣传给读者带来的不耐烦情绪。

除数据新闻外,针对传统的权威解读与权威评论的需要,新华网除保留传统的特稿、社评形式之外,还配合以专家、代表视频访谈,如"代表之声""新华访谈"等栏目。以网络直播的视频形式取代单纯的文字形式,一方面能够规避长篇文字给受众造成的阅读障碍,同时采

---

① 《七组数据带你速览全面从严治党"成绩单"》,新华网,http://www.xinhuanet.com/legal/2017-06/29/c_129640239.htm,2017年6月29日。

用网络直播的形式进行权威解读和评论也能够增强受众的参与感，形式更为活泼，能够有效吸引受众的注意力。此外，更为直观的网络直播也能向一般公众展现接受访谈的十九大代表的个人魅力与风采。

十九大召开期间，新华网融媒体专题板块中专门开辟了"代表声音""网民心声""新华访谈"等多个新媒体互动栏目，以网络直播、微博问答等新媒体沟通形式来搭建会议代表与网民之间的桥梁，双方就大会主题以及与之相关的社会热点议题进行集中探讨。新媒体的发展为普通民众提供了一个可以直接与政府或政治代表们进行沟通的渠道。同时，这既是一个可以鼓励民众政治表达、政治参与的渠道，也是一个民意传达与推进多方利益整合的渠道。然而，由谁来搭建与维护这个渠道呢？显然十九大期间的新华网很好地进行了这方面的尝试，也为进一步的探索树立了典范。我们通过梳理专题当中的几个新媒体互动栏目不难看出，与传统的"会议报道"不同的是：其一，它们在传播形态上不再发布长篇文字，例如"网民心声"栏目中的内容往往也被控制在千字以内，符合当下碎片化阅读的习惯；其二，新闻素材不再局限于会议内容、参会代表和新闻发布会，越来越多的"民间表达"开始成为传播的素材，"新华访谈"中大量对代表的提问来自新媒体上征集的网民关心的问题，访谈不再只是受访代表的个人表达与魅力展示，而是成为参会代表回应民众关切、与民众进行政治沟通的全新渠道。在这个过程中，政治沟通的模式由原本"自上而下""权威式"的政治传达转变为平等对话的政治沟通，民意、民情在这当中得到重视。

（四）"后台前台化"：创新文字报道

纵览新华网十九大融媒体专题，除了以上传播形式的创新（主要以视觉化的传播内容取代传统文字报道）之外，新华网的十九大融媒体专题在传统的文字报道上也试图突破。十九大期间，新华网"新华社特稿"栏目连发两篇重磅"诞生记"和一篇"纪实"，将"后台前台化"

的报道视角运用到时政题材的特稿撰写上。这在会议报道,尤其是像十九大这样的重大主题会议报道当中,可以说是对一般特稿新闻的创新与突破。

以《面向新时代的政治宣言和行动纲领——党的十九大报告诞生记》为例,该稿聚焦十九大报告的起草过程,首次将这样一份重大的政治报告的策划、讨论与撰写的全过程以新闻纪实的方式展示给公众。特稿聚焦围绕报告讨论、起草而召开的七次重要会议——四次十九大文件起草组全体会议、两次中央政治局常委会会议和一次中央政治局会议,重点呈现了会议如何从报告问题的提出,到报告起草,再到报告初稿成形提交审议,到最后十九大上习近平总书记代表十八届中央委员会向大会作报告的过程。以纪实的方式展示了党内通过集中讨论一步步推进整个报道的起草,以及报告成形前后所经历的艰巨的实践与理论相结合的讨论与自我反思的过程,展现了中国共产党的集体智慧和总书记的英明领导。特稿将党的重大会议报告起草这样一个我们通常意义上的"政治后台",以纪实性的笔触搬到"前台"来。同时,通过对起草过程的记录,进一步向公众传达了十九大报告蕴含的时代精神。

时政报道运用"后台前台化"的操作方式,能够将公众通常难以接触的,甚至神秘化的政治,尤其是高层政治的运作过程,展示于公众面前,对受众产生强烈的阅读吸引力。同时,以纪实的方式进行主动的"后台"展示,展示中国政党运行的真实面貌,向公众展现一个真实、积极、阳光的政党形象,强化了公众对中国共产党的政治认同。

三、重要报道评析

面向新时代的政治宣言和行动纲领——党的十九大报告诞生记

(2017年10月28日　新华网,记者　吴晶　胡浩　施雨岑)

2017年1月13日上午,中南海怀仁堂。

习近平总书记主持召开党的十九大文件起草组第一次全体会议,宣布党中央关于成立党的十九大文件起草组的决定。文件起草组由习近平总书记担任组长,刘云山、王岐山、张高丽同志任副组长。

会上,习近平总书记要求充分认识做好党的十九大报告起草工作的重大意义,坚持正确思想方法,科学分析和把握国际国内形势,深入研究关系党和国家事业发展的重大问题。

按照习近平总书记的部署和要求,起草组围绕一系列重大理论和实践问题开展实地调研、组织专题调研。

在这次会议上,习近平总书记还明确指出,党的十九大报告起草要遵循"五个坚持"的指导原则:

——坚持正确政治方向。"党的十九大报告是政治报告,阐明对关系党和国家事业发展一系列重大问题的政治立场、政治态度、政治原则,坚持从政治上研究和把握问题是第一位要求。"

——坚持解放思想、与时俱进。提倡民主讨论、相互切磋、畅所欲言、集思广益,勇于探索和研究重点、难点、热点问题,激励大家开动脑筋、贡献智慧。

——坚持战略思维和系统思维。"我们提出的思想理论和方针政策有没有前瞻性和预见性,我们作出的决策部署有没有指导性和可持续性,要看我们能不能从战略上全局上对我国发展和世界发展作出科学预判。"

——坚持问题导向、强化问题意识。"要把问题作为研究制定方针政策的起点,从问题最集中的地方和最突出的问题入手,把准政策基点,合理设定预期,把政策建立在解决最突出的矛盾和问题、满足人民群众最迫切的愿望和要求之上。"

——坚持从实际出发。"要坚持实事求是的科学态度,坚持立足现实和着眼长远相统一,提目标、定任务、出政策要从实际出发,决不能脱离实际、超越阶段。"

5月9日,报告框架方案呈报文件起草组第三次全体会议。习近平总书记在听取汇报和讨论后指出,党的十九大报告是我们党站在"两个一百年"奋斗目标的历史交汇点上,对党、对国家、对中华民族发展所作的宏观设计和政治宣言。新形势下,统筹推进"五位一体"总体布局,协调推进"四个全面"战略布局,有许多重大理论和实践问题需要回答。

如何对过去5年的工作进行全面客观的总结?

如何对党的十八大以来党的理论创新和实践创新成果进行概括和提炼?

如何阐述新形势下中国共产党的历史使命以及完成历史使命必须坚持的重大原则和必须解决的重大问题?

评析:这篇报道聚焦十九大报告的诞生过程,在报道的开篇将视角锁定在十九大文件组的两次重要会议。两次会议中,习近平总书记分别对党的十九大报告的重要意义、指导原则以及需要回应的理论和实践问题三个方面发表了提纲挈领的讲话。报道放弃了一般平铺直叙的方式,聚焦几个焦点时刻,充分展现了习近平总书记对十九大报告的全局掌控和领导高度。

7月13日至24日,习近平总书记先后主持召开两次中央政治局常委会会议和一次中央政治局会议,审议党的十九大报告稿。

——7月13日,中央政治局常委会会议第一次审议报告稿,中央政治局常委同志在听取汇报后,一致赞成报告稿的框架思路、内容结构、重大观点、主要提法,提出了重要意见。

——7月20日,中央政治局常委会会议第二次审议报告稿,中央政治局常委同志提出了重要修改意见。

——7月24日,中央政治局会议第一次审议报告稿,中央政治局委员一致赞成报告稿的框架思路、内容结构,赞成报告稿提出的主题主线、指导思想、基本方略、重大论断、决策部署。

评析:这一部分通过选取7月13日至24日召开的两次中央政

治局常委会会议和一次中央政治局会议进行概览性的报道呈现,集中表现了我党对十九大报告的高度重视,党内高层为完善报告的群策群力,以及党内集体决策的民主性和团结性。简单几笔就刻画出了党内高层在重大问题的讨论和决策上展现出的集体智慧与高度团结。

要回答好这些重大问题,同样必须进行充分的调查研究。报告起草工作从一开始,就对调研工作高度重视,并作出了专项部署。

1月17日,中共中央向各省、自治区、直辖市党委,中央各部委,国家机关各部委党组(党委),解放军各大单位、中央军委机关各部门党委,各人民团体党组发出《关于对党的十九大报告议题征求意见的通知》,决定对党的十九大报告议题在党内一定范围内组织讨论,广泛征求意见。同时,还将通过一定方式征求党外人士意见和建议。

2月上旬,根据起草组的工作部署,9个调研组赴16个省区市,就党的十九大报告议题进行调研,召开各级各类座谈会65次。

2月20日至3月31日,按照党中央部署的21个重大理论和实践问题,59个承担部门和单位组成80个调研组,深入1 817个基层单位开展实地调研,召开1 501次座谈会和研讨会,参会或接受访谈人数21 532人,形成80份专题调研报告。这些成果为报告起草奠定了坚实基础。

一次次访谈,汇聚了广大党员的意见和建议;一次次调研,带回基层群众的深切期盼。

5月下旬,25个国家高端智库建设试点单位提交了65份围绕党和国家发展面临的重大理论和实践问题开展深入调研形成的报告,提供起草组研究参考。

8月5日,中共中央向各省、自治区、直辖市党委,中央各部委,国家机关各部委党组(党委),解放军各大单位、中央军委机关各部门党委,各人民团体党组发出通知,在党内一定范围组织讨论,征求对党的十九大报告稿的意见。

从善如流，兼收并蓄。

从议题设置，到谋篇布局，再到具体表述，只有坚持解放思想、实事求是，方能起草出对我国发展具有指导作用、在国际社会产生广泛影响的报告。

截至8月25日，各地区各部门各方面对党的十九大报告征求意见稿的意见和建议按期全部返回，共计征求4 700余人的意见，收到书面反馈材料总计118份。中央领导同志和党内老同志反馈意见33份。

从21日至25日，习近平总书记在中南海怀仁堂主持召开5次座谈会，分片当面听取31个省区市党政主要负责同志、解放军各大单位和中央军委机关有关部门主要负责同志对报告的修改意见和建议——这是党的全国代表大会文件起草工作的惯例，也是科学决策、民主决策的实践。

8月30日，习近平总书记在中南海怀仁堂主持召开座谈会，当面听取各民主党派中央、全国工商联领导人和无党派人士对党的十九大报告征求意见稿的意见。与会党外人士开诚布公、畅所欲言，提出了许多意见和建议，并提交了10份书面材料。习近平总书记在听取发言后，代表中共中央表示感谢，要求文件起草组认真研究吸纳党外人士意见和建议。

调查、研究、论证，再调查、再研究、再论证。

一次次讨论开放包容，一处处修改字斟句酌，报告就在一点一滴中逐步完善——

经过汇总、整理，各地区各部门各方面共提出修改意见2 027条，扣除重复意见后为1 773条，其中原则意见179条，具体修改意见1 594条；具体修改意见中，实质性修改意见1 208条，文字性修改意见386条。

根据习近平总书记的重要指示精神，文件起草组还重点研究吸纳了中央领导同志、从中央领导职务退下来的老同志对党的十九大报告征求意见稿反馈的意见和建议。

截止到提交党的十八届七中全会讨论,文件起草组对党的十九大报告共作出增写、改写、文字精简986处,覆盖各方面意见和建议864条。

10月11日,党的十八届七中全会召开。文件起草组全体同志认真听取全会中委10个分组和中纪委4个分组关于报告的讨论发言,连夜召开工作会议,逐条研究修改意见,提出吸纳建议。

10月14日,党的十八届七中全会第二次全体会议表决通过党的十八届中央委员会向党的十九大的报告(草案)。

按照习近平总书记对报告起草工作的重要指示精神,起草组认真吸纳各方意见,逐条研究,对许多重大问题深入研究,对一些重要表述反复推敲。

评析:这一部分报道聚焦于从2018年1月17日到10月14日党的十九大报告草写过程长达十个月的实地调研、听取社会各界建议,以及报告修改漫长而复杂的过程。对这一过程的详细描述充分展现了十九大报告草写的复杂性及艰巨性。报道中运用了一系列统计数据,这些数据的运用使这种复杂性的呈现更为直观。

不忘初心　牢记使命——一论学习贯彻党的十九大精神

(2017年10月26日　新华网,新华社评论员)

中国共产党人的初心和使命,就是为中国人民谋幸福,为中华民族谋复兴。进入新时代,继续为伟大复兴奋斗,要求我们党团结带领人民有效应对重大挑战、抵御重大风险、克服重大阻力、解决重大矛盾,进行具有许多新的历史特点的伟大斗争;深入推进党的建设新的伟大工程,确保我们党永葆旺盛生命力和强大战斗力;围绕中国特色社会主义这个改革开放以来党的全部理论和实践的主题,增强"四个自信",推进伟大事业。以党的十九大精神为指引,以永不懈怠的精神状态和一往无前的奋斗姿态创造无愧于新时代的新业绩,我们党才能不负人民重托、无愧历史选择,凝聚起同心共筑中国梦的磅礴力量。

评析:"不忘初心、牢记使命"是新华网论"十九大精神"系列评论中的第一论,从理论维度具体阐述了中国共产党人的"初心"和"使命"——"为中国人民谋幸福,为中华民族谋复兴",并且在理论上对如何做到"不忘初心 牢记使命"作出解读与要求。重大的主题评论往往流于套路的感性情绪渲染,但"五论"中的每一篇都敢于对重大议题进行理论论述与阐述,五篇从不同的角度——"初心与使命""习近平思想""历史方位""主要矛盾"和"新目标"——对"十九大精神"进行了有效而权威的解读,从而展现了中央媒体的权威性和高度。

在新华网的十九大专题报道中,刊登了一系列重要的评论,其中"论学习贯彻党的十九大精神"系列(简称"五论")产生了重大反响。这一评论系列共由五篇评论组成,围绕"学习贯彻党的十九大精神"这一主题从五个关键性主题来撰写,对十九大的会议精神进行了全面总结与阐述。"五论"既写出了理论的深度,也谈了成绩与问题,是理性与感性融合的经典范例。

同时,"五论"是新华社(新华网)评论团队的集体智慧之展现。移动互联时代,媒体竞争日趋激烈化,权威媒体如何从这激烈的竞争当中脱颖而出,关键还是要看内容,尤其是看重政治、经济以及文化议题上的论述是否深刻、是否具有感染力。这些都需要运用团队的智慧和力量。

此外,由于自身的权威性和主题集中也营造了"五论"良好的传播效果,这也是"五论"的重要特色。"五论"虽然从五个不同的角度切入,但是整体围绕学习"十九大精神"策划和撰写,在主题上十分集中。此外,"五论"每一篇都有千余字,论述简短,直击问题。

(撰稿人:徐亦舒)

"国家公祭日"主题报道分析

一、案例介绍

国家公祭日指的是一个国家为了纪念历史上曾经发生过的重大民族灾难而设立的全国性纪念活动。国家公祭日的设立,需要通过国家权力机关的审议来决定。

在世界范围内,许多国家都有自己的法定公祭日。如苏联将5月9日设为"伟大卫国战争胜利纪念日";美国将12月7日设为"国家珍珠港军纪念日";波兰将1月27日设为"缅怀大屠杀受难者国际纪念日";新加坡将2月15日设为"全面防卫日";日本也设立了关于广岛、长崎原子弹爆炸的纪念日等。可以说,国家公祭已成为国际社会上的一种惯例,其意义和目的在于通过举行公祭仪式来祭奠死难同胞,以此增强全体国民对于民族国家遭受灾难的历史记忆,激发民众的爱国主义情怀,构建好国家和民族的强大精神体系。

公祭日通常会举行盛大的悼念活动,其具体内容主要表现为以下五个方面:一是国家最高领导人出席纪念活动并发表讲话;二是纪念活动的规模都比较大;三是纪念日举行降半旗仪式,向死难者表示沉痛哀悼;四是现场拉响警报,汽车、火车、轮船汽笛齐鸣,公众伫立默哀;五是娱乐场所关闭,学校举行纪念活动。

南京大屠杀是我国近现代史上的一场民族大灾难,也是世界文明的大灾难,是人类战争史上惨绝人寰的残忍暴行。1937年12月13日,时为中华民国首都的南京在南京保卫战中沦陷,侵华日军在南京及其附近地区进行了长达四十多天有组织、有计划、有预谋的大屠杀和奸淫掳掠。在这场震惊中外的大屠杀中,大量无辜平民和战俘被残忍杀害,无数房屋被焚毁,成千上万的妇女遭到强暴。据二战结束后南京审判战犯军事法庭的裁定,日军开展的集体屠杀有 28 案,屠杀人数为 19 万;零散屠杀有 858 案,死亡人数有 15 万,无数家庭在这场暴行中支离破碎,总计遇难人数超过 30 万。中华民族的文化珍品也在全城的抢劫、纵火之中遭遇了巨大浩劫。对于这样一场铁证如山、在国际社会早有定论的惨案,日本政府方面至今仍在试图抹杀、掩盖、歪曲这段历史。甚至日本的中小学教科书对南京大屠杀的表述都极为暧昧,将南京大屠杀表述为"一切都是正常的战争伤亡"的"南京事件"。

与此同时,在近些年,中国国内频频爆出"精日"(精神日本人,即从精神上把自己视同为日本人)的现象。如 2015 年在成都举行的动漫展有多名身着日军旧式军服的青年到现场;2017 年,四名"精日"青年身穿日军旧式军服在四行仓库门口摆造型拍照;2018 年,上海某男子为"泄私愤",在侵华日军南京大屠杀遇难同胞纪念馆内录制滋事视频。这些极端崇拜日本以至于仇恨自身民族的恶劣行为引起了无数国人的愤慨和强烈谴责,其中一些"精日"分子也受到了法律的制裁。2018 年 3 月 8 日,外交部部长王毅在全国人大记者会上回应媒体提问"如何看待'精日'分子的行径"时,直斥"精日"分子是"中国人的败类"。当日下午,38 位全国政协委员还联合提交了一份"制定保护国格与民族尊严专门法"的提案,建议将严重侮辱国格、侵犯民族尊严、侮辱民族英雄和革命先烈,或宣扬日本军国主义、法西斯、武士道精神的行为纳入刑法处罚范畴。

通过上述介绍可知,在网络信息时代,我国的意识形态方面面临着极为严峻的挑战。这种挑战一方面有外在原因,如日本右翼势力抬头,一些政客不仅在言论上极力否定侵华历史、否认南京大屠杀,在行动上还大张旗鼓地参拜靖国神社等,甚至完全罔顾历史与事实,在中小学历史教科书中美化侵略历史,替军国主义招魂。当然,日本动漫游戏文化也在无形当中影响着中国青少年的价值观和历史观。另一方面的原因,一定程度上也是因为我们的爱国主义教育和历史教育存在不足,对南京大屠杀、慰安妇等屈辱历史在新媒体上的客观传播还十分欠缺。当然,从制度和法律层面来说,我国对于一些寻衅滋事的"精日"行为还没有相对完善的处罚机制。

可以说,国家公祭日的设立是民心所向,大势所趋,当然也适逢其时。2014年2月27日,我国第十二届全国人大常委会第七次会议表决通过,决定将9月3日确定为中国人民抗日战争胜利纪念日,将12月13日设立为南京大屠杀死难者国家公祭日。2014年12月13日,中共中央总书记、国家主席、中央军委主席习近平出席了首次在侵华日军南京大屠杀遇难同胞纪念馆举行的国家公祭仪式。自此,国家公祭日以一种法定形式延续下来,成为全国人民每年祭奠包括南京大屠杀死难者在内的所有惨遭侵华日军杀戮的死难同胞纪念日。

2016年11月30日,习近平在中国文学艺术界联合会第十次全国代表大会、中国作家协会第九次全国代表大会开幕式上的讲话中指出:"历史和现实都表明,一个抛弃了或者背叛了自己历史文化的民族,不仅不可能发展起来,而且很可能上演一幕幕历史悲剧。"[①]我国设立国家公祭日,正在于铭记过去那段历史,保存历史真相,铭记历史教训,不再让历史悲剧重演。与此同时,以史为鉴,面向未来,激发全体国民的爱国主义情怀,在"四个自信"的文化语境下,坚定不移地走建设有中国特色的社会主义道路,做世界和平的建设者、全球发展的贡献者、国际秩序的维护者,同各国一道共同创造人类的美好未来。

二、案例分析

国家公祭日是一个重大的政治主题,关于它的报道自2014年2

[①] 《习近平谈治国理政》第二卷,外文出版社2017年版,第349页。

月以来,一直是新闻媒体的关注内容。2月25日草案审议的当天晚上,中央电视台就播出了设立抗战胜利纪念日和国家公祭日的报道。第二天,《人民日报》以《我国将以立法形式确定中国人民抗日战争胜利纪念日　设立南京大屠杀死难者国家公祭日》(2014年2月26日第1版)为题,发布了相关新闻。2014年12月13日,我国首个国家公祭仪式在侵华日军南京大屠杀遇难同胞纪念馆隆重举行,习近平总书记出席活动并发表重要讲话,成为海内外各大媒体报道的新闻焦点。自此之后,每年的12月13日前后,都会出现关于国家公祭日的新闻报道、评论,甚至还有精心策划的新闻宣传活动,等等。毫无疑问,国家公祭如今已成为我国新闻实践中一项重要议题。针对近几年来我国新闻媒体出现的相关内容,笔者拟从以下三个方面展开分析。

(一) 强化国家公祭主题报道的党性和人民性的统一

国家公祭日的设立对整个中华民族而言是一件极富象征性的历史事件。它通过法定形式彰显了国家意志,不论对于人们铭刻历史,反思过去的历史教训,还是面向未来,实现伟大民族复兴的中国梦来说,都具有重要的文化意义。国家公祭日的主题报道在一定程度上反映了社会舆论,同时又直接传播了思想舆论,它关乎新闻工作的党性和人民性问题,二者是统一的关系。

在2014年以前,我国并没有任何形式的国家公祭活动,有的只是地方性的悼念活动,如江苏省南京市自1994年12月13日始,每年会举行南京大屠杀的悼念活动;黑龙江、吉林、辽宁三省自2001年9月18日起,每年举行对"九一八"的悼念活动。从地方性的悼念活动最终通过立法上升为国家公祭日,这之间经历了相当长的一段过程,它也在事实层面上反映出我国过去对近代史教育以及国家意识构建方面的不足。当然,在2014年以前,已陆续有一些新闻媒体开始关注"国家公祭日"的相关话题,它正式进入新闻媒体的视线,始自2005年。2005年3月9日,全国政协常委赵龙在两会上首次提交了把每年12月13日设为国家公祭日的提案,引起媒体的广泛关注。自此,关于"国家公祭日"的议题就屡见报端。如月会在2006年的《民族论坛》上发表《能否将南京大屠杀纪念日定为"国祭日"》一文,追溯了南京大屠杀这一历史灾难的史实经过,还罗列了正方和反方的观点,对设立国家公祭日的意义作了初步探讨。后来不乏一些报纸以十分确定的口吻来正面论证设立国家公祭日的必要性,如《珠海特区报》在2010年3月30日发表评论《建议设立"国家公祭日"》,认为设立国家公祭日"有助于增强国民对国家和民族文化的认同感和凝聚力,符合中华民族的优良传统,必将进一步巩固革命烈士的历史地位,弘扬爱国精神和民族精神"。

新闻媒体开始对国家公祭日进行大幅度的报道,始于2014年,这一年出现了两个关注高潮:一是2月27日前后,全国人大通过立法审议,确立了12月13日为国家公祭日;二是12月13日前后,首次国家公祭日仪式在南京正式举行,习近平总书记出席活动并作重要讲话。之后每年的12月13日前后,全国各大媒体都会有大量关于国家公祭活动的新闻报道。从目前的报道内容来看,各大媒体对国家公祭日这一议题的报道十分关注其意义层面的建构,认为国家公祭日关乎集体记忆,并将成为"一种培养国家意识的新符号",意义十分深远。

国家公祭日是对1937年12月13日南京大屠杀的一种纪念,但实际上它早就超出南京大屠杀这一灾难性历史事件的范畴,在全国性的公祭活动中,它已被扩展成悼念包括南京大屠杀死难者在内的所有惨遭侵华日军杀戮的死难同胞纪念日。由此,国家公祭的仪式也就有了更为广泛性的意义。如《光明日报》在2014年2月28日发表要闻《唤醒一个民族最深沉的记忆 国家确定抗日战争胜利纪念日、设立南京大屠杀死难者国家公祭日引起强烈反响》,对沈阳、平顶山、旅顺、抚顺、南京等遭遇日军屠杀的城市作了概说,认为公祭日的设立有助于人们今天更好地铭记历史,告慰亡灵,汲取历史教训。蓝鹰在《抗日公祭展现中国人对待历史的态度》(《中国青年报》2014年6月20日第10版)一文中也谈到国家公祭日的设立,说明中华民族越来越懂得铭记历史。

需明确指出的是,设立国家公祭日并不仅仅局限于回顾过去、铭记历史,而更多是要展望未来、珍爱和平。如罗援在《举行国家公祭的多重意义》(《解放军报》,2014年12月11日)中就谈到公祭日的意义:一是打击日本右翼歪曲历史的企图;二是彰显对生命的敬畏、对人权的尊重;三是牢记战争悲剧、追求共同和平;四是反思历史教训、激扬民族精神。对于一个历经磨难的民族而言,设立国家公祭日是为了凝聚共同的精神信仰,面向未来,朝着民族伟大复兴的目标坚定前行。

(二) 在"两个舆论场"中巩固马克思主义新闻观对意识形态的指导地位

国家公祭日的目的与意义在于通过举行公祭仪式祭奠死难同胞,以此增强全体国民对民族国家遭受灾难的历史记忆,激发民众的爱国主义情怀,构建好国家和民族的强大精神体系。在全媒体时代,新媒体技术的出现和普及已从根本上改变了人们获取信息的方式、途径乃至习惯,以传统纸媒为手段的思想宣传和舆论引导在今天面临着极大的挑战。要想实现国家公祭日对全体国民的舆论引导作用,必须做到纸媒与网媒之间联动、官方舆论场与民间舆论场的贯通,在此基础上,还要巩固马克思主义新闻观在意识形态中的指导地位。

《人民日报》是官方舆论场的代表,它在关于国家公祭日的报道中起到了重要的引领作用。以2014年的报纸为例,从12月12日至15日,《人民日报》连续刊登了28篇相关报道,包括消息、通讯、图片新闻、侧记、评论等,对公祭仪式作了全方位的报道追踪,还通过不同的题材和表现方式,真实地再现了新闻现场的细节,让读者的感受更为直观、全面、具体。如《人民日报》2014年12月14日第1版《南京大屠杀死难者国家公祭仪式隆重举行》，以时间顺序详细记述了国家公祭仪式的流程，并对习近平讲话内容作了披露，通过正面宣传的方式表达了官媒对民族灾难秉持的价值立场："历史告诉我们，和平是需要争取的，和平是需要维护的。只有人人都珍惜和平、维护和平，只有人人都记取战争的惨痛教训，和平才是有希望的。"从该报第2版的《铭记历史　珍爱和平——南京大屠杀死难者国家公祭日活动引起国际社会强烈反响》和第3版的《在缅怀中凝聚力量　在复兴中守望和平——首个南京大屠杀死难者国家公祭仪式侧记》等内容中，都不难看出"珍爱和平"的宗旨。另外，一些党报党刊在12月13日前后也会发表一些评论文章，代表着官方舆论场的一个基本立场。

　　国家公祭是一项有着重要指示意义和文化功能的仪式活动，它的设立时间相对较晚，对全体国民，尤其是对青少年的影响还处于起步阶段。为了更好地凝聚人们共同的精神信仰，满足更多国民对公祭的参与和表达需求，起到教育并引导民众的作用，2014年7月6日，由新华网承建的国家公祭网（http://www.cngongji.cn/）正式上线。网站中文版分为"公祭资讯""海外公祭""在线公祭""公祭回音""公祭教育""公祭知识"和"网上史料馆"七大板块。英文版和日文版均分为"在线公祭""公祭资讯""公祭知识""论坛互动"四大板块。该网站通过文字、图片、视频以及互动等方式，发挥了对网民的历史知识普及和思想政治教育等效用。

　　不过，关于国家公祭日的民间舆论场构建，主要的方式还体现在微博与微信之中。如2016年，微博与微信空间中广泛流传着一张图片：左边是一个衣衫褴褛、光着脚丫、满脸恐慌的小女孩，背景是一片废墟，时间标注为1937年；右边是一个穿戴整齐的靓丽女孩，背景是高楼大厦，时间标注为2016年。在两个女孩之间，有一段这样的文字："那年乱世如麻，愿你们来世拥有锦绣年华。"这幅图可以说戳中了许多网民的泪点，起到了较好的舆论效果，同时也具有深刻的教育意义。

在新的历史条件下,我们应该在"两个舆论场"中始终坚持马克思主义新闻观的指导地位,坚持用马克思主义来指导新闻工作实践。

(三)有效提升国家公祭主题报道的传播力和舆论引导力

南京大屠杀早就是铁证如山的历史公案,不过,由于我国新闻媒体对此宣传力度不够,使意识形态方面面临着严峻挑战:一是来自日本右翼势力,他们罔顾历史与事实,否定侵华历史、否认南京大屠杀;二是来自我们内部,如近年频频爆出"精日"分子因崇拜日本文化而表示出对本国民族和文化的极度仇恨,发表触犯道德底线的言论,甚至做出伤害国人感情的行为。从这个意义上说,新闻媒体作为党和政府的喉舌,必须把握时代的发展变化,坚持党性原则,从具体的理念和方法上提高工作能力和水平,拓展新闻媒体的传播力、引导力和向心力。

2014年9月27日,为有效拓展国家公祭的传播广度和深度,新华报业传媒集团精心策划了"国家公祭·南京1213"的全媒体活动。该活动内容包括新闻报道、活动宣传及跨省联动,不仅在当地采访,甚至还到"日本寻证",而且在理论上与实践上,真正实现了一次跨越和突破,成为当时影响最大的重大主题新闻报道。以"日本寻证"为例,新华报业采取一种全球性视野来对国家公祭日相关活动进行报道追踪。为此,小组成员赶往日本进行实地考察,先后造访了十多个纪念馆和资料馆,对当年参与南京大屠杀的日本老兵、原子弹爆炸中的幸存者、致力于揭示历史真相的社团组织、日本历史学家以及普通日本民众等进行深度采访,获得了宝贵的第一手资料。与此同时,新华报业还开展了卓具成效的"10城联动",与其他党报一起深入采访当年的日军屠杀事件,包括集体屠杀、细菌战、大轰炸、劳工迫害等,深入揭示日军当年犯下的滔天罪行。经过前后三个月的时间,集团所属媒体推出了专栏五十多个,刊发文字报道两千多篇,共计两百多万字,图片报道三百多幅,音频报道两百多分钟,真正推进了全媒体融合,激活了新闻报道的内容和思路,实现了国家公祭日传播的叠加效应。

与国家公祭日的新闻报道活动同步,相关影视艺术和图书的出版也助推了公祭日的传播热度。如2014年11月13日,南京电视台开始播放《城殇》系列片,为观众讲述侵华日军屠城的黑暗岁月。2014年12月,江苏凤凰教育出版社出版了何建明的《南京大屠杀全纪实》,这部六十多万字的长篇报告文学以纪实的角度全景式地呈现了日军在南京大屠杀中犯下的种种罪行,同时也显示出反对战争、珍爱和平的主题。同样,在2014年12月,南京还面向中小学生发布了《南京大屠杀死难者国家公祭日读本》——小学生版《血火记忆》、初中生版《历史真相》和高中生版《警示思考》等配套系列读本。这可以说是一次全方位的历史教育和爱国主义教育实践,它对于我们以马克思主义新闻观为指导,提升传播力和舆论引导力亦有重要的启迪意义。

三、重要报道评析

南京大屠杀死难者国家公祭仪式隆重举行张德江主持公祭仪式

(2014年12月14日 《人民日报》,记者 霍小光 蔡玉高)

新华社南京12月13日电(记者霍小光、蔡玉高)中共中央、全国人大常委会、国务院、全国政协、中央军委13日上午在南京隆重举行南京大屠杀死难者国家公祭仪式。中共中央总书记、国家主席、中央军委主席习近平出席并发表重要讲话。他强调,自古以来,和平就是人类最持久的夙愿。和平像阳光一样温暖、像雨露一样滋润。有了阳光雨露,万物才能茁壮成长。有了和平稳定,人类才能更好实现自己的梦想。历史告诉我们,和平是需要争取的,和平是需要维护的。只有人人都珍惜和平、维护和平,只有人人都记取战争的惨痛教训,和平才是有希望的。

1937年的12月13日,侵华日军侵入南京,对我同胞实施长达

40多天灭绝人性的大屠杀,30万生灵惨遭杀戮,人类文明史上留下最黑暗的一页。2014年2月27日,十二届全国人大常委会第七次会议通过决定,以立法形式将12月13日设立为南京大屠杀死难者国家公祭日。

公祭仪式在侵华日军南京大屠杀遇难同胞纪念馆举行。纪念馆集会广场布置得庄严肃穆。现场国旗下半旗。广场西侧巨大的"灾难墙",灰黑的底色映衬着"南京大屠杀死难者国家公祭仪式"14个白色大字。一万名各界代表胸前佩戴白花,静静肃立。

9时56分,习近平等党和国家领导人步入现场,站立在群众方阵前。18名中国人民解放军三军仪仗兵齐步行进至公祭台两侧,持枪伫立。

10时整,公祭仪式开始。军乐团奏响《义勇军进行曲》,全场高唱中华人民共和国国歌。嘹亮的歌声响彻云霄。国歌唱毕,全场向南京大屠杀死难者默哀。公祭现场拉响了防空警报。同一时间,南京全城警报响起,汽车、火车、轮船汽笛齐鸣。

默哀持续一分钟。军乐团奏响低回空灵的《安魂曲》,16名礼兵抬起8个巨大的花圈,缓步走上公祭台,将花圈安放在"灾难墙"前。77名南京市青少年饱含深情地宣读《和平宣言》。

评析:1937年12月13日的南京大屠杀是我国近现代史上一场深重的民族灾难,当然也是人类文明史上最为黑暗的一页。过去,我国曾有各种形式的关于大屠杀的悼念活动,然而通过立法形式将其上升为国家公祭日,这还是第一次。国家公祭日的设定有着重要的历史意义,无论是对民族历史记忆的构建,还是对国家民族意识的重塑,都有深远影响。2014年12月13日,国家以最高规格的公祭形式对南京大屠杀进行纪念,有助于增强国家民族的文化认同感和凝聚力。

……

习近平在讲话中表示,今天,我们在这里隆重举行南京大屠杀死难者国家公祭仪式,缅怀南京大屠杀的无辜死难者,缅怀所有惨遭日本侵略者杀戮的死难同胞,缅怀为中国人民抗日战争胜利献出生命的革命先烈和民族英雄,表达中国人民坚定不移走和平发展道路的崇高愿望,宣示中国人民牢记历史、不忘过去,珍爱和平、开创未来的坚定立场。

习近平指出,日本侵略者制造的南京大屠杀惨案震惊了世界,震惊了一切有良知的人们。第二次世界大战胜利后,远东国际军事法庭和中国审判战犯军事法庭,都对南京大屠杀惨案进行调查并从法律上作出定性和定论,一批手上沾满中国人民鲜血的日本战犯受到了法律和正义的审判与严惩,被永远钉在了历史的耻辱柱上。历史不会因时代变迁而改变,事实也不会因巧舌抵赖而消失。

习近平强调,我们为南京大屠杀死难者举行公祭仪式,是要唤起每一个善良的人们对和平的向往和坚守,而不是要延续仇恨。中日两国人民应该世代友好下去,以史为鉴、面向未来,共同为人类和平作出贡献。忘记历史就意味着背叛,否认罪责就意味着重犯。一切罔顾侵略战争历史的态度,一切美化侵略战争性质的言论,不论说了多少遍,不论说得多么冠冕堂皇,都是对人类和平和正义的危害。对这些错误言行,爱好和平与正义的人们必须高度警惕、坚决反对。

习近平指出,此时此刻,我们要告慰所有在南京大屠杀惨案中不幸罹难的同胞们,告慰所有在日本侵华战争中不幸死难的同胞们,告慰所有在近代以来中国抗击外来侵略中英勇牺牲的同胞们,告慰所有在为争取民族独立、人民解放和国家富强、人民幸福的伟大斗争中英勇献身的同胞们:今天的中国,已经成为一个具有保卫人民和平生活坚强能力的伟大国家,中华民族任人宰割、饱受欺凌的时代已经一去不复返了,中国人民正在意气风发地沿着中国特色社会主义道路,为实现"两个一百年"奋斗目标、实现中华民族伟大复兴的中国梦而奋斗。中华民族的发展前景无比光明。

习近平强调,此时此刻,中国人民也要庄严昭告国际社会:今天的中国,是世界和平的坚决倡导者和有力捍卫者,中国人民将坚定不移维护人类和平与发展的崇高事业,愿同各国人民真诚团结起来,为建设一个持久和平、共同繁荣的世界而携手努力。

评析:习近平同志发表的重要讲话,对南京大屠杀历史作了进一步正面说明,南京大屠杀在国际上已有定论,容不得日本右翼势力有任何的歪曲、抵赖、美化。与此同时,中国人民也不能忘记这段惨痛的历史。忘记历史就是背叛。只有客观对待这段历史,对其作出深刻省思,才能在"以史为鉴、面向未来"的基础上谈论民族独立、国家富强、世界和平。从这个意义上说,国家公祭作为一项有重要文化功能的仪式活动,有助于构建国家民族记忆,并以正面教育的方式树立起爱国主义的舆论引导。

铭记历史 珍爱和平
——南京大屠杀死难者国家公祭日活动引起国际社会强烈反响

(2014年12月14日 《人民日报》,记者 吕鹏飞 于景浩 倪涛 苑基荣 任彦 杨迅 刘睿 李博雅 谢亚宏 郑红)

本报北京12月13日电 综合本报驻外记者报道:12月13日,中国隆重举行南京大屠杀死难者国家公祭仪式,中共中央总书记、国家主席、中央军委主席习近平出席并发表重要讲话。

……

"相信中国人民一定能够将中国建设得更好,公祭活动将激励中国人实现这一目标。"

"我为日军的暴行感到愤怒,我的心在南京。"印度印中友协秘书长巴斯卡兰在接受本报记者采访时表示,日军的屠杀行径惨无人道,举世震惊,中国人民为第二次世界大战的最终胜利作出了巨大牺牲,也将永远为世人所铭记。中国举办南京大屠杀死难者国家公祭仪式,中国国家领导人出席公祭仪式并发表重要讲话让人印象深刻。

相信中国人民一定能够将中国建设得更好,公祭活动将激励中国人实现这一目标。

"今年12月13日是中国迎来的首个南京大屠杀死难者国家公祭日,中国予以隆重纪念,中国领导人习近平参加公祭仪式并发表讲话,这凸显了中国对国家公祭日的极度重视,也昭示了'前事不忘,后事之师'的理念。"泰国《亚洲日报》副社长钱丰在接受本报记者采访时说:"日本军国主义在二战中给中国和亚洲人民带来了巨大的灾难,在亚洲和太平洋地区犯下了累累侵略罪行,而12月13日正是侵华日军攻入南京并展开野蛮血腥大屠杀的纪念日,这一天是中国历史上的黑暗一页。中国设立国家公祭日并予以隆重纪念就是要人们记住和平来之不易,只有记住历史才能维护世界和平。"

肯尼亚肯雅塔大学国际关系研究所非洲中心主任伊斯拉埃尔·科迪阿嘉对本报记者表示,中国人民在第二次世界大战中为世界和平作出了巨大的牺牲,如今中国政府设立南京大屠杀死难者国家公祭日是对这段历史的铭记,这不仅表达了中国政府和中国人民珍爱和平与捍卫和平的决心,而且时刻提醒着全世界人民和平对人类发展的重要性。

埃塞俄比亚的斯亚贝巴大学教授达戈对本报记者表示,中国举行南京大屠杀死难者国家公祭日活动表明了中国反对侵略战争、捍卫人类尊严和维护世界和平的坚定立场。设立国家公祭日是缅怀过去,同时也向全世界表达了中国热爱和平、维护和平的决心和立场。

比利时《华商时报》社长罗玉宏对本报记者说,中国政府将每年12月13日确定为南京大屠杀死难者国家公祭日,是顺应民心之举,得到了全世界华侨华人的一致拥护和强烈支持。国家公祭日活动能够让中华民族不忘那段惨痛的历史,激发中华民族奋发图强,捍卫人类尊严,维护世界和平,同时,对日本右翼分子试图否定歪曲历史、为历史翻案的丑恶行径也是有力的回击。

评析: 中国政府将12月13日确定为南京大屠杀死难者国家公

祭日,并举行盛大的公祭活动,引起了国际社会的强烈反响。这至少体现出三个层面的意义:第一,直面南京大屠杀历史,举行国家公祭仪式,有利于全世界正视二战时期中国人民的抗战史,获取国际社会的舆论支持;第二,国家公祭活动的举行能够赢得全世界华侨、华人以及所有爱好和平的人的支持,有利于传播中华民族的历史并建构中国人的海外形象;第三,缅怀历史并非要延续仇恨,而是要提醒全世界人民珍爱和平,与此同时,这也对日本右翼势力作出了强有力回击。

……

"中国领导人的讲话凸显了中国人不忘历史、警钟长鸣的精神。"

希腊欧洲与外交政策基金会国际问题专家佐戈普鲁斯对本报记者说,中国政府将每年12月13日确定为南京大屠杀死难者国家公祭日,对于中日两国年轻一代正确认识那段惨痛的历史具有现实意义。只有直面历史,才能找到改善中日关系的出路。中国领导人习近平在公祭仪式上的讲话发人深省,正如他所说的,铭记历史,不是为了延续仇恨,而是要吸取教训,珍爱和平。习近平的讲话为中日两国实现真正和解提供了重要的契机,一方面,日本需要切实地正视侵华历史,另一方面,中日两国人民也要世代友好下去。

巴基斯坦时事评论员安萨尔·巴蒂在接受本报记者采访时表示,习近平的讲话表达了对于牺牲烈士的崇敬和对逝去同胞的缅怀,凸显了中国人不忘历史、警钟长鸣的精神,同时也表明了一种自信:中国如今已经发展强大,综合国力不断提升,有能力保护国民不再受到侵害。

埃及亚历山大大学中文系主任易卜拉欣教授在接受本报记者采访时表示,中国设立国家公祭日是对国家耻辱历史的铭记,是对战争中不幸死难者的悼念,对于凝聚民众爱国热情具有积极意义。中国领导人习近平在讲话中表示不希望延续仇恨,而是以史为鉴,面向未来,显示出大国胸怀,以及中国坚持走和平发展道路的决心。战争是全人类的灾难,尽管二战已经过去半个多世纪,但是人们仍应时时警醒和反思,让南京大屠杀这样的惨剧永远不再发生。

美利坚大学历史系教授彼得·库兹尼克对本报记者表示,中国举行南京大屠杀死难者国家公祭日活动意义重大。习近平在公祭仪式上发表的讲话中说,"历史不会因时代变迁而改变,事实也不会因巧舌抵赖而消失。南京大屠杀惨案铁证如山、不容篡改"。只要目前的日本政府试图掩盖其不堪的历史,中国和其他亚洲受害国就必须揭露真相。缅怀历史是为了让人们避免犯同样的错误。

俄罗斯科学院东方学研究所高级研究员安德烈·季卡列夫对本报记者表示,正如习近平在讲话中所提到的,中国举行南京大屠杀死难者国家公祭仪式的目的不是为了延续仇恨,而是不忘历史,让更多人认识到法西斯主义的危害。南京大屠杀证据确凿,无人能够否认,全世界应该共同对某些右翼政客和学者美化侵略的言论做斗争。他说:"作为从事中国研究的学者,我深知日本在二战中给中国人民带来的伤害之深,中国现在大力倡导世界和平,正是为了不让此前的悲剧重演。"

德国柏林华人人文与社会科学研究会会长王琦对本报记者表示,中国领导人出席南京大屠杀死难者国家公祭仪式并发表讲话,影响不仅局限于国内,习近平发出的反思战争、守卫和平的呼吁也传播到世界其他国家和地区,对激扬国际反战主旋律、引领全球和平大潮具有十分重要的意义。

评析:中国政府对南京大屠杀死难者举行高规格的国家公祭,不仅在于表达国人不忘历史的信念,而且更多地指向未来守护和平的决心,共建"人类命运共同体"。中国作为一个大国,有能力避免历史悲剧再度重演。但更重要的是,中国作为一个仍处于崛起之中的负责任的大国,需要给世界树立起一个"和平崛起"的形象,同时也要尽可能地捍卫世界的和平与发展。

构建强大精神谱系才能赢得未来

(2015年12月14日 《湖北日报》,作者 樊树林)

13日,南京大屠杀死难者国家公祭仪式,在侵华日军南京大屠杀遇难同胞纪念馆举行。这是第二个南京大屠杀死难者国家公祭日,警报声再一次作为国家的背景音长鸣于耳畔。(据12月13日中国新闻网)

"士皆知耻,则国家永无耻矣;士不知耻,为国之大耻。"这是清代著名思想家龚自珍告诫民众的一句话。无论是设立抗日战争胜利纪念日,还是南京大屠杀死难者国家公祭日,都是为了让民众铭记那屈辱与悲壮写就的历史,珍惜来之不易的和平日子,更好地走向未来。

在去年的国家公祭日上,习近平总书记曾告诫国民,让历史的记忆化作奋进的力量,融入中华民族生生不息的精神谱系。大家牢记曾经的苦难,是为了不断增强团结一心的精神纽带、自强不息的精神动力,朝着中华民族伟大复兴的中国梦奋勇前进,为建设一个持久和平、共同繁荣的世界贡献更大的力量。

国家公祭,既是灵魂的洗礼,更是精神的建构。有什么样的精神,就有什么样的力量,构建好我们整个国家和民族的强大精神谱系,我们就一定能打赢新时期新形势下改革发展的攻坚战,在民族复兴的路上走得更坚定。当下有一些不良现象,如个别人"睚必眦中国",放大现阶段国内存在的一些"缺陷";或以还原历史真相为借口,对英雄极尽恶搞,造就了历史"虚无主义";还有一些地方政府对爱国主义教育基地建设漠不关心,或者走过场流于形式。国家公祭日的警钟长鸣,也正是对类似现象的一种警醒。

回溯悲壮的史实,不是为了仇恨,而是以史为鉴,牢记"落后就要挨打"的教训,擎起理想信念的火把。希望教育部门能将"两史一情"落实到教育教学的细节之中,将爱国主义等植根于孩子们内心;文艺工作者也需要尊重历史,不要再弄出那些"抗日神剧",多创作经得起时间检验、能够打动人心的文艺作品;学者更要牢记唯物史观,不要"语不惊人死不休",哗众取宠,误导公众。

培育和践行社会主义核心价值观,和中华民族生生不息的精神谱系一脉相承。世界局势风云变幻,构建起更加强大的精神谱系,国家才能赢得未来!

评析: 一个国家敢于正视过去屈辱的历史,在某种程度上本身就凸显出一种自信。国家公祭是一项仪式活动,有着强烈的象征意味,这对于一个国家和民族来说既是一场灵魂的洗礼,也是一种精神谱系的建构。该报道将视野聚焦于现实社会层面,针对当前一些爱国主义教育的不足、文艺创作的不严肃,以及学界唯物史观的欠缺等问题,进行了深刻的批判,并明确了构建民族精神谱系的价值与意义。南京大屠杀作为一个民族的历史记忆,对其进行国家公祭活动,本身就体现了精神价值重塑的深刻内涵。

铭记历史,开启世界持久和平与共同繁荣新篇章

(2017年12月14日 《人民日报》,记者 张梦旭 刘军国 田泓 冯雪珺 王如君 席来旺 李锋 许立群 强薇 周翰博 李志伟 吴云 任彦 张晓东 曲颂)

80年前的12月13日,是中华民族近代史上最沉重的一页。南京城破,30万同胞惨遭屠戮,血腥惨案震惊世界。今天,南京大屠杀死难者国家公祭仪式在南京隆重举行。据不完全统计,来自全球各个国家与地区的440多个华侨华人社团,在世界的各个角落几乎同步开展了南京大屠杀死难者公祭,把反思战争、祈愿和平的声音传向四方。

我们深切缅怀南京大屠杀死难者,因为我们希望表达铭记历史、缅怀先烈、珍爱和平、开创未来的坚定立场,也希望向世界表明中华

儿女携手同心实现中华民族伟大复兴中国梦、共创人类美好未来的崇高愿望。

以史为鉴，避免悲剧重演

曾将父亲的从军日记编著为《一道背负：日本父子的侵华战争责任对话》在中国出版的侵华日军之子田中信幸受邀参加了南京大屠杀死难者国家公祭仪式。第一次来中国的田中在参加完仪式后，从南京特意给在东京的本报记者打电话说，中国举行国家公祭仪式意义深远。"我这次赴南京的主要目的是代表父亲向中国人民道歉"，田中说，能够在公祭仪式上向死难者默哀，对他来说，了却了他和父亲的一个心愿。他回国之后，将继续从事让日本民众更加了解侵华战争历史真相的事情，只有以史为鉴，才能避免悲剧重演。

……

13日，由德国华侨华人团体主办的南京大屠杀80周年公祭仪式大会在法兰克福举行。德国江苏总会会长王荣虎表示，希望通过在海外举办公祭活动，让南京大屠杀的史实为越来越多的国际人士关注，让世界充分了解中国为世界和平作出的伟大贡献和巨大牺牲。

当地时间12月10日，美国南加州华侨华人举行隆重仪式纪念南京大屠杀80周年。在仪式现场，记者看到一位坐着轮椅的美国老人。他叫戴维·富恩特斯，今年92岁，二战期间曾在珍珠港、澳大利亚和日本驻扎。回忆起二战时的经历，他说："那是一场可怕的战争，我的好多战友倒在了战场上，再也没有回来。我们要铭记历史教训，反对战争，珍爱和平。"

……

评析： 2017年的12月13日是南京大屠杀80周年纪念。该报道由一些战争亲历者对二战时期的历史进行讲述，如侵华日军之子田中的忏悔，他赴南京的目的在于向中国人民道歉，并表达向世人讲述侵华历史真相的决心。还有参加过二战的美国军人富恩特斯对二战进行的回顾：他的许多战友"倒在了战场，再也没有回来"。由他们来讲述战争的残酷更能触动人心。反对战争、珍爱和平,永远不能只是一句口号。

矢志不渝,实现民族复兴

从中国人民赢得抗日战争伟大胜利,开启中华民族由衰败走向振兴的重大转折,到中国特色社会主义进入新时代,意味着中华民族迎来了从站起来、富起来到强起来的伟大飞跃。"落后就会挨打,发展强大才能站稳于世界。"德中文化经贸促进总会会长庞忠武告诉本报记者:"在以习近平同志为核心的党中央领导下,中国取得了历史性发展成就,海外侨胞真正感受到什么叫扬眉吐气,什么叫国强腰硬。海外侨胞要更加紧密地团结起来,为实现中华民族伟大复兴中国梦努力奋斗。"

……

中东欧中医药学会会长、中国海外交流协会常务理事陈震对本报记者说,在第一个国家公祭日上,习近平主席就指出,"和平而不是战争,合作而不是对抗,才是人类社会进步的永恒主题。"铭记历史,是为了制止战争,教育世人珍惜来之不易的和平和幸福。在新时代,海内外中华儿女要同心共济,为实现中华民族伟大复兴中国梦而努力奋斗。

比利时《华商时报》社长罗玉宏说,党的十九大胜利召开,在习近平新时代中国特色社会主义思想引领下的中国和中国人民,一定是建设和维护世界和平与发展的强大力量。海外华侨华人应发挥自身优势,让世界人民认识南京大屠杀这段历史,让世界人民了解我们中国人民爱好和平的崇高愿望,共同作世界和平的倡导者和维护者。

评析: 中国向来有"以史为鉴"的文化传统。从历史中汲取现实的精神力量,是举行国家公祭的最主要意义。中国人民经过艰苦卓绝的抗争最终取得二战的伟大胜利,从民族独立走向民族复兴,是"中国梦"的题中之义。中国有着数千年光辉灿烂的历史,当然也有着一百多年屈辱抗争的历史,对这些历史进行追溯,可以成为我们复兴路上的精神动力。

共同努力,维护世界和平

中华民族经历了同胞惨遭屠戮、山河喋血的痛苦,更加坚定"坚持和平发展,共同开创世界和平充满希望的未来"的决心。俄罗斯华侨华人联合总会秘书长兼常务副会长吴昊告诉记者,国家公祭向世人宣示,中国人民团结一心实现民族伟大复兴的决心坚定不移,中国人民捍卫人类尊严、维护世界和平的意志坚定不移。

黄埔军校澳大利亚联谊会副会长陈凌表示,很多黄埔师生参加过南京保卫战,在敌强我弱的情况下浴血奋战直至为国捐躯。和平来之不易,我们要同世界各国人民一道为构建人类命运共同体而努力。

加中友好协会(安大略)理事长吕增禄说,经过几代人的艰苦努力,中国已成为维护世界和平的巨大正能量。今天的中国正在为世界和平、发展与繁荣而努力,海外华人对习近平主席提出的人类命运共同体的伟大构想充满信心与期望。

"历史不会尘封,我们需共同铭记。"捷克《布拉格时报》社长刘东辉对本报记者说。埃塞俄比亚中国商会秘书长王希学向记者表示:"战争是一面镜子,能让人更好地认识和平的珍贵。牢记历史,是为了不让悲剧重演;不忘历史,是为了和平发展,为了人类美好的未来。"

前事不忘,后事之师。中国人铭记这段历史,更重要的是要与世界各国一道,爱好和平、呼吁文明。中国始终把为人类作出新的更大贡献作为自己的使命,始终做世界和平的建设者、全球发展的贡献者、国际秩序的维护者,同各国一道共同创造人类的美好未来。

评析:国家公祭仪式有广泛的意义。对南京大屠杀历史举行公祭,向世界各国人民彰显出中国人民对历史的反思、对生命的敬畏、对战争的警醒、对和平的追求,以及对民族精神的弘扬。国家公祭日的专题报道,有利于在国内发出官方的主流声音,强调其精神教育的作用;在国际上有利于树立海外形象,营造和平发展的国际环境。国家公祭日更为重要的意义还在于,中国作为和平的建设者、守护者和捍卫者,要与世界各国一道维护好世界和平,创建更加和谐、美好的人类未来。这实际上也是"人类命运共同体"的题中之义。

(撰稿人:席志武)

腾讯网"中国人的一天"主题策划分析

一、案例介绍

《中国人的一天》是腾讯网于2010年1月1日推出的精品原创图片故事栏目,旨在记录并展现普通中国人的真实生活,把关注给予那些用心生活的人。栏目自上线以来每日都会推出人物故事,人物涵盖各个行业,全方位展示了中国人的平凡生活。截至2018年2月25日,栏目已经推出了2 978期人物故事。

该栏目导语这样表述:

一天,24小时,1 440分钟,86 400秒。

当中国960万平方公里土地上的微小个人,以天为单位,努力求生存的时候,他们也许从未想过,自己所经历的,也是一段平凡而真挚的故事。讲述出来,会感动他人。

2010年1月1日,中国网民们在腾讯图片得到了这样一个平台:他们可以自由展示自己的喜怒哀乐和生活细节,找到共鸣,并收获赞许。这里就是《中国人的一天》。

《中国人的一天》没有阶级之分。每一位中国人,只要会拍照,会写字,无论专业或业余,都可以在这里找到观众。善良的人们,总是会把关注和赞扬投给真实生活的人。

在2010年余下的日子里,《中国人的一天》将继续陪伴网友们走过每一天。在这里,腾讯图片要感谢那些长久关注这个栏目的忠实读者们。希望你们也拿起相机,从幕后走向台前。"生活因你而精彩!"

《中国人的一天》,感动每一天……①

在视觉呈现方面,《中国人的一天》界面设计以黑白两色为主,简洁大气。界面左上角为栏目题头,由两部分组成:一部分是两个红色交叠的田字格,田字格里是毛笔书写的一个"人"字,这个"人"字不仅表现了浓厚的中国文化,同时也表达了栏目"以人为本"的出发点;另一部分是白色楷体字"中国人的一天",字体下方为英文"One Day, One Life",中英文均位于田字格之后。界面的最左侧是导览线,以时间先后顺序排列年份,点击年份即能跳出月份。而在内容区域,分布着四期人物故事,点击图片即可浏览,内容区域的底色为白色和灰色,与大背景黑色作为对比,更加突出了内容区域。界面的右上角分为四个板块,即"今日图片""往期回顾""全部故事"和"我要投稿"。进入栏目的默认板块是"往期回顾",点击"今日图片"即可跳到最新一期人物故事,而点击"全部故事"则跳转到最新的前四期人物故事。在"我要投稿"板块中,通过手机 QQ 扫描二维码即可登录投稿,操作十分简便。

在内容方面,人物的选择极其谨慎和考究,通过一个个平凡的中国人的生活来反映这个变革的时代,同时也记录下了时代洪流中一个又一个生动的个人。每一期人物故事都配有 10 张以上的照片以及对照片的简单文字说明,从而对人物的生活进行描述。人物的选取包含各个年龄和各个职业,有守护尿毒症父亲的 90 后女孩,也有 84 岁的白领,有网红、文身师、儿科医生,也有乡邮员、催乳师、快递小哥……在一组组人物故事中可以看到行业更迭、时代困境、人间真情……虽然照片所能传达的信息是有限的,但是栏目通过记录他们生活的点滴,还原了其最真实的生活。

以第 2953 期《90 后女孩守护尿毒症父亲 放弃国企工作和已谈

---

① 参见百度百科:"中国人的一天",https://baike.baidu.com/item/%E4%B8%AD%E5%9B%BD%E4%BA%BA%E7%9A%84%E4%B8%80%E5%A4%A9/9065464?fr=aladdin。

婚论嫁的男友》为例。90后女孩李珊珊尽心照顾身患尿毒症的父亲,在这个人物故事中,栏目以图片的形式记录了李珊珊清晨五点为父亲准备早饭的孤单身影;记录了珊珊在正午的暖阳中为父亲理发,为父亲去菜市场挑选他爱吃的苹果;还记录了珊珊每天晚上与医生交流父亲身体情况的情景。这些生活的点滴都让"女儿照顾病重父亲"这件事情变得真实可感,让读者能够了解李珊珊的真实生活,感受到李珊珊守护父亲的坚定和对生活的信心,更能引发共鸣。

栏目在每期人物故事的最后都开放了评论功能,网友可以在蓝色方框内写下自己的评论和感想,也可以看到其他网友的留言。评论功能给了网友一个交流的空间,同时也为栏目和网友搭起了沟通的桥梁。同样以第2953期《90后女孩守护尿毒症父亲 放弃国企工作和已谈婚论嫁的男友》为例。在评论区中,有网友对李珊珊的支持和鼓励,也有网友对自己照顾病重亲人的回忆,还有网友呼吁大家为故事中的父亲捐款。从评论区中可以看出,故事在引发网友共鸣的同时,更达到了良好的公益传播效果。

《中国人的一天》栏目采用线上线下结合的方式进行传播。从线上来看,栏目在PC端、公众微信号、腾讯微博均有推出,读者可以在多个网络平台上进行阅读。在具有海量信息的互联网时代,这个栏目因极具人文关怀的特点而得到广大网友的好评,在大量信息中脱颖而出,具有一定的影响力。《中国人的一天》栏目的腾讯微博粉丝近40万,微信公众号粉丝超过30万,PC端每日点击量高达200万人次,单期最高评论数过万[①]。栏目在多个平台上同时推送,不仅能够满足网友不同的阅读习惯,也能最大限度地达到传播效果。而在线下,栏目还出版了相应的书籍,打造了良好的品牌效应。

---

① 王俊杰:《网络图片新闻探析——以腾讯〈中国人的一天〉栏目为例》,《新闻研究导刊》2016年第7期。

二、案例分析

(一) 特点

1. 交互性

传统媒体传播是"点对面"的单向线性传播,而网络传播是交互式的传播。虽然传统媒体也有互动活动,但是远不如网络媒体的互动那么频繁与快捷。《中国人的一天》栏目在网站、微博和微信公众号平台上均有评论功能,网友可以随时对栏目的内容发表评论。

交互性除了表现在媒体与受众的交流增强上,还表现在信息形成的改变上。在传统媒体中,传者和受者有严格的区分,然而在网络传播中,传者和受者的界限不再那么明确。在《中国人的一天》栏目中,有很多来自网友的投稿,网友也参与到栏目的内容制作过程中。

2. 海量性和共享性

相较于传统媒体的容量,互联网中的信息可以说是无所不包,故而具有海量性。《中国人的一天》栏目自上线以来,每天都对栏目的内容进行更新,到目前已经推出了近3 000期人物故事。网络的开放使栏目的所有内容传递到世界的各个角落,来自不同国家的读者在阅读了栏目的人物故事后,都能够了解一个更真实的中国。同时,其他的媒体在获取转载许可的前提下也可以转载栏目内容,共享信息,共同传播。

3. 社群化

网友们大多都是"群居"的,各种各样的社区、论坛充斥在互联网的各个角落,这些网络社群形成了较为牢固的人际网络。《中国人的一天》栏目在微信公众号中开设了微社区,微社区是基于微信公众账号的互动社区,栏目的读者可以在社区里发表图片和文字。目前来看,社区的话题量和关注度已经上千。

(二) 稿件来源分析

《中国人的一天》稿件来源十分多元。比如有纸媒记者,《长江日报》的贾代腾飞、《华西都市报》的谭曦、《南方日报》的张由琼等；有腾讯的公益频道、体育频道等；有像宁坚这样的个人摄影师；有网站的记者，如山西新闻网中视觉志频道的孙燕、大楚网的马路遥等；还有主流媒体的记者，如新华社的刘潺等。

此外，腾讯新闻与知乎合作的《职人介绍所》也成为《中国人的一天》的稿件来源。《职人介绍所》旨在记录各行业的职人分享外人不知道的故事①，与《中国人的一天》"记录并展现普通中国人的真实生活"的定位有交叉的部分。故而在《中国人的一天》栏目中推出了《牙医和他的手艺活儿》《面包房里的造物主》《调酒师的好酒良药》等人物故事。

（三）文本特点分析

1. 内容

无论传播技术如何向前发展，内容都是媒体生存和发展的根本。只有内容得到受众的喜爱，媒体才能具有持续发展的动力和活力，故而《中国人的一天》栏目在人物故事的选择上十分重要。从内容上看，内容上主要有以下三个特点。

第一，以人为本。在《中国人的一天》栏目中将"以人为本"的定位表达得非常明确。栏目讲述普通人的故事，以小见大，通过普通人的故事让人看到背后的社会群像。如第 2954 期《儿科医生"大战"流感　每天看诊上百人次》，记录了宁波儿科医生王天波极其忙碌的一天。王天波在一天的工作中没有时间喝水、上厕所，没有精力陪伴自己的孩子。这期人物故事让人看到了儿科医生这个职业"两高一低"（高负荷、高风险、低收入）的现状，也看到了儿科医生招聘难等问题，从而反映了儿科医疗资源的稀缺。

第二，注重人物的多层次刻画。在《中国人的一天》栏目中的人物不是脸谱化的，栏目采用了人物的各个切面来让受众感受到其最

---

① 参见腾讯视频《职人介绍所》，https://v.qq.com/detail/4/46274.html。

真实的生活。如第 2230 期《"沪飘"人气理发师阿飞》,讲述了理发师阿飞的故事。栏目着墨于阿飞这个人本身,告诉大家阿飞之前的经历,对同事的关爱以及对工作的谨慎。还有第 2193 期《一名保安的小提琴情缘》,讲述了一名保安的故事。不常被人注意的保安同样拥有自己的丰富精神世界。通过栏目的讲述,突破了大众对某些群体的刻板印象,也让人对他们的生活有了全新的认识。

第三,注重情感共鸣的激发。图片本身就具有强大的感染力,用图片来讲述故事本身更容易引发受众的情感共鸣。如第 2962 期《沪飘青年蜗居储物柜 用实习工资给爸妈买年货》,记录了出生于 1995 年的家康的工作与生活。这期人物故事记录了家康生活中最普通的点滴,比如与同事讨论如何优化产品,住在出租房的储物柜中,与室友一起打联网游戏。这些生活的小细节引发了许多像家康这样"漂"在大城市的青年的共鸣。在评论区中,很多网友也讲述了自己"漂"在大城市的故事,共同的情感增强了传播效果。

2. 形式

第一,图文平衡。人物故事光靠图片是没有办法被完整地讲述的,图片与文字相互配合更好地完成了新闻的传播。图片新闻的文字说明有对整期人物故事的背景介绍,也有单张图片的说明。例如第 2922 期《四年前那个贫困高考生 如今找到了好工作》,讲述了云南高三学生刘洪强的故事。该期人物故事一共 15 张图片,第 1 张与第 15 张图片讲述了刘洪强的基本背景,让读者对整个人物故事有基本的了解。而在之后的图片中,文字主要以描述图片为主。

第二,图片色彩渲染情感。图片的色彩有助于故事的表达,如黑白图片更容易让人感受到悲伤、压抑的情绪,而缤纷的色彩更容易让人感觉到希望。例如在第 1825 期《最后的驯猴人》中,每张照片都是黑白,作者也借此表达出在动物表演被频频叫停时,那些驯兽艺人的困境;第 1847 期"山村小学里的两家人"讲述了两位老师支撑着整座小学的故事,照片大多色彩鲜艳明亮,有6张照片有阳光,更加表现了故事中传达出的爱与希望。

3. 价值取向

作为"把关人",《中国人的一天》栏目有责任树立正确的价值取向,引导积极的舆论走向。

第一,传递社会正能量。腾讯网是国内具有影响力的门户网站,而《中国人的一天》作为网友喜爱的栏目,应向受众传递更多的社会正能量。例如在第2976期《罕见病宝宝一生住院上百次 去世后妈妈捐出善款》中,患有庞贝氏症的孩子果果,在治病期间获得了近百万的社会捐赠。在果果去世后,果果妈妈捐出了剩下的20万,希望能够帮助更多的庞贝氏症患儿。这样一个恩恩相报的故事,让人感受到社会中人与人之间的真情。又如第1809期《56个民族的团结》讲述了一个公益活动——真人版56个民族的全家福拍摄。民族团结是社会主义社会发展进步的必要前提,是中华民族繁荣发展的重要保证。这期故事让人看到民族团结在中央民族大学的投射,让人更加生动地感受到了民族团结的氛围。

第二,关注时代的变革。《中国人的一天》栏目一直将眼光聚焦于这个正在变革的伟大时代,力求从每个小人物上看到时代的巨变。例如第1988期《毕业,带着小伙伴们创业》,讲述了嘉兴学院毕业生亓会文带领几个同学创业的故事。在当时,一方面受困于严峻的就业环境,另一方面得益于国家对大学生创业的扶持,越来越多的大学生选择自己创业。再如第2957期《"超人哥"的直播梦 零下20度直播最少只有十几元收入》,讲述了主播"超人哥"闫爽的经历。随着传播技术的发展,网络直播成为近年来颇为火热的一种传播方式,而"超人哥"闫爽是直播热潮中众多主播的一个缩影。

(四)传播渠道分析

《中国人的一天》栏目采用线上线下相结合的方式进行推广,传播渠道的多元化扩大了栏目的受众面。

1. 腾讯网的平台优势

依托于腾讯新闻中心的平台,《中国人的一天》的相关图片在腾讯新闻中心首页"影像力"栏目中滚动播放。栏目充分借助了腾讯新闻的平台优势,与公益频道、体育频道等其他频道进行合作,推出系列人物故事,实现了网站内部的资源整合。频道之间的相互合作有利于让原创内容更多元,扩大网站影响力,达到良好的传播效果。

2. 微信公众平台和腾讯微博的运营

微信公众号是众多企业推广品牌的一个重要平台。《中国人的一天》也推出了自己的微信公众号,从而增加了栏目的传播渠道。公众号头像与题头 Logo 一致,微信号名称为"中国人的一天",辨识度高,方便网友搜索和关注。从微信公众号更新的内容上看,栏目每日推送二至五条消息不等,以当日的人物故事作为头条,其余还有"最熟悉的陌生人""家庭相册里的故事"等主题征集。公众号的征集栏目降低了网友投稿的门槛,让网友哪怕只有一张照片也可以成为内容制作者,征集活动极大地增强了栏目与网友的互动性。微信公众号中有三个板块:"一面""精选"和"微社区"。"一面"仍然聚焦于这个时代的普通人,秉承着"众生千面,我取一面"的态度,选取普通人身上的真实故事;在"精选"板块中,有"八周年""中国温度"等故事分类,网友可以根据自己的喜好选择阅读相应类别下的人物故事;在"微社区"中,粉丝可以发帖、回帖,相互交流。

3. 意见领袖

"意见领袖"指的是在人际传播中能够为他人提供信息,能影响他人态度,扩大传播效果的"活跃分子"。栏目的人物故事有时会与公众人物有关,因为他们比普通人受到更多人的关注,所以能够扩大传播面。除了讲述公众人物的故事,还有公众人物向网友推荐《中国人的一天》的栏目。著名主持人孟非在微博上推荐了栏目的书籍《中国人的一天》,著名主持人鲁豫也为系列书第三本《中国人的一天:变与不变的中国人》作序。公众人物对书的宣传在很大程度上增加了该书的曝光度,让更多人知道栏目以及栏目相关书籍的存在。

评论功能增强了媒介与受众、受众与受众之间的互动性。这种互动性让媒介与受众之间不再是"点对面"的关系,而是"面对面"的传播关系。在浏览过一期人物故事后,网友即进入评论区。在评论区域,网友不仅可以对故事进行评论,网友与网友之间也可互相点赞和回复。评论功能使得一些故事能够迅速发酵、传播,从而使栏目吸引更多目光。例如,栏目第2668期《人在北京》讲述了几个"北漂"的故事。在网友的评论可以看出,这一期引发了网友"是否要留在大城市"的讨论,受众从几个"北漂"的故事里看到了千千万万个留在大城市打拼的人的矛盾。受众与受众之间的交流使栏目更具活力。

4. 同名书籍营销

《中国人的一天》栏目的营销方式是推出一系列同名书籍,书籍目前已经推出了三本,分别是《中国人的一天①》《中国人的一天》和《中国人的一天:变与不变的中国人》。第一本《中国人的一天①》由东方出版社于2013年10月出版。这是一本反映人生百态的图文故事集,记录了最底层草根的生存状态,是中国社会生活的缩影,以无声的影像和文字记录各方最真实的声音①。第二本《中国人的一天》由中信出版社于2014年8月出版,全书分为四个部分:"手艺·传承""百工·众生""孤独·相伴""我执·追梦"。第三本书《中国人的一天:变与不变的中国人》由中信出版社于2015年8月出版,全书分为三个部分,分别为新兴事物和传统遗存,人们如何为了生活大规模流动,以及在这样的环境下,人们对梦想、财富、幸福的理解发生了什么变化②。

---

① 参见李昕樾、高如熠:《中国人的一天》,东方出版社2013年版。
② 参见田野、苗锦锦:《中国人的一天:变与不变的中国人》,中信出版社2015年版。

三本书在当当网的评分分别为 9.4 分、9.3 分和 9.6 分,并登上了中国图书评论协会的"大众好书榜",《中国青年报》、新华网等媒体对此消息进行报道,从而也增加了受众对栏目本身的关注度。

(五)图片新闻发展态势分析

原有的图像传播在互联网的高速发展下有了新的意义,图片新闻的发展有了新的变化,产生了新的格局。

从稿件来源上看,稿件来源越来越丰富。媒体人、摄影师、网站内其他合作栏目以及网友都成为《中国人的一天》的供稿人,正如栏目导语所写的那样,"《中国人的一天》没有阶级之分。每一位中国人,只要会拍照,会写字,无论专业或业余,都可以在这里找到观众。善良的人们,总是会把关注和赞扬投给真实生活的人"。稿件来源的多样化主要还是得益于打破了传者与受者之间壁垒的互联网。

从文本上来看,文本内容的时效性更强。例如在春节前后,栏目推出了专栏"回家路",讲述那些在春节前后要归家的人们。在 2018 年的这期专栏中,有途经三省一市一千多公里自驾回家过年的一家三口;有回家过年发现自家新房因无人居住而发霉的在外务工农民;有海陆空奔波 2 865 公里,嫁在金门第一次回东北过年的新娘。"回家路"栏目每天都在更新归家的人们的故事,让受众时刻感受到春节的气氛。

从传播渠道上来看,线上与线下相结合是目前图片新闻的常见传播模式。线上有网站、微博和微信等平台对内容进行传播,内容会根据平台性质的不同而稍作调整,但内容的价值取向等依然是一致的。线下图片新闻经整理后出版有同名书籍,强化了栏目品牌。

总体而言,以人民为根本,人民利益至上,是马克思主义新闻观中党性原则的直接体现。互联网技术的发展打破了原有的传播格局,形成了新的传播生态。在互联网的时代里,人人都有麦克风,每一个普通人都能走到台前,将自己的故事分享给大众。所以,媒体工作者要践行马克思主义新闻观,必须认识到时代的根本性变化,树立与民众平等沟通的意识,倾听民众的声音。《中国人的一天》以"以人为本"为出发点,将视角聚集于用心生活的平凡人,为他们提供了平台,让他们讲述自己的故事。该栏目因其内容平凡而真挚,受到了广大网友的欢迎。

三、重要报道评析

90后女孩守护尿毒症父亲 放弃国企工作和已谈婚论嫁的男友

(2018年1月31日   腾讯网,作者 马鑫 韦星)

李珊珊得知父亲身患重病后,放弃了国企工作和已谈婚论嫁的男友,回到了父亲身边。她说:"爸爸在才是家",不管前路有多艰难,她都要拼尽全力,多报答父亲几年。

……

图1 李珊珊凌晨为父亲准备饭

每天清晨五点,李珊珊就起床为住院的父亲准备一天的饭。

图2　李珊珊乘坐空荡荡的公交车

从巩庄子村的家到城里的医院,李珊珊需要骑车到车站,再换乘两次公交车,耗时1个多小时。

评析:都说细节最能打动人心,这两张配图展示了李珊珊照顾父亲的点滴日常。在五点天还没亮的清晨开着灯做饭、乘坐空无一人的公交这些细节,可见其照顾父亲的辛劳。同时,也更还原了普通人照顾重病老人时所需要承担的巨大压力,让读者产生情感共鸣。在这样繁重的生活压力下,李珊珊仍旧不抱怨,脚踏实地,认真地做好每一件事,反映了她十分坚强的性格。

······

透析治疗是个痛苦、漫长而又枯燥的过程,李珊珊总是想方设法让父亲心情好一些。最近珊珊给父亲下载了一批他喜欢的歌,用来缓解透析带来的各种不适。

评析:照顾病人的时候,如何照顾好病人的身体是大家最关注的问题。对于李珊珊的父亲来说,深受病痛折磨的他其实在心理上

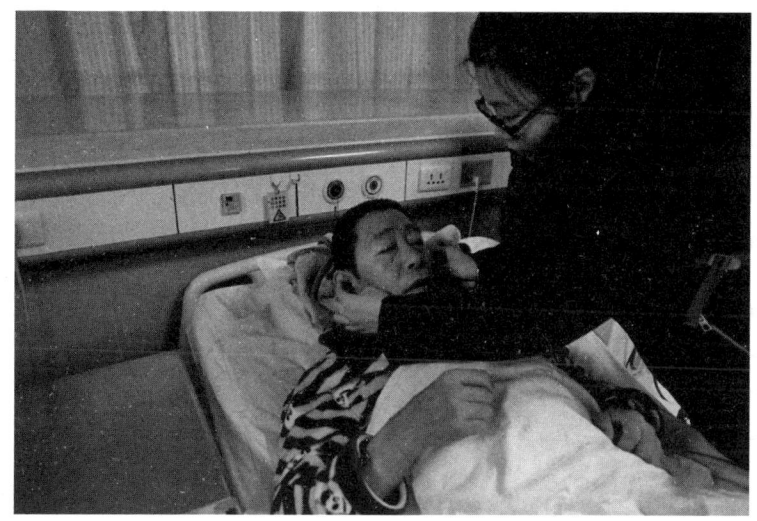

图3　李珊珊为父亲戴耳机

也非常脆弱,需要有个人让他依靠,让他感受到温暖的陪伴。李珊珊除尽心尽力地照顾父亲的身体之外,也关注父亲心理上的变化,她陪着父亲做透析,为父亲下载喜欢的歌,哄他开心。一个温暖的"小棉袄"形象跃然屏幕之上,虽然父亲病痛很苦,二人生活很累,但是这样互相依靠的父女让人感受到了最真挚的亲情,令人动容。

……

　　由于户口不在本地,李珊珊父亲早年间一直没有缴纳医保。珊珊回家的这一年来,给父亲跑医保、办特病,在医院当地和老家两头跑,心力交瘁。珊珊在父亲面前总是一副乐观坚强的样子,可在治疗费用筹措无门和巨大的精神压力下,她总是躲着父亲偷偷地流泪。

　　评析:文章这部分涉及最实际的问题——医保。对于大多数人来说,医保是非常重要的,它可以减少医疗费用,减轻家庭负担。但是由于异地,珊珊父亲早年间未缴纳医保等因素,使得他暂时无法减少治病的开销。此外,对珊珊"总是躲着父亲偷偷地流泪"这一形象

图 4　李珊珊在医院门口抹眼泪

的描写,让读者看到了一个更为生动真实的李珊珊。在这样的生活重压下,偷偷流泪在所难免。坚强、乐观是因为要给身边的人力量,偷偷流泪是一些真实情绪的释放,也许很多在巨大压力下的读者都曾有过这样的时刻。这个生活化的细节更能够让人明白珊珊生活虽不易,但是仍然在用心、努力地生活着。

儿科医生"大战"流感　每天看诊上百人次

（2018 年 2 月 1 日　腾讯网,作者　张培坚）

……

时下,流感处于季节性高发的峰值,据宁波市疾控中心监测数据显示,1 月份以来宁波市报告的流感病例比去年同期升高近 7 倍。根据浙江省疾控中心监测数据显示,14 岁及以下流感病例占近 7 成。对于儿科医生来说,这是一场没有硝烟的战争,王天波和同事们每人每天接诊量都在 100 多人次。

儿科医生面临"车轮大战",往往一坐几个小时都难得起身,顾不上喝水,也省去了上厕所的时间。

评析: 近些年来,随着二胎政策的实施,对儿科医生的需求不断上升。这一部分通过最直观的数据和儿科医生"难得起身,顾不上喝水"的工作状态让人一下子感受到了他们工作量之大,反映了医生的职业镜像及背后的辛苦。虽然这里写的是宁波市的数据,展现的是王天波以及她同事们的工作状态,但是以小见大,我们可以由此窥探到中国许多其他医院里医生高强度的工作节奏。

……

三班倒的工作状态使得每位儿科医生都承载着高负荷的工作量,而患儿家长疼孩子心切,儿科医生受到精神和人身攻击的风险极高,但是相比其他科室医生,儿科医生收入偏低。

这样"两高一低"的尴尬使得儿科医生难招聘,辞职的人也很多。"和我同时期进来的儿科医生,有好几位辞职考上公务员或去做医药代表了。"王天波有些遗憾地说道。

评析: 这一部分除了描述儿科医生的工作风险,更是直指其待遇问题,直白地揭示了相较于其他科室儿科医生的高风险和低收入的现状,这样的现状导致许多儿科医生选择离开。根据医疗科普类自媒体"丁香园"的一份调查可知,在731份有效问卷中,96.8%的医生表示产生过离职的想法,其中有一半以上的儿科医生表示"常常这么想","儿科医生荒"已然成了一个社会民生问题。

……

作为一名党员,周末义务当班肯定义不容辞。每天超负荷的工作,让王天波回家后都疲惫得只想早点休息,可是2岁的女儿总想让妈妈多陪着玩玩,有时王天波就会显得很没有耐心,这让她很是内疚。"我们不少儿科医生都是把耐心给了别人家的孩子,对自己孩子

图 1　王天波与女儿一起吃饭

关心不够……"

评析：这一段丰富了儿科医生王天波的多个角色。在医院里她是医生，所有的患儿亲属都希望她能够尽职地治疗自家宝宝的身体疾病。一天到晚在为别家孩子奔忙的她同时也是一名母亲，家里也有一名幼女在等待陪伴。人的精力总是有限的，在医院忙碌一整天，难免会疏忽自己的小家庭，王天波心怀歉疚，但是无可奈何。这里点出了身为医生的无奈，让更多人看到了儿科医生的不易，呼吁公众都能给予医生多一分理解。

"超人哥"的直播梦　零下 20 度直播最少只有十几元收入

（2018 年 2 月 4 日　腾讯网，作者　张诗尧）

……

第一次穿上超人衣服直播时，闫爽有些生涩，甚至不知道该说些什么，但每次穿着这身衣服走上街头直播，都会有很多人凑到他身边跟他合影,每到这时他都特别高兴,热情地和路人聊天合影,慢慢地化解了尴尬的局面。

"有时我跟路人聊天,很多人都躲着我走,可能觉得我这造型太另类了吧。"时间长了,闫爽对此也感到很困惑,不知道如何跟路人互动才能吸引更多的粉丝。闫爽边直播边逛街寻找素材,涉猎直播时间不久的他经常为直播内容枯竭感到烦恼。

评析: 直播不是一条容易的路,这一段从"超人哥"刚入行时的状态着手,让人了解他是如何慢慢适应自己的新角色的。从最开始连在街上碰到人都会感觉到生涩不安,到后来能够自己主动热情地跟路人聊天、合影,再到最后自己去琢磨直播内容。一点点适应的过程同样也是每一个职场新人的心理状态,跳出自己的"舒适区"总是痛苦的,但是即便不适应,因为热爱,仍然要继续努力在这条路上坚持走下去。

天生乐观的他拿着手机跟直播间里的粉丝热情地聊天,寒风并没有让这个小伙子打退堂鼓。闫爽直播结束走在路上,看到一名环卫工的提示桩掉在路边,马上帮忙捡起。他希望穿上这身衣服的同时能尽可能地做些好事,传播正能量。

评析: 直播经常给人的印象是猎奇、浮夸、恶搞、出位,诚然,流量比较容易聚集在这些内容上。作为一个传播平台,直播的内容是直接面对公众的,所以直播的人仍旧应该考虑内容的传播价值。这里"超人哥"在直播过程中,力所能及地做一些好事,向观看他直播的受众传递正能量,让人看到了他"另类"超人造型背后的善良底色。新奇、浮夸的元素只能够吸引受众一时的目光,只有心怀正能量,才能走得更加长远。

......

闫爽坐在路边短暂休息。为了节省开支,很多时候他都是买个面包在街边吃,简单充饥,然后再继续直播。

直播结束后,闫爽脱下超人服准备回家。一路走来,闫爽碰到了不少坎坷,每天都少不了异样的眼光和负面的评论,有的人甚至说他是神经病。对此闫爽表示,"不管别人怎么看我,只要是看我直播,关注我的人我都很感谢"。

评析: 不同于网络新闻中动辄收入千万的美女主播,"超人哥"的收入非常有限,从"买个面包充饥"的生活细节可以看到他直播收入并不充裕。选择这样一条"非主流"的道路其实是不容易的,注定要忍受他人的眼光和评价。但是"超人哥"仍对此抱有平和的心态,能够理解身边的负面评论,并且对关注他的人心怀感恩。虽然他没有获得世俗意义上的成功,但是他平和的心态、一颗感恩生活的心,都是非常宝贵的财富。

(撰稿人:吕鹏)

第三部分

舆论监督

新闻媒体监督"毒跑道"事件分析

一、案例介绍

自美国1961年出现塑胶跑道,人类使用塑胶跑道迄今已有半个世纪的历史。1968年,在墨西哥举办的第19届奥林匹克运动会上,正式采用具有弹性好、强度高、耐磨防滑、色彩鲜艳等优点的塑胶跑道。自此,国际奥委会和各项运动专业委员会都把塑胶跑道定为国际体育比赛必备的设施。我国自1979年在北京工人体育场首次将塑胶跑道应用于健身和比赛场地起,塑胶跑道逐渐成为全国众多中小学生体育健身的基础设施。截至2016年10月,我国中小学共建有塑胶跑道68 792块,其中35%的塑胶跑道是2014年后建造的[①]。

然而,本来用于学生体育健身的塑胶跑道,在我国各地中小学的使用中并非全都称心如意。2015年9月,江苏省苏州市元和小学的十几名学生陆续出现了流鼻血、头晕和起红疹等症状。同月,无锡、南京等地也先后有数所学校的多位学生出现流鼻血、起红疹和呕吐等症状。2015年10月,北京丰台区芳草地小区丽泽分校的学生也出现了流鼻血、起红疹等不良反应。家长们纷纷将矛头指向了学校新建的塑胶跑道,怀疑学生出现的症状与所在学校新建的塑胶跑道中所含的多种有害物质严重超标密切相关。

人们将危害学生身心健康的不合格的塑胶跑道称为"毒跑道"。

---

① 《教育部成立塑胶跑道综合治理工作组专治"毒跑道"》,《橡塑技术与装备(塑料)》2016年第20期。

据不完全统计,2016年和2017年,"毒跑道"事件已经涉及江苏、北京、广东、上海、浙江、安徽、江西、河南、河北、四川、湖北、陕西、辽宁、黑龙江等十几个省市的多所学校。其中,比较集中且有代表性的是深圳和北京。深圳影响较大的有美莲小学、北师大深圳南山附小、外国语学校初中部、新沙小学、荔园外国语小学、南海小学、大冲学校、西丽二中、向南小学、清林小学十家;北京影响较大的有第二实验小学白云路分校、展览路第一小学、芳草地小学丽泽分校、清华附中丰台学校小学部、平谷第六小学五家[①]。

"毒跑道"问题导致多地学生家长与学校和教育行政部门进行交涉,甚至出现学生家长举牌、拉横幅到学校抗议的活动。我国的新闻媒体,包括新华社、中央电视台、《人民日报》、《光明日报》、《经济日报》等国家级媒体和《南京日报》《陕西日报》《广州日报》《内蒙古日报(汉)》等地方党报,以及《中国教育报》《中国体育报》《中国建材报》等行业媒体,自2015年"毒跑道"事件出现之初便开始关注和报道这一问题。例如,在"毒跑道"广受社会各界关注的2016年,截至6月22日11时,人民网舆情监测数据显示,纸质媒体关于"毒跑道"的报道量为2 558篇,网络媒体报道及转载量为37 149篇[②]。新闻媒体集中对"毒跑道"事件发声,发挥了舆论监督职能,有力地推动了这一问题的解决。

二、案例分析

"毒跑道"之所以成为全社会高度关注并深入讨论的热点事件,离不开我国媒体的舆论监督。舆论监督,简言之,就是公民通过新闻媒体对公共事务进行批评与建议。舆论监督的主体是人民大众,实施主体是新闻工作者和新闻媒体,采取的方式是事实的披露与意见

---

① 孔令学:《"毒跑道"事件折射的塑胶跑道"标准化"反思》,《中国标准化》2017年第7期(上)。

② 杨毅:《"毒跑道"在毒害谁》,《中国报业》2016年第7期(上)。

的言说①。

(一) 媒体对"毒跑道"事件的监督

1. 连续报道评论"毒跑道"事件

对于校园"毒跑道"问题,全国多家媒体都予以连续报道与评论。例如,《中国青年报》在 2015 年刊登了《是谁让"毒跑道"进了学校》(10 月 22 日)、《"毒跑道"怎能承载孩子们的起飞》(11 月 6 日)、《给"毒跑道"消毒"是谁的事》(12 月 24 日);《中国体育报》在 2016 年刊登了《别让跑道中"毒"》(4 月 19 日)、《让跑道不再"有毒"》(4 月 26 日)、《别让"毒跑道"瞒天过海逍遥法外》(6 月 18 日)。2015 年至 2016 年,《中国教育报》更是推出了《谁来给学校塑胶跑道"消毒"?》《江苏:五因素致"毒跑道"进校园》《良心是防止"毒跑道"的最好标准》《严苛标准方能清洗校园"毒素"》《按学生健康第一原则妥善处置"毒跑道"事件》等十余篇报道与评论。新闻媒体对"毒跑道"事件的连续报道与评论,形成强大而持续的社会舆论,使相关部门不得不重视这一关系千万青少年身心健康的重大问题。

2. 深入调查"毒跑道"成因

自 2015 年 9 月江苏多地校园出现"毒跑道"之后,全国多家媒体都进行过报道。但是,多数报道只是聚焦个案,全面调查、分析、解读并不深入。有鉴于此,新华社决定以个案为基础,放眼全国此类事件的共性,全面采访教育部门、施工方、教师、家长、材料生产企业、体育部门,深入调查"毒跑道"是如何中标、施工、验收并投入使用的,既要揭露其中的种种乱象,又要提出建设性的解决方案,从而推动校园"毒跑道"问题的根本性解决。经过精心策划和认真调查采访,2016 年 6 月 13 日,新华社播发了《新华社记者五问"毒跑道"事件》。这篇长文提出了五个尖锐问题:校园运动场地为何"五毒俱全"? 毒跑道是如何进入学校的? 施工,还是施毒?"毒跑道"为何检不了,查

---

① 陈建云:《舆论监督与司法公正》,上海人民出版社 2016 年版,第 44 页。

不出？十多年前就有预警，为何难堵漏洞？这五个问题围绕"毒跑道"有什么有毒物质、是如何进入学校的、是怎么施工修建的、又是怎么通过验收的、行业多年前的警示为何成为现实、有关部门的处理为何总是浮于表面，层层剖析，将"毒跑道"的来龙去脉、问题本质展现在社会公众面前。《新华社记者五问"毒跑道"事件》这篇调查性报道，调查深入，采写扎实，充分体现了新华社敢于发声、善于发声，彰显了国家级媒体的公信力，有效地履行了媒体的舆论监督职责。

3. 对治理"毒跑道"问题出谋划策

媒体对于"毒跑道"事件的监督，归根结底都是为了推动"毒跑道"问题的解决。2016年6月23日，《人民日报》发表评论《"问题跑道"不能久治不愈》，呼吁早日清除跑道"毒质"，还孩子们一个安全、清新的健康校园。

解决问题必须抓住问题的关键。对于"毒跑道"问题，多家媒体发表报道或评论，例如《四川日报》2016年6月21日发表评论《治理"毒跑道"关键在标准》，同年6月27日《光明日报》发表评论《消除"毒跑道"，关键在标准》，均将塑胶跑道的"安全标准"视为解决"毒跑道"问题的关键。塑胶跑道的安全标准确实很重要。实际上，不乏有"毒跑道"的施工方能够拿出符合现有国家标准的检测报告，但"现有的国家标准只包含二氧化硫、二氧化氮、可吸入颗粒物等10项空气中最常见的污染物标准，而涉及有机化合物污染的标准少之又少"①。也正因如此，"毒跑道"事件出现后，我国多个地方在滞后的国家标准没有修订时，就制定了地方性标准②。虽然对保障本地塑胶跑道的安全具有积极意义，但多种不同版本的标准也使得对于"毒跑道"之

---

① 刘丽华、高飞：《健康中国视域下我国校园毒跑道治理研究》，《体育文化导刊》2017年第9期。
② 孔令学：《"毒跑道"事件折射的塑胶跑道"标准化"反思》，《中国标准化》2017年第7期（上）。

"毒"的检测更加复杂。尤其需要注意的是,"毒跑道"有害物质的挥发与气温高低关系密切,因此,不但要有严格的检测标准,而且制定检测标准时还必须考虑到各地在不同季节气温的高低可能对检测结果产生的复杂影响。2016年8月23日,《中国青年报》发表评论《治理"毒跑道"光有安全标准还不够》,对如何治理"毒跑道"问题进行了反思。这篇评论认为,通过制定新的安全标准来治理"毒跑道"是远远不够的,在落实新标准的同时,对跑道修建过程的监督和修建完成后的验收要着重把握,要让学校采购、安装、检测、验收的过程变得公开透明,并引入第三方对送检验收过程进行监督。

(二) 媒体监督"毒跑道"事件所践行的马克思主义新闻观

1. 既要"根据事实来描述事实"又要把握"时度效"

2016年2月19日,习近平在党的新闻舆论工作座谈会上指出:"真实性是新闻的生命。要根据事实来描述事实,既准确报道个别事实,又从宏观上把握和反映事件或事物的全貌。"新闻媒体在进行舆论监督时,要从时度效着力,体现时度效要求,始终把时度效作为检验新闻舆论工作水平的标尺,准确理解和把握时度效要求的科学内涵,要抓住时机、把握节奏、讲究策略[①]。

校园"毒跑道"事件2015年起就已出现。中央电视台经过长期策划和准备,对"毒跑道"事件进行了深入的调查采访。在掌握了"毒跑道"事件来龙去脉的基础上,把握报道的时度效,选择在全社会高度关注"毒跑道"事件的2016年6月22日,在财经频道《经济半小时》播出了《谁制造了"毒跑道"?》,产生了重大社会影响。这期节目对发生在北京的校园"毒跑道"事件进行了综合性报道:央视通过调查发现,"毒跑道"之所以能够出现在北京的校园里,原因在于一些私人老板违规使用废弃橡胶垃圾制作"三无"塑胶颗粒,施工单位明知

---

① 《习近平在党的新闻舆论工作座谈会上强调 坚持正确方向创新方法手段提高新闻舆论传播力引导力》,《人民日报》2016年2月20日。

原料不合格，但为了经济利益违规使用"三无"产品。"毒跑道"从材料生产到施工完成过程中，没有一项流程有监督，没有一项流程有标准，没有一项流程合格。

中央电视台通过深入调查采访而制作的剖析"毒跑道"事件的电视节目，精心选择播出时机，很好地践行了新闻舆论工作的时度效要求，做到了"根据事实来描述事实，既准确报道个别事实，又从宏观上把握和反映事件或事物的全貌"。

2. 坚持"舆论监督"和"正面宣传"相统一的原则

习近平总书记指出，"舆论监督和正面宣传是统一的。新闻媒体要直面工作中存在的问题，直面社会丑恶现象，激浊扬清、针砭时弊，同时发表批评性报道要事实准确、分析客观"①。2015年至2016年，我国多地校园出现的"毒跑道"事件，是严重危害中小学生身心健康、损害人民群众切身利益的社会丑恶现象。我国新闻媒体对"毒跑道"事件的批评报道，无疑属于"激浊扬清、针砭时弊"。以新华社、《人民日报》、中央电视台为代表的新闻媒体，通过深入调查、报道"毒跑道"事件真相，通过新闻评论分析事件成因，很好地践行了习近平总书记提出的"舆论监督和正面宣传是统一的"新闻舆论工作原则。

当然，要做到批评报道和正面宣传相统一是要付出艰辛努力的，正如新华社记者在采写《新华社记者五问"毒跑道"事件》时的感悟："一篇好的新闻报道，需要编辑记者策划得当、集思广益，在社会热点难点焦点问题上既不能失语失声，同时也要发真实语发准确声，在新闻时效性和调查的深入性之间取得良好平衡。这考验着编辑运筹帷幄、临阵指挥能力，也考验着记者的日常积累和快速突破能力……编辑记者注重处理好舆论监督与正面宣传的统一，也就是舆论监督是

---

① 《习近平在党的新闻舆论工作座谈会上强调　坚持正确方向创新方法手段提高新闻舆论传播力引导力》，《人民日报》2016年2月20日。

建设性的,是为了促进问题的解决,而不是为批评而批评,说白了也就是新闻报道最基本也是最难的——客观公正。"①

(三) 媒体对"毒跑道"事件进行监督的作用和意义

"人民的利益和愿望,人民的意志和情绪,人民的意见和批评,通过新闻媒介反映出来,形成舆论,受到党和政府的重视和考虑,这就是舆论监督。"②新闻媒体对"毒跑道"事件进行舆论监督,具有重要的作用和意义。

1. 推动了"毒跑道"问题的解决

新闻媒体对"毒跑道"事件的监督受到党和政府的高度重视,推动了这一问题的解决。例如,2016 年 6 月 22 日中央电视台播出《谁制造了"毒跑道"》节目。节目播出当晚,教育部迅速作出对有毒跑道立即全部拆除的决定,并紧急通知全国中小学校。同时,国家质量监督检验检疫总局也召开紧急会议,会同公安部门立即对非法生产塑胶跑道的企业进行关停和取缔。随后,教育部协调国家有关专业部门和标准研制部门完善和修订相关标准,协调监管部门加大对塑胶跑道生产过程的监管,要求各地教育部门和学校严格执行教育部的相关要求,并加大责任追查力度③。北京市教委组织召开塑胶跑道标准研讨会,江苏省教育厅等省市教育部门则加强了对塑胶跑道建设各环节进行督导检查等措施。各级地方政府陆续出台了多个针对塑胶跑道的"地方标准",其中深圳市首开制定塑胶跑道地方标准的先河。2018 年 11 月 1 日,由教育部牵头起草的我国中小学校园塑胶跑道建设新国标"GB36246 - 2018"——《中小学合成材料面层运动场地》国家标准开始在全国范围内强制施行。

---

① 李丽、树文、周凯:《"新华社五问'毒跑道'"系列组稿的幕后故事》,《中国记者》2016 年第 7 期。
② 李瑞环:《坚持正面宣传为主的方针——在新闻工作研讨班上的讲话》(1989 年 11 月 25 日),载《中国新闻年鉴》编辑委员会:《中国新闻年鉴》(1989),中国社会科学出版社 1990 年版,第 11 页。
③ 《不符合质量标准的塑胶跑道要立即进行铲除》,《人民教育》2016 年第 14 期。

2. 提供了媒体批评报道取得正面效果的范例

新闻媒体关于"毒跑道"事件的批评报道,深入调查了"毒跑道"成因,为解决"毒跑道"问题出谋划策,既"根据事实来描述事实"又把握时度效,而且做到了坚持"舆论监督"和"正面宣传"相统一的原则,为我国新闻媒体进行批评报道、开展舆论监督提供了范例。其中一些新闻作品,例如《新华社记者五问"毒跑道"事件》,可谓新闻舆论监督的经典之作,对我国新闻工作者在进行舆论监督时如何践行马克思主义新闻观具有重要的示范意义。

三、重要报道评析

新华社记者五问"毒跑道"事件

(2016年6月14日 《新华每日电讯》,
记者 李丽 周凯 公兵 树文 汪涌)

......

1. 校园运动场地为何"五毒俱全"?

......

"毒跑道""毒操场"究竟有什么毒?广东省体育设施制造商协会副会长、长河集团董事长赵文海向新华社透露,劣质的聚氨酯塑胶产品可谓"五毒俱全"。

近些年来,中国学校体育蓬勃发展,政府、学校、家长对孩子身体健康越发重视,对操场、跑道的需求日益增加。市场蛋糕大了,很多不具备资格的企业马上"杀进来"——聚氨酯厂商里,国际田联认证的全国有十几家,中国田协审定的也是十几家,但实际在做的有数千家,去年就新增了近3 000家。

《聚氨酯塑胶场地挥发性有害物风险监测分析报告》里提到,这些无资质、无技术、无生产管理和质量保障的小型作坊,一年就占有了市场的50%甚至更多。而这些产品的质量很难保障。

塑胶跑道大致可分为聚氨酯现浇型和预制型橡胶卷材两大类。预制型主要使用橡胶等原料,是一种环保型产品,但因为造价较高,国内并不普及;聚氨酯是目前市场占有量最大的传统型材料,占了目前国内市场的95%,目前出问题的跑道、操场都是这一类型。

......

评析: 新华社记者首先追根溯源,追问在物质层面作为"毒跑道"构成元素的"毒"来自哪里。——绝大多数来自"劣质"的聚氨酯塑胶。而聚氨酯塑胶之所以"劣质"产品多,乃是因为市场"蛋糕"大,许多不具备相关资质的唯利是图的企业成为"生产者"——中国田协审定的只有十几家,"但实际在做的有数千家",这就厘清了"毒跑道"问题的源头。

2. 毒跑道是如何进入学校的?

劣质产品是如何进入学校的呢?这往往和招标环节脱离不了关系。

"塑胶跑道现在的价格比十几年前还低,怎么会合理?现在,80%~90%是废料做的。"谈到这些,广东省体育设施制造商协会副会长、长河董事长赵文海十分感慨。

然而,目前的学校塑胶场地建设招标环节,往往标准就是"低价"。

......

记者采访的多个相关人士在谈到聚氨酯跑道问题时,都提到目前市场价格过低的问题。

......

赵文海谈到不少学校采用最低价中标的问题时表示,因为这样最简单,领导不用负责任。"工程公司为了找活,先中标再说,结果赚不了钱,只好不断降低成本,加各种垃圾材料。"

......

这种低端、有缺陷的产品有着无可比拟的价格优势,在一切靠价格说话的招标之后,有全套管理制度和认证系统、有研发能力和检测手段的企业产品反而面临被取而代之的窘境。

　　一位生产人造草坪的厂商表示,由于市场混乱,监管不力,招投标把关不严,这种劣币驱逐良币的现象在相关行业里十分典型。

　　评析:"人会对激励做出反应",这是经济学的十大原理之一。"毒跑道"要进入学校,必须经过"招标"环节,而"招标"的游戏规则在许多学校的实际操作中又是"最低价中标"——"因为这样最简单,领导不用负责任。"看透了这一点,"许多工程公司为了找活,先中标再说",为了中标,那就出"最低价"。出了"最低价"中标后,赚不到钱怎么办?"只好不断降低成本,加各种垃圾材料","毒跑道"就这样进入了学校。

3. 施工,还是"施毒"?

过低的价格带来了劣质的产品,也带来了劣质的施工。

　　新华社记者辗转联系到一位不愿透露姓名的施工承包人。他介绍,目前都是低价中标,谁价格低谁就有优势,同时中标还要看有没有关系,有的经过几道手层层转包,到实际上的施工方手上已经利润很低,只能用劣质原材料。

……

　　利润空间很低的中标价格,鱼龙混杂的施工队伍,造成施工过程中的违规添加。广东省体育设施制造商协会副会长、长河集团董事长赵文海表示,为降低成本,不少施工方在铺设工程中大量添加苯类等有毒物质。

……

　　评析:马克思发现,商品的价值是由社会必要劳动时间决定的。换句话说,一分钱一分货。由于"招标"环节许多学校采用的都是"最低价中标",利润空间极其有限,而利润最大化又是施工方的追求,两者之间的矛盾如何解决——"只能用劣质原材料","为降低成本,不少施工方在铺设工程中大量添加苯类等有毒物质"。至此,"施工"真的变成了"施毒"。

4. "毒跑道"为何检不了,查不出?

校园塑胶操场、跑道是否符合相关标准?记者采访发现,相关标准制定和修订相对滞后,无法完全保证校园塑胶操场、跑道质量。

业内人士表示,正因为目前没有严格对口的安全环保方面的强制标准,一些跟招标方关系好的工程商,就会建议对方把自己手中已经满足的标准列入招标条件,达到自己中标的目的。

严格来说,在聚氨酯跑道铺设的施工前、中、后都要进行检测和监督。但在招标、施工环节相继"沦陷"后,最后的验收环节也多半是走形式。

……

更为重要的是,在多地集中出现"毒操场"事件后,却鲜有人被问责。一位业内人士说:"去年'毒跑道'的事情,最后说来说去都是材料的事,招投标本身没有追责,违法成本太低。"

评析: 标准既然是由人来制定的,那么,遵不遵守标准,仍然是由人来决定的。正因如此,"毒跑道"事件便不是简单的相关标准是否滞后问题,——即使相关标准没有问题,但就是有人不遵守。新华社记者敏锐地洞察到问题的要害之处——出现"毒操场"事件后,却鲜有人被问责。由于"违法成本太低",所以才有那么多人"违法",从而使"毒跑道"如"野火烧不尽,春风吹又生",成为"事件"。

5. 十多年前就有预警,为何难堵漏洞?

新华社记者调查发现,早在 2003 年底,就已经有专家提出 TDI 聚氨酯跑道的危害,当时虽然引起了一定重视,但由于种种复杂的原因,这个问题在实践中并没有得到很好的解决。从目前媒体曝光和厂商透露的情况看，问题反而更加恶化。

……

当时的新华社报道就提出，无论有毒无毒，焦点在于："我国目前还没有关于校园塑胶跑道的化学毒性检测标准和专门的检测机构，在建造过程中，单靠学校检验以达到环保要求很不现实。"

……

然而，十年前就在说的事情现在进展依然缓慢，加上各种监管不力，事态更加恶化。

……

评析：认识到危险等于避免了一半，这句话的积极意义在于鼓励人们"防患于未然"，而并不是说，仅凭认识到危险就能够避免灾祸。对于"毒跑道"事件而言，在事理的认识层面既不复杂难懂，也不高深莫测，但在监管的行动层面却至为关键。谁来负责监管？依据什么来监管？如果监管不力，应该如何追责？被追责者的违法成本是否足以重到"得不偿失"？新华社记者五问"毒跑道"最后问的就是这一类深层次的问题。

"问题跑道"不能久治不愈

（2016年6月23日 《人民日报》，作者　吕晓勋）

……

"问题跑道"并非新话题。有媒体统计，2015年至今，被报道的校园"问题跑道"事件至少有21起，涉及多个省市，其中"仅4起最终检测出有毒物质超标，其余的或跑道再次检测结果合格、或无送检的相关后续报道"。

……

评析："问题跑道"早已发生过多起，作为"新闻"已经"不新"。新鲜的是"久治不愈"，而"问题跑道"之所以"久治不愈"，是因为"病因太多"。

"祸之作,不作于作之日,亦必有所由兆。"问题跑道的出现,有着多重的现实根源。比如,本为促进办学条件均衡发展的校园标准化建设,无意中也催生了不少地方对塑胶跑道的旺盛需求。面对教育督导部门的检查,一些学校因为前期保障资金不到位,不得已采取突击应对方案,只求跑道迅速建成,很难顾得上质量把关。资质作假的中小企业低价中标,然后随意转包,施工方轻易在材料上"做文章",监理方无法有效辨别原材料的优劣,职能部门还在为监管责任推诿扯皮……一个个环节的失守,给学生的身体健康埋下了隐患。这也提醒我们:从招标、生产、施工,到监理、验收、监管,除了矫正建设理念,更新行业标准,更重要的是唤起相关各方的责任意识与安全意识,真正做到各守其分,各尽其责。

评析:生活在社会中的人是相互依存的,对此,经济学家熊彼特在《经济发展理论》一书中曾形象地写道:"屠户能出售多少肉取决于他的消费者,比如裁缝要购买多少肉,购买价格是多少,但这又取决于后者的营业收入;而裁缝的收入又取决于他的顾客(如鞋匠)的需求量和购买力;如此循环,直到我们找到那个收入取决于将自己的货物售卖给屠户的消费者。"① 在人是相互依存的意义上,唤起塑胶跑道相关各方的责任意识与安全意识是可能的,因为伤害他人最终会导致伤害自己或自己的亲友。

从"问题校服"到"问题跑道",从食品安全到校园安全,只要和校园相关的隐患,无不激起学生家长的巨大焦虑。客观而言,找到治理短板,明确责任主体,其中绝大多数问题解决起来并不难。但如果还

---

① [美]约瑟夫·熊彼特:《经济发展理论》,王永胜译,立信会计出版社 2017 年版,第 6 页。

是"头痛医头、脚痛医脚",不从事发源头、运行机制上进行全面预防和精确管控,不在标准制定、法规执行上赋予相关部门更多"适应性管理"权力,类似"问题跑道"的事件可能还会上演。到时受损的,将不仅仅是学生的健康,还有社会公众的安全感。

……

评析:"毒跑道"损害的确实不仅仅是学生的健康,"从问题校服"到"问题跑道",受损的还有社会公众的安全感;从食品安全到校园安全,受损的还有政府的公信力。新时代推进国家治理体系和治理能力现代化,要求政府相关部门在解决社会问题时不能"头痛医头、脚痛医脚",而是要从社会矛盾的源头上寻找治本之策,在治理机制上践行"明者远见于未萌,而知者避危于无形"。

治理"毒跑道"光有安全标准还不够

(2016年8月23日 《中国青年报》,作者 熊丙奇)

近年来,"毒跑道"事件频出,截至2016年8月,全国已有湖南、深圳、上海、浙江、江苏出台了地方塑胶跑道标准。除湖南外,其他4地相对现有国标,均新增了对跑道中部分化学物质的检测。其中,上海7月下旬公布的《学校运动场地塑胶面层有害物质限量》,除了增加一些有毒有害物质的检测外,还对现有国标中的苯、游离甲苯二异氰酸酯(TDI)指标作出了更严格的要求。(《新京报》8月22日)

……

令笔者担心的是,虽然合格标准提高了,跑道成本增加了,但在学校实际操作过程中,却依然可能以低标准修建跑道,从而通过"差价"牟取不法利益,牺牲学生的健康与安全。因此,要让新标准得以落实,加强对跑道修建过程和结果的监督与验收十分关键。

评析:"毒跑道"成因问题的复杂决定了治理"毒跑道"也并非是只要"标准"定好就万事大吉。如果从管理学的视角来看,"定规矩"

是确定管理的目标,而"守规矩"则是在行动上实现管理的具体过程。"定规矩"和"守规矩"合起来才是完整的管理。制定塑胶跑道的"标准"只是"定规矩",虽然"不以规矩无以成方圆",但是,有了规矩却不遵守,就等于没有。因此,"要让新标准得以落实,加强对跑道修建过程和结果的监督与验收十分关键"。

早在这轮标准提升前,国家对塑胶跑道和操场就有相关标准。然而,某些学校采购、安装、验收塑胶操场和跑道时并未严格执行有关标准。有的学校以时间紧迫为由,不进行公开招标,内定和某些人有利益关系的公司安装;有的学校把安装之前的样品送去检验,而不是从安装完成后的操场、跑道上随机取样。种种乱象使得国家标准难以真正落实到各个学校的跑道上面。

评析:我国关于塑胶跑道并非没有相关标准,"规矩"早就有,但是某些学校以各种理由不严格执行相关标准,这是"毒跑道"在我国多地出现的重要原因。如果认识到这一点,那么在媒体的舆论监督下,尽管教育部牵头相关部门制定了堪称"史上最严"的"GB36246-2018"——《中小学合成材料面层运动场地》国家标准,并于2018年11月1日开始在全国范围内强制施行,如果某些学校仍然"上有政策,下有对策",那么对"毒跑道"的治理就仍将"路漫漫其修远兮"。正是在此意义上,这篇评论的见解是深刻的。

......

如果各个学校依然我行我素,按照之前的模式招标、送检、安装、验收,那再高的安全标准,都难以阻挡毒操场、毒跑道进入校园。提高塑胶跑道、操场的安全标准,本身当然是一件好事,但更重要的是要让学校采购、安装、检测、验收的过程变得公开透明,并引入第三方对送检验收过程进行监督。

......

评析：在治理"毒跑道"有了最新的国家相关标准之后，若想根除"毒跑道"，具体到每一所安装塑胶跑道的学校，在采购、安装、检测、验收的每一个环节都不能出问题，这就需要每一个环节在过程上是透明的。而要做到这一点，引入第三方进行监督是必由之路，仅靠每个学校"自律"是不够的，近年发生的"毒跑道"事件"殷鉴不远"，已经证实了这一点。

（撰稿人：刘泱育）

"于欢案"舆论监督与舆论引导分析

一、案例介绍

2016年4月14日,山东源大工贸有限公司负责人苏银霞及其子于欢因借高利贷,被11名催债人限制在公司接待室并受到侮辱。警察赶到现场后,制止了催债人的暴力行为,但并未及时将双方隔离,于欢在警察离开接待室出门询问情况时,想跟着警察一起出去,被催债人阻止,情急之下拿刀伤人,造成催债人一死三伤。2017年2月17日,聊城市中级人民法院一审以故意伤害罪判处于欢无期徒刑。一审判决后,被告人于欢和受害方均不服,提出上诉①。

2017年3月23日,《南方周末》发表题为《刺死辱母者》的调查性报道,披露了案件细节。一文激起千层浪,3月24日,《刺死辱母者》引起大量媒体转载,并在微信朋友圈和微博平台呈刷屏态势。《刺死辱母者》一文披露的催债人使用极端手段侮辱于欢母亲、警察到达现场不久又离开案发接待室等细节,以及一审对于欢的定罪量刑,引发了媒体对该案的强烈关注和网民的热烈讨论。舆论几乎"一边倒"地支持于欢,认为于欢是在不堪他人侮辱母亲、警方"不作为"的情况下"激情杀人",其行为属于正当防卫或防卫过当,呼吁法院作无罪判决或从轻判决。3月25日,济南市公安局官方微博"@济南公安"发布微博,规劝网民"情感归情感,法律归法律,这是正道!";次日,"@济南公安"又发布了一张毛驴撞大巴的图片,疑似暗讽支持于欢的网民是冲

---

① 《于欢案实现"当庭对质" 审判长详解案件改判缘由》,央视网,http://news.cctv.com/2018/02/07/ARTIfnA4vzGpdqYumFVNle8m180207.shtml,2018年2月7日。

撞大巴车的毛驴。这两条微博无疑是火上浇油，致使群情激愤，网民创造了一个网络新词"鲁驴怼车"，以示抗议。"@济南公安"随即删除了这两条微博，并回应说这两条微博没有任何含义，不代表济南公安的任何观点，并且是未经请示的个人行为，值班人员也并非民警①。

《南方周末》的报道基本呈现了案件始末，但仍有部分细节模糊不清，使公众对案情产生误解，舆论出现非理性倾向。2017 年 3 月 26 日后，众多媒体纷纷介入"于欢案"，或挖掘细节，或进行评论。《中国青年报》、澎湃新闻等媒体针对前期报道中引发争议的细节进行了二次采访，重点还原催债人辱母行为和警方出警情况，有效纠正了部分公众对案情的误解，平复了公众的非理性情绪。"于欢案"从根本上讲是一起由非法借贷引发的血案，为回应公众对"高利贷"问题的关切，《财新周刊》发表长篇调查报道，除描述案情外，还揭示了当地经济、金融、社会等方面的背景，有助于公众更加全面地了解"于欢案"。针对"@济南公安"的微博引发的舆情，《人民日报》适时发声，在报纸及新媒体平台上发表评论，指出司法机关应正视舆情民意，正视保护伦理价值的重要性，把握好法律条文与人情事理的关系、法律与伦理的关系。针对"于欢案"初期舆论中不理性的声音，《人民日报》在评论中也安抚公众，呼吁公众重拾对警方执法和司法审判的信心。这些报道和评论经由"两微一端"的传播扩散，产生了上亿条评论，使"于欢案"由一个刑事案件发酵为亿万民众关注的公共事件。在媒体的引导下，公众舆论逐渐走向理性和平和，呼声也从"杀人无罪"转向"合理量刑"。

面对汹涌舆情，相关部门也迅速作出反应。2017 年 3 月 26 日，最高人民检察院宣布：派员赴山东对该案事实、证据进行全面审查，对媒体反映的警察渎职等情况进行调查。5 月 27 日，山东省高级人

---

① 《济南公安回应"毛驴怼大巴"微博：发布者非民警，已删除》，上观新闻，https://www.jfdaily.com/news/detail?id=48417，2017 年 3 月 26 日。

民法院二审公开开庭审理此案,并通过微博全程直播审理过程。6月23日,山东省高级人民法院对此案作出终审判决:认定于欢的行为具有防卫性质,但明显超过必要限度造成重大损害,构成故意伤害罪,依法应当负刑事责任,改判于欢有期徒刑五年。

"于欢案"入选"2017年推动法治进程十大案件"。该案二审改判体现了司法裁判的法律效果和社会效果的有机统一,让人民群众从中感受到了公平正义和司法裁判的温度。新闻媒体所引发和引导的社会舆论对"于欢案"的改判功不可没,该案被视为传媒监督司法的成功案例。但是,"于欢案"的社会舆论在初期也曾呈现出极化、非理性趋势。在各大专业媒体纷纷介入,深挖细节、还原真相后,才逐渐将社会舆论引向理性、平和,寻求情理法的"最大公约数"。本文分析新闻媒体对"于欢案"的监督和引导社会舆论的功效得失,希望为新闻从业者践行马克思主义新闻观、坚持正确舆论导向、发挥舆论监督职能提供借鉴和参考。

二、案例分析

(一)设置议题,引爆舆论

"媒介影响司法审判主要在于设置议题。"[1]此次事件中,设置舆论议题的新闻报道正是《南方周末》发表的《刺死辱母者》一文。该文采用故事性写作手法呈现"于欢案"的全过程,披露了于欢及其母亲被催债人侮辱以及报警后警方未及时干预等细节,并将法律与伦理冲突予以尖锐突出。报道标题"刺死辱母者"将事件的主要矛盾呈现在读者面前,报道内容几乎都是对这一矛盾的展开说明。报道开篇短短52个字的细节描述,触目惊心:"辱骂、抽耳光、鞋子捂嘴,在11名催债人长达一小时的凌辱之后,杜志浩脱下裤子,用极端手段污辱

---

[1] 魏永征:《媒体报道和司法审判:应该如何平衡?——以刘涌案为例》,《中国传媒报告》2004年第11期。

苏银霞——当着苏银霞儿子于欢的面。"①接下来的段落里,大量的细节描写几乎都是"辱母"一词的注脚。

鹰眼舆情观察室的数据显示,2017年3月23日《南方周末》在微信公众号、南周官网和报纸发表《刺死辱母者》后,第二天关于此话题的信息就达1万条,3月25日达到5万条,3月26日超过20万条,形成高峰②。3月24日,凤凰网和网易在各自的新媒体平台转载、推送了该报道全文,网易将标题改为《母亲欠债遭11人凌辱,儿子目睹刺死1人被判无期》,着意强化于欢与被刺者之间的矛盾,并且将矛盾聚焦于"辱母"情节。至3月28日,网易APP转载报道的单篇跟帖就达到273万条③。

在我们这样一个重视人伦道德的国家,丧失人伦的行为无疑是令人发指、不可容忍的。新闻媒体描述的该事件中的"辱母"细节迅速引爆舆论。众多网民站在于欢的角度发声,评论大多以"如果我是于欢"开头,这种"共情效应"正是引爆舆论的关键。不仅"草根"民众群情激愤,不少社会精英也纷纷发声。学者易中天发文称:"以人之常情,岂有娘亲受辱而不管不顾之理?劈山救母传为美谈,而于欢救母反受惩罚,于情于理均难以服众。如果这样的孝子身陷囹圄,将来我中华民族岂非'更无一个是男儿'?"④该文甚至将于欢"刺死辱母者"这一行为上升到民族气节的高度。有法学家认为,《南方周末》报道中提到的这种"强制猥亵手段与强奸类似",适用无限防卫权⑤。

"于欢案"本来是一桩地方性刑事案件,新闻媒体将其公之于众,

---

① 《刺死辱母者》,《南方周末》2017年3月23日。
② 《山东辱母杀人案》,鹰眼舆情观察室,http://www.eefung.com/hot-report/20170331110551-51016,2017年3月31日。
③ 黄珏:《〈南方周末·刺死辱母者〉是如何传播与发酵的》,搜狐网,http://www.sohu.com/a/132078450_470054,2017年3月30日。
④ 易中天:《血性男儿哪有罪?刺死辱母者既是正当防卫更是见义勇为!》,搜狐网,www.sohu.com/a/130395433_649602,2017年3月26日。
⑤ 《陈兴良等刑法学界20位专家评论山东聊城于欢"辱母杀人案"观点汇总》,"瑞鼎律师"公众号,https://mp.weixin.qq.com/s/kAfs24w6iivAcDGAFU9kzg,2017年3月29日。

引发全社会关注与讨论,使之成为公共事件。新闻媒体通过设置议题形成公众舆论,从而对"于欢案"的再审产生了强大的监督作用。

(二) 深挖案件真相,引导舆论

"于欢案"舆论形成初期,公众情绪在"辱母"情节的刺激下呈现出非理性倾向,网络谣言四起。"@济南公安"官微的回应引发了新一轮公愤,舆论呈现一边倒态势。据网易新闻观察,在2017年3月26日前,呼吁于欢无罪释放、唱衰司法公正、对办案民警和法官进行情绪化指责的词语大量出现。3月26日既是舆情的高峰也是重要的转折点,如"警察""死""噩梦""凌辱""不作为""无罪"等高频词在27日之后即不再增长。而从法理角度进行分析,认为一审法院定罪正确,但应认定为防卫过当、对于欢减轻处罚等观点,在27日之后增长迅速,相应的高频词变为"防卫过当""正当防卫""正义""法律"等①,舆论开始由"杀人无罪"向"合理量刑"转化。至5月27日山东省高级人民法院二审庭审时,据新浪微舆情大数据平台抽样调查:43.8%认为于欢杀人有罪,但其行为有正当防卫性质,希望轻判;22.3%表示相信公平正义;16.1%期待二审有公正的结果;只有1.8%不相信二审结果会公正②。这表明舆论回归到理性状态。

"于欢案"舆论能够回归理性,与众多媒体深入调查真相、积极引导密不可分。2017年3月26日前后,澎湃新闻等媒体加入对案情的调查报道,就存疑细节进行了二次调查采访,并着重呈现《南方周末》报道中被忽略的案情和背景信息,试图厘清真相并还原事件全貌。另外,一些权威媒体如《人民日报》等适时发表评论,安抚公众情绪,呼吁公众重拾对警方执法以及司法审判的信心。这些举措都是舆情出现转折并向理性平和的方向发展的重要推动因素。

---

① 《还原一场舆论风暴的始末:〈刺死辱母者〉如何爆屏?》,网易新闻,http://news.163.com/17/0401/19/CGV83GQT0001899O.html,2017年4月1日。
② 《透过大数据看于欢案二审的公众视线焦点》,搜狐网,http://www.sohu.com/a/147329413_499808,2017年6月9日。

根据《刺死辱母者》的报道,警察到达现场后扔下一句话随即离开接待室,而凶案就在此时发生。这篇报道对警察离开的原因并未交代,因而引发了公众对警方"不作为"的质疑。2017 年 3 月 25 日深夜,澎湃新闻发布《山东"刺死侮母者"案证人讲述民警处警细节:开着执法记录仪》。该文通过梳理判决书和访问相关证人进一步还原案情,明确民警离开接待室仅 4 分钟后回来,而离开接待室是为了寻找报案人并询问情况。于欢一审辩护律师对澎湃记者说,警察整个过程都没有走,只是离开那个房间,走到屋外再回来,而于欢误以为警察走了,自己没有得到保护[①]。这些细节补充了《刺死辱母者》报道的不足,及时回应了公众的质疑,并且首次披露有执法记录仪在,增强了公众对查明事实的信心。

《刺死辱母者》报道中的信源大多来自于欢方面。2017 年 3 月 27 日,《中国青年报》发表《"于欢故意伤害案"细节还原,是否构成正当防卫成最大争议》,弥补了信源方面的不足。这篇报道不仅有当事人于欢及其母亲的叙述,还有在场多名证人的补充,包括苏银霞公司员工、催债人的证词,以及参与执法和审判的警方、法院人员的陈述[②],基本采集到了案件涉及的各方人员的声音。另外,第三方法律专业人士的观点也是影响本案舆情转变的关键。"正当防卫"一直是本案舆情中的高频词汇,但是多数公众对于该法律术语缺乏专业认知。《中国青年报》采访了有多年从警经历的北京刑辩律师王甫和北京理工大学法学院教授徐昕,两人从法律专业的角度发表了对于欢定罪量刑的看法。"瑞鼎律师"公众号集纳并发布了陈兴良、陈光中、赵秉志、陈瑞华等 20 位刑法学专家在不同场合发表的观点和论证,他们集中就正当防卫的要件、防卫过当的界限以及于欢的行为是否

---

① 《山东"刺死侮母者"案证人讲述民警处警细节:开着执法记录仪》,澎湃新闻,https://www.thepaper.cn/newsDetail_forward_1647972,2017 年 3 月 25 日。

② 《"于欢故意伤害案"细节还原,是否构成正当防卫成最大争议》,《中国青年报》2017 年 3 月 27 日。

构成正当防卫等法律问题作了普及介绍和理论上的分析探讨①。媒体发表法律专业人士关于"于欢案"的看法,既普及了相关法律知识,也有助于公众进行理性思考和表达。有网民表示:"相当于进行了一场关于正当防卫的法律原理和历史案例的大课。"②

2017年4月3日,《财新周刊》发表长达万言的深度调查《冠县血案的金融江湖》。该文指出:"血案背后,是地方经济下行带来的融资乱象,以及黑社会高利贷团伙横行的局面。苏银霞母子的命运,正折射出当地中小企业经营的艰难与混乱。"③这篇报道除了描述案情,又进一步从宏观角度揭示了此案在当地经济、金融、社会和相关管理方面的背景,对公众关注的主要问题作了比较系统的回应,提供了完整、可信的信息。特别是在披露苏银霞母女因涉嫌非法集资被拘的同时,又报道了向苏银霞索债的高利贷黑恶势力团伙也早在2016年8月被摧毁,表明当地政府并非如有些帖子所说的那样完全"不作为"。

新闻媒体对"于欢案"的看法或有差异,但是有一条共同底线,就是呼吁公众相信司法,期待司法机关依法作出公正判决。2017年3月25日晚,《人民日报》评论公众号发表《辱母杀人案:法律如何回应伦理困局》。"党报评论君"的这篇评论措辞温和,但具有穿透人心的力量:"法律不仅关乎规则,还关乎规则背后的价值诉求,关乎回应人心所向、伦理人情的标准。"④这篇评论肯定了民意及舆论的价值,希望司法机关把握好法律条文与人情的关系、法律与伦理的关系,但这并不是说法律就该迁就和盲从民意,看舆论"脸色"行事,而是指出司

---

① 《陈兴良等刑法学界20位专家评论山东聊城于欢"辱母杀人案"观点汇总》,"瑞鼎律师"公众号,https://mp.weixin.qq.com/s/kAfs24w6iivAcDGAFU9kzg,2017年3月29日。

② 《于欢案评论上亿,我们参与了法治共识的形成》,"晓看"公众号,https://mp.weixin.qq.com/s/2_TiQomgTyfUfBNwTiRTiA,2017年3月26日。

③ 《冠县血案的金融江湖》,《财新周刊》2017年4月3日。

④ 《辱母杀人案:法律如何回应伦理困局》,《人民日报》公众号,https://mp.weixin.qq.com/s/TYQW8_JAgn9mRbjVYw0E8w,2017年3月25日。

法在保持独立公正的同时，也要接受舆论监督，经得起法治和民意的考量。3月29日，最高人民法院官方微博发表《"于欢案"热评：静待花开，是相信它一定会开》。这篇转引自《人民法院报》的评论希望民众多些法治思维，保持理性冷静，给司法以耐心，对法治有信心[①]。上述评论显然有利于缓和网民的极端情绪，让社会重拾对司法的信心。

众多媒体深入挖掘"于欢案"案情真相，以回应公众提出的质疑，让谣言在真相面前不攻自破，为公众监督司法提供了可靠的事实依据，同时也平息了由不实信息衍生出的非理性情绪，为舆论和司法的良性互动扫清了障碍。所谓"兼听则明"，多方发声、多种意见交汇不仅有助于澄清事实真相，也有益于将舆论引向正确、理性的方向。从高呼"杀人无罪"到探讨"合理量刑"，从对执法、司法机关愤怒指责逐渐转向对案件本身的理性讨论，在新闻媒体的引导下，"于欢案"舆论从充满暴戾到走向平和，从分歧对抗到达成共识，为二审营造了比较理性的舆论环境。

（三）激发社会讨论，推动法治进程

《南方周末》首次披露"于欢案"的细节之后，媒体和公众对案件的一审判决结果"无期徒刑"普遍表示质疑。除了单纯的情绪表达，更为可贵的是公众对于欢行为的法理学讨论。《刺死辱母者》一文引用于欢律师的辩护词，提出于欢的行为属于"正当防卫"之后，"正当防卫"这一法学概念便成为社会公众的讨论焦点。随后，一些刑法学家也纷纷表达观点，参与公众讨论。北京大学陈兴良教授认为，于欢系"正当防卫"且没有超过必要限度，应判无罪；清华大学周光权教授也认为于欢的行为属"正当防卫"，可以行使无限防卫权；中国刑法学研究会会长赵秉志教授则认为，于欢的行为适用于"防卫过当"，应显著减轻处罚。于欢行为是否属于"正当防卫"、一审判决是否量刑过

---

① 吴仕春、禹爱民：《"于欢案"热评：静待花开，是相信它一定会开》，"最高人民法院"公众号，https://mp.weixin.qq.com/s/c6_prUNEbLISH0_2KFVYRA，2017年3月29日。

重成为社会讨论的焦点。

面对汹涌的舆情,公检法系统用实际行动对公众关切作出了及时回应:最高人民检察院在舆情爆发期迅速派员赴山东对案件进行核实,对媒体反映的警察渎职等行为进行调查;山东省人民检察院、山东省公安厅派出工作组对案件细节进行二次核查。中央政法委微信公众号"长安剑"推出文章,强调政法人员应当感谢舆论监督,希望公众关切最终形成推动力,让"于欢案"有一个兼具"法、理、情"的结局。

在多方调查、核实之后,2017年5月27日,"于欢案"二审在山东省高级人民法院公开开庭审理,并全程微博直播。这种公开透明的姿态为关注此案的公众提供了共同见证正义实现的机会,也是司法系统自信与担当的体现。最终,二审判决从无期徒刑改为五年有期徒刑,认定了于欢行为的防卫性质,但同时也认为其有"过当"的成分,体现了司法系统敢于纠正错误的勇气与自信。

2018年3月,由中国法学会案例法学研究会、法律出版社、《中国法律评论》联合主办的2017年中国十大影响性诉讼评选结果在京揭晓,"于欢故意伤人案"位列榜单首位。中国法学会案例法学研究会常务理事、国家法官学院教授梁欣指出,"于欢案"二审判决刷新了刑事法官对于正当防卫制度的实践认知,法院还运用网络直播等形式充分回应社会关切,开展了一堂全民法治公开课。从司法大数据分析来看,以往全国公检法机关在认定正当防卫、防卫过当问题上大致持保守、谨慎态度,执法尺度较为严苛。"于欢案"二审判决则基于审理查明的事实证据,充分考虑到于欢实施防卫时的因素,判定于欢行为是防卫过当,既坚守了法律底线,也回归了公众的期待[①]。

2018年先后发生的"昆山反杀案""涞源反杀案""丽江90后女生

---

① 《2017年十大影响性诉讼结果揭晓:于欢案入选》,新浪网,http://news.sina.com.cn/sf/news/fzrd/2018-03-27/doc-ifysqfnh2672734.shtml,2018年3月27日。

反杀案"等都引发了舆论的关注,而"于欢案"则成为公众思考和评判这些案件的重要参考标杆。这种舆论的持续关注最终也在法治建设层面得到了回应:最高人民检察院2018年年底印发第十二批指导性案例,涉及的4件案例均为正当防卫或者防卫过当的案件。最高人民检察院副检察长孙谦表示,近年来正当防卫问题引发社会广泛关注,明确正当防卫的界限标准,回应民众关切,是当前司法机关一项突出和紧迫的任务。此次最高检发布指导性案例,旨在专门阐释正当防卫的界限和把握标准,为检察机关提供司法办案参考①。

"于欢案"的二审改判可以说与媒体的持续报道和公众的持续关注密不可分。新闻报道激活了社会对于"正当防卫"这一法律概念的公共讨论,让更多民众对其有了更深入的理解,一定程度上推动了我国法治建设的进程。

不过,媒体对"于欢案"的报道也存在一些问题。首先,部分细节失实,误导公众。"于欢案"一个引爆网民情绪的关键细节,是出警民警的"不作为"。《刺死辱母者》在导言中描述:"多名现场人员证实,民警进入接待室后说'要账可以,但是不能动手打人',随即离开。被告人欲离开但被阻止,摸出了一把刀……";于欢的姑姑于秀荣看到三名民警要走,拉住一名女警,并试图拦住警车:"警察这时候走了,他娘俩只有死路一条。我站在车前说,他娘俩要死了咋办,你们要走就把我轧死。"②这一细节成为众多网民认为于欢无罪,指责公权力"不作为"、警察渎职和司法不公的重要因素。随后的不少报道都证实《刺死辱母者》的这一细节描述存在问题。例如,央视《法治在线》根据执法记录仪、现场监控探头记录的实况,证实了于欢姑姑所述警察要走但被其拦住的说法不准确。《刺死辱母者》一文对警方出警情况的描述比较模糊,未清楚交代警方离开接待室的原因;表述多来自

---

① 《最高检明确正当防卫界限标准》,新华网,http://www.xinhuanet.com//legal/2018-12/20/c_1123877528.htm,2018年12月20日。
② 王瑞锋:《刺死辱母者》,《南方周末》2017年3月23日。

对现场相关人员话语的直接引用（如于欢姑姑），但记者并未对这种表述进行交叉求证。这种新闻表达方式和调查程序上的疏忽导致部分细节偏离事实，引发公众误解和舆论出现非理性态势。

其次是信源相对单一，报道失衡。从信源角度分析，《刺死辱母者》这篇报道存在信源单一、采信不平衡的问题。从记者使用的信源来看，于欢方信源明显多于杜志浩方信源，并且杜志浩方的信源大多为匿名信源，而于欢方的信源多为实名信源。案件报道应尽量平衡呈现涉案各方的情况，否则可能导致"舆论审判"，影响司法裁判的公正性①。

在案件主要当事人背景信息的介绍方面，《刺死辱母者》一文也表现出一定的选择性。该文仅讲述了苏银霞因公司资金困难借了高利贷。2017年3月27日虎嗅网发表《苏银霞早已踏上不可逆的深渊》，指出这其实是一件"苏银霞借贷纠纷的案中案"。文中列举六起讼案，说明苏银霞多次以"互保套贷"方式套取贷款，已经三次不能履行法院判决（当地称为"老赖"），以致陷入高利贷的深渊。这些情况有助于人们更加冷静地思考"于欢案"涉及的社会问题，而《刺死辱母者》一文没有提及。相反，催债人杜志浩"可憎可恶"的背景信息在该文中多有介绍，比如说他给同村村民的唯一印象是"因琐事揍他舅舅"，文末还提到杜志浩曾涉嫌一起交通逃逸案，"14岁女学生被撞身亡，身首异处"。于欢母子的"弱者"形象与催债者的"恶霸"形象形成鲜明对比，公众基于这样的信息呈现一边倒地同情于欢，甚至高呼"杀人无罪"也就不足为怪了。

2013年2月，习近平总书记在十八届中央政治局第四次集体学习会上指出："全面推进依法治国，必须坚持公正司法。公正司法是维护社会公平正义的最后一道防线。所谓公正司法，就是受

---

① 张雅娟：《规范新闻信源的采用——〈刺死辱母者〉信源分析》，《新闻知识》2017年第5期。

到侵害的权利一定会得到保护和救济,违法犯罪活动一定要受到制裁和惩罚。如果人民群众通过司法程序不能保证自己的合法权利,那司法就没有公信力,人民群众也不会相信司法。法律本来应该具有定分止争的功能,司法审判本来应该具有终局性的作用,如果司法不公、人心不服,这些功能就难以实现。"①个案公正是司法公正的前提,没有个案公正,司法公正就无从谈起。十八大以来,习近平总书记在多种场合强调:要努力让人民群众在每一个司法案件中都感受到公平正义。舆论监督是促进个案公正的重要力量。新闻媒体对案件审判的监督,一方面最大程度地实现了司法公开,能够防止司法腐败,纠正司法偏差,促使案件得到公正判决;另一方面,新闻媒体对案件的不当报道与评说,也会形成"舆论审判",从而影响司法公正。

马克思主义新闻观要求新闻舆论工作要坚持正确舆论导向、以正面宣传为主。不过,坚持正确舆论导向、以正面宣传为主与开展舆论监督并不矛盾。2016年2月19日,习近平总书记在全国新闻舆论工作座谈会上就指出:"舆论监督和正面宣传是统一的。新闻媒体要直面工作中存在的问题,直面社会丑恶现象,激浊扬清、针砭时弊,同时发表批评性报道要事实准确、分析客观。"②马克思主义新闻观也认为党性和人民性是统一的,新闻舆论工作要坚持"以人民为中心"的原则,就是要把实现好、维护好、发展好最广大人民根本利益作为出发点和落脚点,坚持以民为本,以人为本。在"于欢案"审理过程中,虽然一些媒体最初对该案的报道存在部分细节失实、信源单一等问题,但是毕竟扩大了案件的知晓度,引起了全社会对这一案件的关注与讨论。随着众多媒体介入深挖案件真相,引导公众"给司法以耐

---

① 中共中央文献研究室编:《习近平关于全面依法治国论述摘编》,中央文献出版社2015年版,第67页。
② 《坚持正确方向创新方法手段 提高新闻舆论传播力引导力》,《人民日报》2016年2月20日。

心,对司法有信心",使社会舆论回归理性平和,该案最终也得到了公正判决。可以说,新闻媒体对"于欢案"的报道基本上坚持了正确舆论导向和"以人民为中心"的原则。

监督司法是舆论监督的重要一环,新闻媒体要继续强化、改进对司法事务的监督,通过正当的舆论监督引导公众形成健全的社会舆论,促进阳光司法、公正司法,进而加快实现中共十八届四中全会确立的"建设中国特色社会主义法律体系,建设社会主义法治国家"这一全面推进依法治国的总目标。

三、重要报道评析

刺死辱母者

(2017年3月23日,《南方周末》,记者 王瑞锋)

多名现场人员证实,民警进入接待室后说"要账可以,但是不能动手打人",随即离开。被告人欲离开但被阻止,摸出了一把刀……

法院认为,虽然当时被告人的人身自由受限,也遭到侮辱,但对方未有人使用工具,在派出所已出警的情况下,不存在防卫的紧迫性。

评析: 报道开篇就呈现出现场事实和法院判决的对比,引出了媒体、公众对本案一审判决的关键质疑——于欢的行为是否属于"正当防卫"?一审判决是否存在量刑过重?报道成功设置舆论议程,后续的公众讨论基本围绕"正当防卫"这一法律概念展开,这为舆论走向和案件的最终审理锚定了基本坐标。

……

辱骂、抽耳光、鞋子捂嘴,在11名催债人长达一小时的凌辱之后,杜志浩脱下裤子,用极端手段污辱苏银霞——当着苏银霞儿子于欢的面。

苏银霞和儿子于欢被限制在公司财务室,由四五人看守,不允许出门。"在他娘俩面前,他们用手机播放黄色录像,把声音开到最大,说的话都没法听。"于秀荣说。

刘晓兰说,杜志浩一直用各种难听的脏话辱骂苏银霞,"什么话难听他骂什么,没有钱你去卖,一次一百,我给你八十。学着唤狗的样子喊小孩,让孩子喊他爹"。

其间,杜志浩脱下于欢的鞋子,捂在苏银霞的嘴上。刘晓兰看到母子两人瑟瑟发抖,于欢试图反抗,被杜志浩抽了一耳光。杜志浩还故意将烟灰弹在苏银霞的胸口。

让刘晓兰感到不可思议的是,杜志浩脱下裤子,一只脚踩在沙发上,用极端手段污辱苏银霞。刘晓兰看到,被按在旁边的于欢咬牙切齿,几近崩溃。

评析: 报道中最吸引人眼球的就是文章开头以及中间部分的一系列细节描写,将催债者对于欢母亲的侮辱详细地呈现了出来。此篇报道能够迅速引爆舆论,这些细节描述功不可没。但问题是,这些描述并非来自警方的执法记录仪或者监控录像,而是来自于秀荣和刘晓兰这两名目击者,前者为于欢的姑姑,后者为于欢母亲公司的职工,即为单方信息源。因此,该报道引起最大关注的部分在信源方面是有瑕疵的,理应至少有两个不同方的信息源交叉验证,如此才能成为令人信服的事实材料。

......

死者杜志浩出生于冠县斜店乡南史村,因在家中排行老三,被人称为"杜三"。

南史村一名村民告诉南方周末记者,杜三常年不在家,一直住在县城或东古城镇,给村民留下的唯一印象是,因琐事"揍他舅舅"。

杜志浩曾因一起交通肇事案被冠县东古城镇人所熟知。2015

年 9 月 30 日，东古城镇一名 14 岁女学生被撞身亡，身首异处，肇事司机逃逸。

这名女学生的母亲告诉南方周末记者，肇事当天杜的父母来给她送过东西。她后来收到了中间人给的 28.5 万元赔款，但自始至终没见过肇事者一面。"交警说抓不到人……"

评析：在新闻报道中，记者应该清楚报道对象的事实边界。在此案件中，违法放贷、违法催债以及后续发生的于欢刺死辱母者，都在关键事实链条上，可以进行叙述和讨论。但以上四段描述的是催债者杜志浩的过往行为，且以"前科"的形式被呈现出来，"揍舅舅""撞死女学生""逃逸"等一系列事实，建构了一个道德低下、为非作歹、逍遥法外的"恶人"形象。记者用这些事实试图将于欢的行为合法化，显然越过了该案件本身的事实边界。于欢母子的"弱者"形象与催债者的"恶霸"形象形成鲜明对比，这种"贴标签"的报道方式容易导致舆论一边倒地同情于欢。

……

2016 年 12 月 15 日，聊城市中级法院开庭审理于欢故意伤害一案。庭审中的争议点在于，是故意杀人还是故意伤害，以及是否构成正当防卫。

杜志浩的家属提出，于欢构成故意杀人罪，应判处死刑立即执行，并索赔 830 余万元。于欢的辩护律师则提出，于欢有正当防卫情节，系防卫过当，要求从轻处罚。

为何不认定正当防卫，法院的解释是，虽然当时于欢人身自由受到限制，也遭到对方侮辱和辱骂，但对方未有人使用工具，在派出所已经出警的情况下，被告人于欢及其母亲的生命健康权被侵犯的危险性较小，"不存在防卫的紧迫性"。

目前，于欢已提出上诉。他的上诉代理人殷清利仍继续主张，在遭遇涉黑团伙令人发指的侮辱、警察出警后人身自由仍然得不到保障的情况下,于欢的被迫还击至少属于防卫过当。他还认为,于欢听从民警要求交出刀具并归案、在讯问中如实供述等行为,应当认定为自首。

评析: 在文末,文章重新聚焦"正当防卫"这一核心问题,将杜志浩家属、法院、于欢上诉代理人殷清利的意见均衡地呈现,为公众讨论提供了基本的事实基础和意见参考。议题的聚焦有利于公众从案件细节的情绪化认知中跳出,进而回归事实和司法层面的判断与讨论,引导舆论向更为理性的方向发展。公众、媒体乃至法学界对"正当防卫"这一法律概念的热烈讨论,让更多民众对其有了更深入的理解。

山东"刺死侮母者"案证人讲述民警处警细节:开着执法记录仪

(2017年3月25日　澎湃新闻,记者　谭君)

……

此事被网友热议,并引发法律界人士争议。警方有没有失职,讨债者的行为如何评价?法院判决是否存在可商榷之处?

3月25日,澎湃新闻(www.thepaper.cn)梳理了该案的一审判决书,并采访了于欢的辩护律师田明、杨少彬及相关证人。

(2016)鲁15刑初33号判决书显示,山东省聊城中院经审理查明……澎湃新闻查阅判决书,发现多名证人在其证言中叙述了"辱母"情节……作为被辱的当事人、被告人于欢的母亲苏银霞详细描述了被辱的经过。与此相印证的还有其他多名证人的证言。据判决书引用的同去要债的张书森证言……视听证据显示……据判决书中的"视听资料"证据,"侮辱"到"杀人"分两个阶段……

……

评析: 在本篇报道中,记者较好地遵循了新闻的客观性原则,采用了权威的"一审判决书",并采访了律师和相关证人,以事实细节呈现的方式梳理了本案发生的经过。报道对"辱母""捅杀"两个关键事实部分进行梳理,同时回应读者质疑,针对"警察是否失职""防卫是否过当"两个争议部分讲解了法院的裁定。自始至终记者都处于第三方的叙述立场,甚至结尾也是以客观事实为核心,并未加入主观判断,文风也冷静不煽情,较好地践行了马克思主义新闻观"实事求是"的基本原则。

给司法以耐心 对法治有信心

(2017年3月29日 《人民法院报》,作者 吴仕春)

……

法治社会,一起具体的个案有可能在短时间内聚集起社会大众的广泛关注,这既是表明公众对法治期待越来越高、信心越来越足的好事,同时也对我们的法治理念、法治心态乃至法治意识等主观层面提出了更高要求。

近日,山东聊城的"于欢案"引发了社会各界的广泛关注。各位法律专业人士凭借自己对法学理论的了解对案件进行剖析,社会群众以自己朴素的伦理观念对案件发表看法,这都是法治社会的常态,我们对此既应日渐熟悉,更要秉持"耐心"和"信心"两个理念,把社会对法治的关注更好地引入理性的轨道,让法治建设的春风更加"润物细无声"。

……

评析: 本篇评论发表正处于社会大众对"于欢案"的一审判决质疑声鼎沸之际。面对公众对司法判决的质疑,本文作者并没有拿出一副高高在上的教育者姿态,而是采用"先褒扬、后鼓励、再劝解"的说服策略,对公众的质疑表示了肯定,认为是"好事",随后循循善诱地提出应有"耐心"和"信心"。这种站在公众角度的说理方式符合"以人民为中心"的基本原则,也有利于对公众情绪的疏导,促使公众对本案的讨论向理性的方向发展。

(撰稿人:周怡靓)

第四部分

突发事件

"8·12"天津滨海新区爆炸事故报道分析

一、案例介绍

2015年8月12日22时51分46秒,位于天津市滨海新区天津港的天津东疆保税港区瑞海国际物流有限公司危险品仓库起火。23时34分06秒发生第一次爆炸,近震震级约2.3级;23时34分37秒,发生第二次更剧烈的爆炸,近震震级约2.9级。8月14日16时40分,现场明火被扑灭。此次事故共造成165人遇难、8人失踪、798人受伤住院治疗,304幢建筑物、12 428辆商品汽车、7 533个集装箱受损。截至2015年12月10日,事故造成直接经济损失达人民币68.66亿元。

事故发生后,天津市主要领导第一时间赶到现场指挥救援工作,并到医院看望伤员。2015年8月13日,习近平、李克强等党和国家领导人先后作出重要指示批示,事件应对上升到国家级层面。2015年8月13日凌晨至8月19日,时任国务委员、公安部部长郭声琨受党中央、国务院委托,率国务院工作组赶赴事故现场,协调指导事故救援和应急处置工作。

2015年8月13日下午16时30分,距离爆炸发生约17小时,天津市召开了天津港"8·12"爆炸事故第一场新闻发布会,通报事故处置的总体情况。随后每天均召开发布会,公布最新数据。截至8月23日,共召开14场新闻发布会。

2015年8月16日下午,李克强总理赶赴事故现场,看望、慰问消防队员、救援官兵和伤员及受灾群众,部署下一步救援救治、善后处置和安全生产工作。

2015年8月18日,经国务院批准,成立由公安部、安全监管总局、监察部、交通运输部、环境保护部、全国总工会和天津市等有关方面组成的国务院"8·12"天津滨海新区爆炸事故调查组,邀请最高人民检察院派员参加,并聘请爆炸、消防、刑侦、化工、环保等方面专家参与调查工作。

2015年9月13日,完成事故救援及现场处置任务,清运危险化学品1 176吨、汽车7 641辆、集装箱13 834个、货物14 000吨,798名伤员得到妥善医治。

2016年2月5日,国务院批复《天津港"8·12"瑞海公司危险品仓库特别重大火灾爆炸事故调查报告》,认定此次事故是一起特别重大生产安全责任事故。

2016年11月7日至9日,天津港"8·12"特大火灾爆炸事故所涉27件刑事案件一审分别由天津市第二中级人民法院和9家基层法院公开开庭进行了审理,并于9日对上述案件涉及的被告单位及24名直接责任人员和25名相关职务犯罪被告人进行了公开宣判。

二、案例分析

新闻舆论工作关系着党的工作大局,是国家治理体系和治理能力现代化的重要环节。习近平在党的新闻舆论工作座谈会上,将新闻舆论工作提到"治国理政、定国安邦"的新高度。新闻媒体作为信息载体,除了信息传递的基本职责外,还要进行舆论引导。尤其是重大突发事件的舆论引导工作,新闻媒体要争夺主动权,及时发声、准确发声,这不仅关系着新闻舆论工作的传播力、引导力、影响力和公信力,更关系着人心安定和社会稳定。随着媒介技术的快速发展,社交媒体的兴起和壮大,在一定程度上影响了我国舆论生态现状。尤其是在重大突发性事件发生时,大量网民通过社交媒体参与渗透其中,使舆论变得更加复杂。此次天津爆炸事故相关信息最早由社交媒体曝出,但专业媒体也迅速跟进报道,积极回应民众关切,利用新媒体技术立体呈现新闻报道现场,以理性客观为报道基调体现报道温度,充分发挥内容优势和渠道优势,体现出较强的新闻采集、编辑和呈现的整合能力。

(一) 报道议题:回应民众关切,形成议题共振

引导舆论走向要善于设置议程。媒介间存在"共鸣效果"和"溢散效果"两种互相影响议程设置的流向方式。所谓"共鸣效果",指由主流媒体引起而在媒介系统中产生一连串报道的连锁反应;"溢散效果",即媒介议题同样可以从另类媒体流向主流媒体(意见领袖媒介)①。在传统媒体场域中,"共鸣效果"是主要议程流向方式;在新媒体大力发展的今天,"共鸣效果"已经不再占据主导地位,而是与"溢散效果"共同作用。在此次爆炸事故中,主流媒体能够主动回应民众关切,与社交媒体交互共振,避免议题过分断裂。

1. 及时发声、迅速反应,兼具事态报道和事故评论

在事故发生伊始就有社交媒体用户将大量事故照片和微视频等现场一手材料传至微博、微信群和朋友圈,并不断进行更新,瞬时引爆社交媒体。这些社交媒体用户则成为信息传播的"第一人",事件也迅速引发国内外新闻媒体的关注。

在事故发生后,主流媒体能够积极抢占信息传播的制高点,及时发声、准确发声,提升了新闻舆论工作的传播力、引导力、影响力、公信力。为确保新闻发布的时效性,主流媒体采用"方向统一、平台有别"的新闻刊发策略,将核心内容首先发布在其官方微博和微信公众账号上,及时发布大量的动态信息,如《天津日报》官方微博最先发声,中国之声、《南方人物周刊》、央视新闻、《人民日报》等媒体的官方微博紧跟脚步,发布天津滨海新区爆炸事故的大量信息。而在其他

---

① 董天策、陈映:《传统媒体与网络媒体的议程互动》,《西南民族大学学报(人文社科版)》2006年第7期。

传统传播界面上,如报纸、电视、杂志、广播等依托内容优势,进行深度报道,兼具事态报道和事故评论等,回应民众关切,解答公众疑惑,形成议题共振。2015年8月13日,《人民日报》头版刊发《守住脚下的安全防线》一文,《解放日报》刊发《天津滨海新区危险品仓库爆炸》一文;8月14日,火灾爆炸事故被《人民日报》《光明日报》《解放日报》《中国青年报》等主流媒体均以头版头条形式进行报道。8月13日和8月14日,国内晚报和都市报都对此事件进行了重点报道,除了封面头版外,内版一般都是设置两三个版面以上。而各大门户网站也迅速反应,如8月13日一早,《今晚报》网站就发布了题为《天津滨海新区发生危险品爆炸事故已致17人死亡》的消息。凤凰网、网易新闻、腾讯新闻、新浪网、搜狐和360新闻均开辟新闻专题,报道爆炸情况。

2. 探究事故原因,把握报道"第二落点"

在媒介融合语境下,主流媒体不仅要争夺信息"第一落点","还需要对碎片化的信息做综合梳理,通过深入的调查研究,不断追问事实,把握住报道的'第二落点'"①。团结稳定鼓劲、正面宣传为主是党的新闻舆论工作必须遵循的基本方针。但是这并不意味要排斥矛盾、回避问题、粉饰太平或抛弃舆论监督。媒体不仅是新闻事件的记录者,更是社会责任的担当者。作为一起"人为"造成的重大事故,主流媒体在新闻报道中除了跟踪事件进展,还十分注重探究和反思事故原因。

在此次事故报道中,有不少安全提示类、问责追因类的新闻报道。如2015年8月13日,《人民日报》头版刊发"今日谈"文章《守住脚下的安全防线》,文章提及"山阳滑坡的善后尚未结束,12日深夜又传来天津滨海新区爆炸的消息……公共安全问题带来了严峻的治理考验。面对风险社会,要把安全意识固化到生产生活的每一个环节,才能真正防患于未然"。《新京报》《青年日报》针对事故的"疑点"

---

① 新华通讯社课题组:《习近平新闻舆论思想要论》,新华出版社2017年版,第148页。

进行报道,刊发《爆炸仓库是怎么通过"安评"的》《天津港特大爆炸事故四大疑团仍待解》《前公安局长之子被指持瑞海暗股》《天津港爆炸事故中的"红顶中介"》,发挥其舆论监督的功能。8月19日,新华社发布调查报道《新华社独家起底瑞海公司:谁是神秘控制人?》,将瑞海高层与各方的联系图公之于众。"界面"刊发《是什么样的公司让瑞海过了安评关?》《瑞海背后的神秘人与中化天津贪腐案》等文章,剖析事故发生的原因。

此次事故报道中,新闻媒体除对事故本身进行关注外,还注重对次生舆情进行追问和回应。2015年8月13日下午16时30分,天津市召开了第一场新闻发布会,通报事故处置的总体情况。随后每天均召开发布会,公布最新数据,截至8月23日,共召开了14场新闻发布会。新闻发布的目的是权威、及时地公布事故进展情况,起到信息沟通和舆论引导的作用。但是,由于前几次新闻发布会的效果欠佳并引发次生舆情,致使政府公信力受损。一些新闻媒体也针对新闻发布会的开展情况进行报道,如《新京报》刊发《5次发布会都有哪些官员出席?》一文,追问分管安全的副市长去哪儿了;《6场发布会的已知与未知》一文,对8月13日至8月16日的6场新闻发布会进行梳理,评价了新闻发布会的优与劣。

3. 谣言频现引恐慌,辟谣报道努力弥合信息"真空"

纵观突发性事件的发生,由于信息环境的模糊性,权威信息会在一定程度上存在缺失情况,这势必会导致谣言的产生与快速传播。在事故发生伊始,社交媒体中就出现大量谣言,如"天津大爆炸死亡人数至少1 000人""方圆一公里无活口""城管抢志愿者的东西""《天津日报》没有头版""父亲爆炸中身亡求网友打赏"等。这些谣言在社交媒体上呈现碎片化的传播特点,使管控变得异常困难,也引发了社会恐慌。

辟谣的时效性和权威性决定辟谣效果,"权威发布跟不上,谣言就会满天飞"。在谣言形成阶段,其传播往往是链状和树状传播,消解难度相对较低,只要能够及时通过政府权威发布和媒体跟进报道,就可以消除还没有形成气候的种种谣言[①]。在此次报道中,主流媒体刊发了一定量的"信息辟谣类"报道,努力弥合信息"真空"带来的社会猜测与恐慌。《人民日报》针对网络不实传言刊发了多篇辟谣文章,如《网传有害气体或向北京扩散》《网友再称死亡人数"34""35"是"责任界线"》《境外记者采访被官员阻止?》等"微求证"文章。《科技日报》刊发的《天津滨海爆炸事故现场消防专家确认:700吨氰化钠已找到 尚未发生大范围泄漏》,有效澄清了有关氰化物的不实传言,回应公众关切,消除民众恐慌。该稿件于2015年8月15日在中国科技网发出,8月16日于《科技日报》头版头条刊发,此消息作为最早报道700吨氰化钠确切下落的独家新闻,记者采访了事故现场处置的权威消防专家,信源权威可靠,将事实与科学研判相结合,一经刊发便被中央电视台、BBC等多家国内外媒体转载或引述。8月16日,北方网通过《携手同心 共克时艰——"8·12"瑞海公司危险品仓库特别重大火灾爆炸事故》专题刊发"不造谣、不信谣、不传谣"的《倡议书》,号召全国网络媒体和网络大V以积极有为的行动,传播网络正能量,弘扬核心价值观。

(二) 报道手段:技术发挥优势,立体呈现现场

"内容为王,渠道制胜。"当前传播生态和舆论格局已发生重大变化,舆论引导的任务比以往都要复杂和困难。因此,新闻舆论工作要"创新理念、内容、体裁、形式、方法、手段、业态、体制、机制"[②],"积极探索有利于破解工作难题的新举措新办法,特别是要适应社会信息化持续推进的新情况,加快传统媒体和新兴媒体融合发展,充分利用新技术新应用创新媒体传播方式,占领信息传播制高点"[③]。此次天

---

① 王灿发、庄胜春、何雯:《突发公共事件的谣言消解策略》,《青年记者》2010年第1期。
② 中共中央宣传部新闻局:《习近平总书记党的新闻舆论工作座谈会重要精神讲话精神学习辅助材料》,学习出版社2016年版,第7页。
③ 中共中央文献研究室:《习近平关于全面深化改革论述摘编》,中央文献出版社2014年版,第84—85页。

津"8·12"爆炸事故发生后,媒体运用了航拍技术、动画、手绘、3D模拟等新技术手段,从不同角度展现了爆炸事故现场,为新闻事件提供事实佐证,全方位、立体化呈现事故现场,极大满足了公众的知情权。

近年来,无人机以其便携快捷、成本低、安全性高、突破现场屏障等优势,被广泛运用到突发事件报道等新闻报道中。此次爆炸事故,为避免二次爆炸造成不必要的伤亡,现场一度被封锁,这对报道的及时性增加了难度,而新华社、人民网、中央电视台等多家媒体运用无人机航拍技术记录爆炸现场,为受众带来了许多珍贵的图像资料。如2015年8月27日,《新京报》A21版刊发的《爆炸之后》单幅摄影图片,利用航拍设备近距离高空俯瞰爆炸现场,现场的平静与爆炸形成的"黑洞"形成强烈视觉反差,带来了文字描述所不能比拟的震撼,该新闻照片被国内外(包括路透社、《时代周刊》、《卫报》)等多家报纸和网站评为年度最佳图片,并获得2016年世界新闻摄影比赛荷赛奖日常新闻类单幅三等奖。除此之外,事故发生后,多颗卫星对事故核心区域进行了卫星成像,这些卫星图像也在报道中得到运用,成为媒体的报道内容。如澎湃用来自谷歌的卫星图片制作成HTML5,将爆炸前后对比图用中间一条竖线隔开,将竖线左右拉动可查看全图,并将部分区域放大,对比更加醒目[①]。

此次事故中,许多媒体还综合运用多媒体的表现形式,以多样态、多介质进行新闻报道和内容推送,实现"内容产品从可读到可视、从静态到动态、从一维到多维的升级,满足多终端传播和多种体现需求"[②]。如新华网客户端"新华炫闻"突破了单一信源限制,采用聚合新闻方式,从2015年8月13日7:50至8月14日12:00对爆炸事件进行事件直播,共发布信源来自新华社、中央电视台、《中国青年报》、中央电视台官方微博、网友等的90篇新闻稿。8月13日,北方网推

---

① 周珊珊、贺梓秋、叶铁桥:《新技术在天津爆炸事故报道中的应用》,《青年记者》2015年第28期。
② 新华通讯社课题组:《习近平新闻舆论思想要论》,新华出版社2017年版,第238页。

出《携手同心　共克时艰——"8·12"瑞海公司危险品仓库特别重大火灾爆炸事故》网络专题，集纳文字、图片、图表、沙画、微视频、Flash等多种表现形式。8月13日，《新京报》结合数据、现场照片和卫星定位，在其官方微信中推出《天津滨海新区危险品爆炸全景图》。凤凰网与百度地图合作，结合LBS(location based service，即基于移动位置的服务)制作爆炸事故现场实况交互式地图，搭配现场实况影像资料进行呈现。搜狐新闻针对新闻发布会、消防员以及海瑞公司等问题，推出《天津爆炸事故发布会大数据》《救火英雄的中国难题》《瑞海公司政商关系网》等图解新闻。除此之外，3D动画也在此次爆炸事故报道中发挥了重要作用。虽然3D动画新闻并非以现场真实画面为报道内容，但是根据新闻事实运用3D动画技术制作出新闻画面，在还原突发性新闻事件的真相方面有着独特的优势。如《新京报》网站推出的《3D解读天津爆炸事故威力：相当于46枚战斧式巡航导弹》《两分钟3D俯瞰天津爆炸全景　损毁情况是这样的！》，澎湃新闻发布的《视频｜3D动画还原天津滨海新区爆炸》等，都是用3D动画技术或动画结合现场画面，还原了爆炸事故现场。

（三）报道基调：以理性客观为基准，体现报道温度

新闻舆论工作要做到"鼓劲帮忙而不添乱"[①]。灾难事件给社会和公众带来的不仅是巨大的物质损失，还有心理创伤。在以往的新闻报道中，许多媒体为追求阅读率、收视率和点击率，将这种创伤进行人为放大，这不仅违背了新闻传播规律，还有违我国新闻舆论工作的基本要求。本次新闻报道中，尽管大量的报道篇幅聚焦于救援应对、救援温情，但是并没有把报道的侧重点放在对现场的渲染上，而是用数据说法，客观陈述，以理性客观为基准，同时在报道视角、文字措辞等方面又是有温度、能传达正能量的，这在一定程度上做到了理性与感性的平衡。通过这些报道，体现出人的主观能动性，避免了由

---

① 习近平：《之江新语》，浙江人民出版社2007年版，第55页。

于过分渲染悲情、惨烈与悲壮造成的二次伤害和社会不安。

在重大突发性事件中,应以人为本,善于发掘事件中的美好与温暖。在事故发生后,社交媒体中出现致敬消防员、号召爱心捐款和寻人接力等事件彰显网络正能量。在新闻媒体中也出现了一批体现人文关怀、有温度、彰显正能量的新闻报道。许多媒体将视角聚焦在人的身上,尤其是消防员等现场救援人员身上。如《中国青年报》刊发的《睁不开眼睛也要先问火情与战友》《英雄没有"编外"》《决不放弃任何一个失联人员》《永不消失的五大队》《向火而行,他们随时待命》等文章,讲述了消防员的救援工作,通过对消防员救灾形象的塑造,凝心聚力,在社会中营造积极、健康、向上的舆论氛围。北方网的《携手同心 共克时艰——"8·12"瑞海公司危险品仓库特别重大火灾爆炸事故》专题,从事故发生伊始就重点捕捉救援前线的"暖新闻",聚焦消防员、公安武警、医护人员、环境监测工作人员、城市管理者、志愿者和普通市民,共制作了18期"微视频",展现灾难面前大家携手同心,共克时艰。同时策划了《救援凝结力量 灾难见证大爱》《灾难无情 爱满津城 为滨海祈福》等12期H5作品,通过"两微一端"广泛传播。《新京报》网站制作的《催泪3D:天津爆炸 消防员3个感动瞬间》,还原了消防员施救现场的画面。2015年8月20日起,《人民日报》在第四版开辟出固定栏目"点赞中国",一方面对事故现场的工作人员表达敬意,另一方面也展现出整个社会作出的共同努力,给人们带来希望。除了对救援人员的关注,也有部分媒体对失联者进行了追踪与关怀,如《天津爆炸事件部分失联人员名单公布》《天津失联人员家属服务中心成立 热线电话全部开通》等新闻报道。8月22日,《中国青年报》头版刊发的报道《牺牲》采用白描手法,语言简洁生动,关注人性,关注底层,目光投向遇难群体,深具感染力,用客观、冷静和具有分寸感的方式刻画了灾难与人性的对比,极具表达张力。

与文字报道相比,图像资料具有直观体现新闻现场的优势,但是对于重大突发性事件,尤其是这种灾难性事件,不能只一味追求感官刺激而忽略人文关怀和新闻伦理。新闻媒体在图像资料的选择上并没有为了"夺人眼球"而选取一些令公众产生心理不适的画面,体现关爱的新闻图片比具有感官刺激的图片多,即使有些图片有刺激性,相关工作者也会对镜头进行处理。如《人民日报》中直接展现灾民情况的两张新闻图片,相关发布者在构图上都作了处理,使画面变得柔和:一张为灾民站立接受医生治疗的背影,图片中未见伤痕;另一张为天津民众悼念活动的背影,画面突出民众手举康乃馨祈福——以医生、志愿者等人暗示"已经安全"的状态,以背影形式冲淡紧张感,折射出"救援"的主题。①

综观此次事故的新闻报道,主流媒体能够遵循新闻传播规律,较好地发挥舆论引导功能。但是,在具体实践中,仍不乏一些不足之处。如有些媒体为追求时效成为谣言的发布者和传播者,如《郑州晚报》微信公众号发布《天津更换市委书记》的新闻,许多媒体未经证实也纷纷转载,虽然该信息很快被删除,但仍得到了广泛传播,《郑州晚报》微信公众号也因此被关一周。又如天津市当地媒体在事件伊始,被公众指责并未主动发声,在舆论场中出现失语等问题。这些现象都影响和制约了新闻舆论的传播力、引导力、影响力和公信力。

习近平总书记强调:"新闻观是新闻舆论工作的灵魂。"②对新闻媒体、新闻工作者而言,如何把握报道、采写稿件,是由其秉持的新闻观所决定的,秉持什么样的新闻观,就有什么样的新闻理念和新闻实践。马克思主义新闻观是经过历史和实践反复检验的科学真理,不会因为传播格局和传播手段的变化而过时③。在舆论生态和媒介格

---

① 董雪筠:《天津港"8·12"爆炸事故报道比较——以〈人民日报〉〈澳门日报〉和〈中国时报〉为例》,《青年记者》2015年第33期。
② 中共中央宣传部新闻局:《习近平总书记党的新闻舆论工作座谈会重要精神讲话精神学习辅助材料》,学习出版社2016年版,第6页。
③ 新华通讯社课题组:《习近平新闻舆论思想要论》,新华出版社2017年版,第55页。

局发生深刻变革的今天,谁坚持马克思主义新闻观,谁就能占有信息传播的制高点和舆论引导的主动权。新闻舆论工作"关键是要提高质量和水平,把握好时、效、度"①。坚持用时效度的标尺检验新闻舆论工作水平,是习近平新闻舆论思想的重大理论创新,体现了宣传思想规律、新闻传播规律、媒体发展规律的本质要求,是新闻舆论工作者履行好新时代职责使命的必然要求②。

所谓"时",就是要把握时机,讲究时效。作为新闻媒体,重大突发事件发生发酵时,新闻媒体能够迅速跟进,力争第一时间到达新闻现场,抢占"第一落点";及时、主动、正确发声,掌握舆论引导主动权,切忌不能让权威发布落在谣言之后,避免"谣言动动嘴,辟谣跑断腿"等被动引导局面。尽管在此次爆炸事故中,我国媒体为遏制谣言传播作出很大努力,但是我们必须清醒地认识到,信息模糊或信息真空带来的谣言等不良影响是不可逆转的,辟谣信息的传播量和传播效果远远小于谣言的传播量和传播效果。

所谓"度",即报道力度和分寸。这就要求新闻媒体在重大突发性报道中准确把握报道基调,把握好分寸,把握好正面宣传和负面报道的平衡,把握悲情渲染和人文关怀的关系。做到既不能回避问题、粉饰太平,也不能扩大渲染、放大问题,而是基于事实基础,在理性、客观的报道基调中体现人文关怀和报道温度。此次爆炸事故中,能够较好地体现对"度"的把握,但是在对舆情信息的准确研判方面仍然存在一定的不足之处。

所谓"效",即报道的实效和效果。这就要求新闻媒体在重大突发报道中注重舆论引导的实效性,切实增强舆论引导能力。在此次爆炸事故中,媒体议程与公众议程在一定程度上实现了议题共振,基本能够做到关切民众,避免议题的过度断裂。同时,利用新媒体技术

---

① 习近平:《习近平谈治国理政》,外文出版社2014年版,第155页。
② 新华通讯社课题组:《习近平新闻舆论思想要论》,新华出版社2017年版,第141页。

构建立体多样的传播格局,把"内容"与"渠道"结合起来,将媒体技术嵌入内容生产,满足信息需求,丰富报道内容,拓展报道深度,保障了重大突发性事件报道的顺利开展。

三、重要报道评析

天津滨海爆炸事故现场消防专家确认
700 吨氰化钠已找到　尚未发生大范围泄漏
(2015 年 8 月 16 日　《科技日报》,记者　冯国梧)

记者15 日从天津港"8·12"瑞海公司危险品仓库特别重大火灾爆炸事故现场消防专家处了解到,昨日上午8 时左右,氰化钠生产企业河北诚信有限责任公司老板主动带着一群技术人员来到爆炸现场,协助全力排查氰化钠的分布情况,组织实施对氰化钠的清理回收。

……

化工专业人士告诉记者,氰化钠为剧毒物品,进入人体后,会释放氰根(CN-)。因为与铁离子的结合能力更强,氰根会争抢细胞中的铁离子,阻断细胞正常的氧化过程,使细胞窒息,组织缺氧,致人死亡。

如何处理已找到的氰化钠?那些已爆炸散落的氰化钠又该如何处理?

现场消防专家介绍,河北诚信已派出专业人员将氰化钠以及可能含有氰化钠的土壤进行回收处理。从目前检测的数据看,尚未发生氰化钠的大范围泄漏。此外,天津市安监部门已准备数百吨双氧水用于分解可能残留的氰化钠。

河北诚信有关负责人说,这批氰化钠是用于出口的,总量约700 吨。

评析：本篇消息获第二十六届中国新闻奖文字消息类二等奖。此消息作为最早报道700吨氰化钠确切下落的独家报道，将新闻事实与科学分析研判相结合，通过对爆炸事故现场消防专家、化工专业人士、河北诚信有关负责人进行采访，信源权威可靠，有效澄清了有关氰化物的不实传言，回应公众关切，消除民众恐慌。其中，请化学专业人士来介绍氰化钠，保证了权威性和专业性。同时，文章通俗易懂，不会因为专业性过强而导致公众阅读困难。

牺牲

（2015年8月22日 《中国青年报》，记者 张国）

侯永芳在零点之前接到了一个电话，屏幕显示是儿子的号码。她对着电话喊了半天，那头始终没人说话，只有一片嘈杂。连呼吸声都听不到。

第二天她的世界就塌了。

8月12日晚，她的儿子甄宇航在天津一处危险化学品仓库的爆炸中牺牲，距离22岁生日只有一周。

……

"航航，妈妈想死你了！"在阴沉的天空下，在殡仪馆的墙角，为儿子点亮生日蜡烛，这位在河北老家摆摊卖袜子、卖腰带为生的母亲一遍又一遍地说。

评析：作为一篇调查性报道，该报道采用短句多段的写作方式，极具感染力。文章第一段并没有直接说明事情原委，而是从一位母亲的经历讲起，到第三段、第四段才点明事情缘由，"那个沉默的深夜来电，用尽了儿子最后的力气"既回答了第一段为何会有深夜来电，又说明文章主旨，点明本文将视角对准了事故中牺牲的消防兵和他们的家人、战友。同时也注重对画面的描写，"阴沉的天空""殡仪馆""点亮的生日蜡烛"……彰显出一位刚刚痛失儿子的母亲心情的悲痛,画面感很强。

伤口

从空中俯瞰,爆炸在渤海湾畔的土地上留下了一个巨大水坑,像是流脓的伤口。

……

公司门口宽阔的跃进路也不见了。在公司东南侧两三百米的位置,救援车辆不得不停下来。炸碎的集装箱铁皮扎坏了很多车胎,只能先清出一条路。

他们的身边是一处停车场,大片的新车正在燃烧。据事后清点,被波及烧毁的汽车有3 000多辆,使这里成为一处汽车的火葬场。

烟雾弥漫、气味刺鼻的现场一直在爆炸。声音不是很大,但每一声都伴随着目测有十几米高的蘑菇云。直到天亮,爆炸声才变得稀疏。不过,随后的几天里,爆炸的声音和冲天的烟柱一直没有真正断绝过。

在冲天的火势下,地上被炸坏的消防栓汩汩往外流水——这是大坑积水的一条源流。

……

张大鹏说,头一罐水打进去,铁桶就炸开了,不知里面储存了什么。"我们的战术是引爆。"他说。

……

张大鹏介绍,8月13日傍晚6点多钟,他的战友分成灭火和搜救两组。搜救起初沿跃进路由南向北,先从外围搜起。

评析:本节的小标题为"伤口",开头点题,开门见山,"伤口"既是对事故现场的描述,"从空中俯瞰像是流脓的伤口",又是每个人,尤其是救援消防兵心中的伤口。报道内容运用大量的细节性文字,用事实讲故事,如对"跃进路""停车场"的描述,"烟雾弥漫、气味刺鼻""冲天的火势",描绘出"末世般的景象"。除主观描述之外,对天津消防保税支队参谋长张大鹏进行采访,由他介绍救援的情况,体现了报道的客观性。

回家

这天晚上 7 点多钟,张大鹏在路边草坪上见到了他的多年战友、天津消防开发支队副支队长王吉良。

44 岁的王吉良已经没有生命迹象,从后面被一个铁架压住。战友们根据衣服和头发认出了他。他是事发当晚的指挥长,也是牺牲者中职务最高的指挥员。他的战斗服与别人不同,且有一点谢顶,这使他不难辨认。

……

爆炸将这些人或远或近的人生计划炸得粉碎。出事 3 天前,24 岁的战士王琪给母亲打了个电话,叮嘱她把自己的旧衣服和书籍找出来,抽空要捐给贫困地区的小学。

……

张大鹏形容自己的心情:"就是死,也得给他背出来,给家属们交代。生要见人,死要见尸。这叫带弟兄们回家。"

很难说闷爆声不断的现场有真正安全的地方。瑞海公司的办公楼只剩下框架和裸露的钢筋,很多"没有车样儿"的消防车停在附近,这也是找到生还者可能性最大的地方。

在这座危楼前,张大鹏询问和他在一起的中队长侯超:"进不进?怕不怕?"

侯超回答:"怕,我就不来了!"

……

在楼边,他们发现了一位战士的遗体,烧焦了。只能用衣服、用床单裹起来,"不能让他碎"。

……

评析:本节的小标题为"回家",用白描的手法围绕天津消防开发支队副支队长王吉良、24 岁的战士王琪、19 岁的消防员周倜三位救援英雄的故事展开，体现出人性的光辉。张鹏和侯超的对话表现出两位消防员面对危险迎难而上的勇气，令人敬佩。同时，对消防员之间的战友情这一细节的描述令人动容，一句"带兄弟们回家""不能让他碎"，让人感慨事故现场十分惨烈的同时，也反映出战友间深厚的感情。

目送

"遗体辨认对我来说是打击最大的。"开发支队防火处监督科副科长张建辉说。

……

在泰达医院一楼的创伤急救间里，遗体会先得到一些清整。负责这项工作的基本都是从各个殡仪馆赶来的志愿者。怀着对烈士的尊敬，这些志愿者在现有条件下进行清洗，比如用湿毛巾擦脸等。"让他们安心干净地走。"张建辉说。

除了心理上的安慰，这种清理有其必要性。一些遗体需要"规整"，才能装入太平间的冷柜中。

……

烈士火化时，消防队会举行最隆重的仪式，脱帽敬礼。政府工作人员及各界群众也会赶来送行。

告别仪式上，烈士的遗体已经经过"最好的美容师"的化妆。化妆方案由消防支队和家属共同研究决定。

……

因此，事故中负伤的消防员出院后，会千方百计请求要去前线，去寻找自己的战友。伤亡惨重的开发支队，陆续迎来了十几位退役的老兵——他们自发在人手较紧的中队站岗执勤，或是到医院陪床。

……

就像甄宇航的22岁，永不再来。

"这是新中国成立以来,消防官兵①伤亡最为惨重的事件。"公安部消防局副局长杜兰萍说。

评析: 本节报道的标题为"目送",主要介绍消防员遗体辨认和告别仪式等情况。其中介绍遗体辨认的情况,忠实记录,这是仅靠伤亡数字所无法传递出的悲痛之情。报道最后呼应开头,"就像甄宇航的 22 岁,永不再来",形成情感冲击。引用公安部消防局副局长杜兰萍的话,"这是新中国成立以来,消防官兵伤亡最为惨重的事件"作为报道结尾,可谓点睛之笔,点明报道的中心思想。

新华社独家起底瑞海公司:谁是神秘控制人?

(2015 年 8 月 19 日　新华网,记者　牛纪伟　邓中豪　付光宇　李鲲　翟永冠)

8 月 12 日,天津东疆保税港区瑞海国际物流有限公司发生火灾爆炸,造成上百人遇难的严重后果。瑞海公司究竟是一家什么样的企业?其高管层是否有所谓"神秘背景"?

近日,记者独家采访、接触瑞海公司五名核心人物:瑞海公司大股东李亮、董事长于学伟、副董事长董社轩、法人代表兼总经理只峰以及副总经理曹海军。

……

评析: 作为一篇调查性报道,文章报道开门见山,用两个设问句点明报道主旨,介绍瑞海公司和回应公众对其高管有"神秘背景"的质疑。同时在文章开头介绍采访对象的情况,告知读者报道的可信性和权威性。

神秘的股东

"瑞海公司的老板是谁?"天津滨海大爆炸之后的一周里,人们都

---

① 2018 年 10 月 9 日,"公安消防部队"正式退出现役,重组为"消防救援队伍"。

在问。

工商登记信息显示,瑞海公司于2012年11月28日注册成立,注册资本5 000万元人民币,股东为李亮、舒铮,法定代表人为李亮。其中李亮持股55%,舒铮持股45%。2015年1月29日,瑞海公司增加注册资本至1亿元人民币,法定代表人变更为只峰。

李亮、舒铮、只峰,他们三人中谁是瑞海公司的真正老板?

15日下午,记者在泰达医院住院部见到瑞海公司总经理只峰。只峰12日在爆炸现场受伤,随后被警方控制,记者见到他时正呈昏迷状态。其妻告诉记者,"只峰负责公司日常管理,没有股权,一个月领一万多的工资。公司的实际负责人一个叫于学伟,一个姓董"。

17日下午,记者在天津市第一看守所见到了被警方控制的瑞海公司大股东李亮。他在爆炸发生后的13日上午五时左右,在天津市市区内被警方控制。见到记者,34岁的李亮显得非常局促。据其介绍,他的家庭很普通,其父亲退休前是天津市东丽区老干部局的科员,他自己也不是瑞海公司真正的大股东。

……

17日下午,记者在看守所见到已被警方控制的董社轩。今年34岁的董社轩告诉记者,他是瑞海公司的二股东,通过高中同学舒铮持有公司45%的股份。

……

采访中,曹海军也说:"公司真正的老板叫于学伟,董社轩偶尔来开开会,平时很少见他。"

谁是控制人

一场惊天动地的爆炸,将瑞海公司的"神秘控制人"从幕后推向了前台。

记者在天津市第一看守所见到众人口中瑞海公司背后的"神秘控制人"、1974年出生的于学伟。据公安民警介绍,"爆炸事发时,于学伟和家人在河北旅游,接到电话后当晚赶回,未到现场即被控制,对爆炸的严重后果还不清楚"。

……

据于学伟介绍,2012年11月28日,瑞海公司注册成立,他和董社轩分别找亲戚李亮和同学舒铮代持股份。公司成立后,他从中化集团天津分公司挖来大量人员,瑞海公司的主要管理层:总经理只峰、主管操作部的副总经理曹海军、主管业务部的副总经理刘振国均曾就职于中化集团天津分公司。

评析:这两节标题分别为"神秘的股东"和"谁是控制人",报道脉络清晰,结构紧密。报道采用顺叙的方式展开,采访对象的确立首先来自工商登记信息,然后通过采访逐渐深入,明确了实际情况,抽丝剥茧,逻辑性强,很好地解答了谁是瑞海公司股东和实际控制人是谁的问题。同时,报道采用混合引语的方式,较多采用直接引语,将只峰妻子、李亮、董社轩、曹海军、于学伟五位采访对象所说的话原本呈现,为报道的真实客观性提供了强有力的保障和支持。此外,报道还采用间接引语,加快叙述速度,在追求信息含量的同时确保报道节奏。

层层"通关"

从成立一家公司到获得危化品经营资质,瑞海公司用了一年半的时间。

据了解,瑞海公司成立之初只有普通物流仓库,2014年4月,瑞海公司拿到危化品经营资质。在此之前,瑞海公司陆续通过了消防鉴定、规划审批、安全评价、环境评估等一系列程序,从而获得了从事危化品仓储的资格。

……

天津市滨海新区规划和国土资源管理局副局长朱立明说,瑞海公司建设两个危化品仓库符合规划审批依据,拿到了建设工程规划许可证。"关于安全距离,我们审批前参考了消防部门出具的建设工程消防设计审核意见书。"朱立明说。

记者获得的一份2013年12月10日天津市环境工程评估中心的环评报告显示,瑞海公司拟把物流堆场改造成为一个集装箱堆场,项目建成后危险品货物年周转量两万吨左右。该报告认为,"该项目建设内容符合国家产业政策,选址符合地区总体发展规划……本项目建设具备环境可行性"。环评同样获得通过。

……

天津市安全生产监督管理局副局长高怀友说,瑞海公司取得了全国甲级安全评价机构——天津市中滨海盛安全评价监测有限公司的安全条件审查报告后,相关主管部门根据安评结果对现场及结论进行审查,认为符合相关规定。

疑点重重

瑞海公司的惊人事故,或许并非偶然。在层层通关的背后,却也步步存疑。

——环评民意调查,神奇的"没有反对意见"

……

——换了家安评公司才拿到安评报告

……

——资质:爆炸前有半年多没有危化品运营资质但仍正常运营

……

评析:报道最后两部分标题分别为"层层'通关'"和"疑点重重",主要围绕瑞海公司如何短时间内获得危化品经营资质的问题展开,以问题为导向,观点明确。用瑞海公司的环评报告、安评报告等具体报告作为论据,提出三个疑点,论据详实,条理清晰。同时让当事人说话,针对每一个疑点都有采访对象进行回答,对为什么会获得审批以及各种疑点进行了解释,并与之前对相关官员的采访形成对比,引发读者思考。

(撰稿人:邢祥)

昆明"3·01"暴恐事件报道分析

一、案例介绍

2014年3月1日21时20分左右,8名暴徒(6男2女)持械冲进云南省昆明市昆明火车站,砍杀无辜群众,共造成31人死亡,141人受伤。经公安部组织云南、新疆、铁路等公安机关和其他政法力量四十余小时的连续奋战,该案于3月3日下午成功告破。现已查明,该案是以阿不都热依木·库尔班为首的新疆分裂势力一手策划组织的严重暴力恐怖事件。该团伙共有8人,现场被公安机关击毙4人、击伤抓获1人,其余3人已落网。

案发后,中国政府方面立即作出重要指示,组织力量侦破案件,展开受伤、遇难群众的救治和善后工作,全国各地群众自发组织悼念活动。2014年9月12日,昆明市中级人民法院在第一法庭公开审理"3·01"暴恐案,涉案的3名被告人以组织、领导恐怖组织罪,故意杀人罪被判处死刑,另1名女性被告人在羁押时已怀孕,被判处无期徒刑。2015年3月24日,经最高人民法院批准,昆明市中级人民法院对"3·01"暴恐案中的3名罪犯依法执行了死刑。

昆明"3·01"暴恐袭击是近年来我国发生的一起典型的暴恐袭击事件,不论是报纸、广播、电视等传统媒体,还是微博、微信等新媒体,都对该事件进行了较为充分的报道。选取该事件的报道进行个案研究,对于做好突发事件报道,尤其是暴恐事件报道有重要的意义。

二、案例分析

昆明"3·01"暴恐袭击是发生在我国内陆城市的一起典型暴恐

袭击事件,造成重大人员伤亡,又时值全国"两会"召开前夕,引起了国内外的高度关注。事件发生后,传统媒体、新媒体、自媒体等各类媒体迅速以各自的方式展开报道,呈现出权威导向、高效传播、多维一体等报道特点,在维护社会稳定、消除民众恐慌、强化反恐认同等方面发挥了重要作用。

(一)传统媒体准确把握时度效,牢牢掌握舆论主导权

"党的新闻舆论工作是一门科学,必须按照规律办事。时度效是检验新闻舆论工作水平的标尺。不管是主题宣传、典型宣传、成就宣传,还是突发事件报道、热点引导、舆论监督,都要从时度效着力、体现时度效要求。"[①]昆明"3·01"暴恐事件性质严重,影响巨大,对时度效提出了更高的要求。在报道中,以《人民日报》、新华社、中央电视台等为代表的传统媒体,积极发挥权威性、专业性优势,准确把握时、度、效,牢牢抓住了舆论引导的主导权和主动权。

1. 及时准确发布权威信息

昆明"3·01"暴恐事件发生后,全社会高度关注,各种消息满天飞,及时发布权威消息,迅速对事件进行定性,对于消除公众恐慌情绪,夺取舆论引导主动权至关重要。新华社、《人民日报》、中央电视台等中央媒体以及云南地方媒体第一时间发声,及时发布权威信息,迅速为这起事件定性。

昆明"3·01"暴恐袭击发生在2014年3月1日21时20分左右,2日凌晨3时41分,新华社发稿《习近平就云南昆明火车站暴力恐怖案件作出重要指示》,对袭击事件进行定性,随即中央电视台《新闻直播间》播报了相关新闻。3月2日出版的《人民日报》在头版头条即刊出习近平总书记等中央领导同志重要指示的消息,同时配发评论员文章《严惩暴恐犯罪,保障人民安全》,明确表达党和政府依法严惩暴恐分子的坚决态度。《光明日报》等中央媒体也于3月2日刊登了暴

---

① 《习近平新闻思想讲义》,人民出版社、学习出版社2018年版,第90页。

恐袭击事件的长篇报道。此外,云南当地媒体也利用属地优势迅速开展相关报道。云南广播电视台从 3 月 2 日上午 10 点开始,逢整点在云南卫视、都市频道、云南六台等频道并机直播《昆明"3·01"暴恐事件特别报道》。报道中不仅有党中央、国务院、省委、省政府对处置该事件的及时报道,也有医护人员及时救护伤员的报道,更有社会各界对暴恐事件的强烈谴责,昆明市民争先恐后献血等民众自发互助行为更是成为报道的重点。除了这些特别节目之外,每日 18:30 播出的节目《云南新闻联播》也提前到 18:00 与特别报道同步播出,晚间日播节目《新视野》也及时与国内著名反恐问题专家形成联动,对暴恐事件进行深入分析①。传统媒体凭借自身的权威性,在暴恐事件报道中成为我国政府和国际社会态度表达的重要平台和社会民众获取权威信息的重要渠道,对消除民众恐慌,获得舆论引导主动权起到了巨大的作用。

2. 合理把握报道的分寸、力度和节奏

暴恐袭击具有很强的宣传特质,实质上是通过无差别的恐怖袭击引起社会恐慌,进而扩大其影响力。正因为如此,在暴恐事件报道中度的把握就显得尤为重要,稍有不慎就可能被暴恐分子利用。就昆明"3·01"暴恐事件而言,暴恐分子将袭击地点选择在人口聚集的火车站,时间定位在全国"两会"召开的前夕,充分体现了其宣传性的特质。在事件报道中,多数传统媒体通过准确合理地把握报道的分寸、力度和节奏而赢得了主动权。

多数传统媒体在报道中能够严格遵从新闻职业规范和专业准则,避免在报道中出现暴力、血腥和恐怖的场景和画面,尽量避免对暴恐事件的细节描写;同时积极防止为了博取眼球而炒作渲染,过度煽情,激化民族和社会矛盾。比如,在对暴恐事件本身进行基本的报

---

① 牛峰、王燕铭:《地方主流新闻媒体应对重大突发事件的报道策略——以云南广播电视台在昆明"3·01"暴恐事件中的舆论引导作用为例》,《新闻传播》2014 年第 6 期。

道后,多数传统媒体没有过多地聚焦在事件本身,而是将报道焦点集中在党和政府的迅速反应、人民群众互相帮助、社会秩序的恢复以及此过程中涌现的先进人物上,涌现了《民警张立元直面暴徒:"来砍我!"》《血库存量急减市民自愿无偿献血》《市民为逝者守夜 愿暴力不再发生》《惊险时刻商家伸出援手》《全天献血超千人 达历史最高》等一批有温度、有温情的报道。这些报道有效淡化了暴恐袭击造成的恐慌,坚定了民众战胜恐怖分子,迅速恢复生产、生活的信心和决心。

此外,由于此次暴恐袭击正值"两会"召开前夕,为了最大限度地减少袭击事件对"两会"的影响,传统媒体大多采用了"短平快"的策略。2014年3月5日在暴恐袭击事件基本平息后,主要传统媒体对袭击事件的报道即告一段落,将报道重点转向全国"两会",确保重大主题报道不被冲淡。

3. 巧妙设置议程,增强舆论引导的针对性和实效性

在信息化和全球化背景下,我国暴恐事件报道处在一个极为复杂的舆论场域。从国际来看,不少西方媒体对发生在我国的暴恐活动进行"漂白"或表达同情,对中国政府的反恐行动持质疑或反对态度,中外媒体呈现出较为明显的"二元对立"态势;从国内来看,新媒体的技术赋权使对暴恐事件报道的规制越来越困难,规制与反规制的博弈日趋激烈。昆明"3·01"暴恐事件的报道就是在霸权与反霸权、规制与反规制激烈博弈的复杂舆论场域中展开的,开展舆论引导的难度可想而知。

难能可贵的是,在昆明"3·01"暴恐事件的报道中,以《人民日报》、新华社、中央电视台等主流媒体为代表的传统媒体,面对复杂的舆论环境,既针锋相对、据理力争,又讲究策略,有理、有力、有节,通过巧妙设置议程,取得了较好效果。昆明"3·01"暴恐事件发生后,一些西方媒体继续秉持其一贯的对我国暴恐事件的"双重标准"。比如,美国有线电视新闻网(CNN)在报道中将恐怖分子打上引号;美联

社在相关报道中加上"中国官方所称的恐怖分子"这一前缀;《纽约时报》《华盛顿邮报》及路透社等媒体将恐怖分子称为"攻击者""激进分子"等。针对部分西方媒体的"有色"报道,我国传统媒体进行了坚决的还击。2014年3月3日,《人民日报》发表了驻美国记者温宪的署名评论《十足的虚伪与冷酷》,对西方媒体报道昆明"3·01"暴恐事件时所表现出来的"双重标准"进行了有力的批驳。此外,针对国内一些民众发表的"仇视新疆"非理性言论,传统媒体也纷纷呼吁,强调要把暴恐分子与广大新疆维族群众区分开。比如《人民日报》发表署名评论《像石榴籽那样紧抱在一起》,《新京报》也发表评论《无惧暴恐威胁,不必谈疆色变》等。传统媒体这些有理、有力、有节的引导,使一些民众从极端化的情绪发泄过渡到珍视民族团结上来,有效避免了民族矛盾的激化。

(二)新媒体发挥自身优势,积极履行社会责任

近年来,依托数字技术和信息技术的飞速发展,以互联网为代表的新媒体从诞生到逐步发展壮大,其传播力和影响力与日俱增。新媒体凭借其在报道暴恐事件方面得天独厚的优势,深度改写了暴恐事件报道的生产和传播逻辑,成为暴恐事件最重要的信息扩散工具,在暴恐事件报道中肩负着重要的责任。在昆明"3·01"暴恐事件报道中,微博、微信等社交媒体充分发挥自身及时、灵活、互动等传播优势,积极履行社会责任,成为暴恐事件报道中的一支生力军。

1. 第一时间持续跟踪报道

新媒体有便捷化、时效化、移动化等传播特性,在时效性方面具有无可比拟的传播优势,在线公众往往成为暴恐事件的第一反应者和传播者。在昆明"3·01"暴恐事件发生后,以微博为代表的新媒体几乎是采用直播式报道手法,第一时间对事件进行报道。2014年3月1日晚21:25,几乎与暴恐事件同步,网民"@我要存钱买药"就发出了第一条现场微博:"昆明火车站!为什么警察救护车还没来!!!看见拜托转一下!!!谢谢!!。"随后,"@乔雨诺_sky"(21:26)等多名网民陆续发出现场的微博。现场网民的爆料迅速引起当地媒体的关注,"@春城晚报""@8099999"(云南电视台官方微博)和"@云南网"分别在22:01、22:08和22:18迅速发布了事件消息。中央级主流媒体的官方微博也在网民报料1小时后陆续跟进,"@人民日报"(22:30)、"@财经网"(22:48)、"@新华视点"(22:55)等均在第一时间介入此事。可以说,暴恐事件发生后,网民、媒体微博、政务微博等多种新媒体,充分利用传播优势,采用近乎现场报道的方式,逐渐将现场的真实情况还原,缓解了受众的信息渴求。

在此基础上,从社会各界的反应到受袭地区秩序的恢复,再到暴恐分子被抓获和审判,以新浪微博为代表的新媒体平台持续关注事件的发展,对事件的每一步进展都进行了跟进报道,成为政府部门发布信息的重要平台和公众获取信息、表达情绪的重要渠道。

2. 全方位多角度报道

新媒体凭借其传播优势已经成为公众、政府和媒体等获取信息、传播信息和交换意见的重要平台。在昆明"3·01"暴恐事件报道中,新媒体秉持探究真相的传播逻辑,不断扩展报道广度,提升报道的信息容量,满足受众的信息渴求。

一是内容上的多维度。暴恐事件本身包含较多的信息维度,承载着来自多侧面的信息内容。从案件发生到案件破获与审判,从国内民众的谴责到国际社会的态度,从政府的高效到民众的互助……新媒体对暴恐事件进行了全景式的报道。以《人民日报》官方微博为例,从3月1日到3月7日,"@人民日报"围绕昆明暴恐袭击事件共发表微博近130条,涵盖暴恐事件现状、民众自救互助、质疑外媒歪曲报道、少数民族地区的风貌等多个方面。不少媒体人和媒体微博还发布了多则防暴手册、自救知识、媒体职责等微博,获得了大量网友的转发。二是视角上的多样化。新媒体在昆明"3·01"暴恐事件报道中非常注重报道视角的多样化,以满足不同受众的信息需求。这其中,除了有对事件性质、影响等宏观层面进行宏大叙事的国家视角,更多的是将报道视角指向普通人。比如,在暴恐事件中积极救人的昆明市民,舍生忘死制服暴徒的人民警察等普通的人和事,成为新媒体报道的重点。

3. 官微引导网络信息自我净化

新媒体在给公众技术赋权的同时,也导致了媒体把关的弱化。特别是在暴恐事件报道中,由于事件具有很强的不确定性和破坏性,极易滋生谣言和情绪化信息。这些碎片化信息和情绪化议论借助新媒体的传播优势,往往会进行病毒式传播,如果不加以控制和疏导,很可能会导致大规模的社会失序。在具体的报道实践中,新媒体也因此广受诟病。但是作为一种自组织形式,新媒体在暴恐事件报道中有着一定的自我净化能力。特别是在媒体微博、政务微博等官方微博的引导下,这种自我净化能力有了更为明显的提升。

第一,及时澄清网络谣言。暴恐事件具有极强的不确定性,信息不确定性越大,谣言滋生传播的空间就越大,加之民众的恐慌情绪,更是加重了谣言传播的流瀑效应。昆明"3·01"暴恐袭击发生数小时内,在微博、微信群、QQ群、论坛和贴吧等网络平台上就出现了"暴徒流窜到了各地火车站","受伤者住院需要交五万元押金"等多起谣言,并在网上引起了海量传播。在媒体微博、政务微博等官方微博及时澄清下,多数网络谣言被破解,有效制止其进一步传播。在之后的几天中,围绕暴徒的流窜方向引发多起谣言,一些网民还将全国其他地区的一些偶然事件上传到微博平台。对此,媒体微博结合政务微博都在第一时间进行了辟谣。《人民日报》官方微博"@人民日报"分别于2014年3月3日、4日两次发布对部分谣言的澄清,其中3月4日澄清谣言数量达到15个。

第二,坚决摒弃极端情绪性言论。昆明"3·01"暴恐袭击发生后,受事件巨大破坏力以及碎片信息的影响,网民疑惑、愤怒、悲伤等情绪迅速爆发,网上出现了许多较为感性甚至极端性的言论。事件发生后不久,个别网络大V发表微博:"很震惊,很蹊跷,忽然就冲进来这一帮人连砍带杀,而且是对着平民去的。这是什么路数。只好引用那名昆明记者的话'从来不告诉你到底发生了什么,只让你盲目地仇恨,莫名的恐惧,稀里糊涂地活,不明不白地死'。"这些过激的言论遭到了大多数网民的谴责,如"@司马南"发文质疑:"是谁'从不告诉你发生了什么'? 刚刚发生,谁弄清了事实吗? 谁又隐瞒事实吗?"除了网民自发的行为之外,媒体微博、政务微博也对情绪化的言论进行了及时、有针对性的引导。事发后,针对部分公众的逆反情绪,官方微博及时传播引导公众理性看待新闻管控的信息。诸如"请不要传播血腥画面和谣言。面对发生在昆明的暴力恐怖事件,我们悲伤,我们愤怒,但还是要提醒大家:①请不要传播血腥画面,莫让恐怖和血腥的传播,成为暴徒的帮凶;②请不造谣、不传谣、不信谣,谣言只会扰乱人心。我们相信,暴力恐怖分子必被严惩。愿逝者安息,伤者平安!"此类的信息,在社交媒体中被广泛转发。

第三,有效疏导,防止言语表达标签化。我国暴恐事件大多与民族、宗教等问题密切相关。在具体的暴恐事件报道中,新媒体极容易出现民族标签化、地域标签化等标签化传播现象。如昆明"3·01"暴恐事件发生后,不少新媒体在提及暴徒的时候都冠以"新疆"前缀。此类信息经网民愤怒情绪发酵、广泛传播后,"新疆"与"暴恐"、"维族"与"恐怖主义"等词语被无条件地等同起来[1]。这些标签化表达盲目地把恐怖活动与民族问题、宗教问题相关联,既有害于民族团结,也不利于反恐行动。面对情绪化的标签化表达,在媒体微博和政务微博的引领下,新媒体各传播主体积极进行引导,使标签化的情绪回归理性。网民"JENNIFER_S要煎蛋"发起了"♯我是新疆人♯"的话题,呼吁"我是新疆人,也是无辜群众。请不要把我们盲目化为异己"。该呼吁得到广大网民的广泛响应,积极进行评论和转发,更有

---

[1] 邹东升、丁柯尹:《移动互联时代的涉恐网络舆论与网络反恐策略》,《甘肃社会科学》2015年第2期。

新疆网民晒出为昆明祈福的照片,反对暴恐,谴责杀戮。该话题也因此位列2014年3月4日新浪微博热门话题的首位。"@喀什发布"等政务微博也发出倡议:"严重建议对此类事件的标题各媒体应改为'由东突分裂分子策划实施'以保护在新疆天山南北正常生活的各族人民!各新闻机构应慎用新疆暴恐分子字眼,新疆绝大多数人与东突极端暴力恐怖分子无关,我身边新疆的兄弟姐妹都是团结爱国的民族,请不要把新疆一词抹黑!"主流媒体的官方微博更是利用倡议和评论的方式来引导网络舆论。"@人民日报"共发布了26条相关微博,倡导网民"不要将对恐怖分子的愤恨扭曲成对一个民族的敌意",希望各族人民团结起来共同应对"暴恐事件"。尤其是"@人民日报"提倡的4条微倡议"面对恐怖暴力我们可以做到:①不要把对恐怖分子的愤怒,扭曲成对一个民族的敌意,那正是他们想要的结果;②不要把对暴力的还击,扭曲成对一个民族的歧视,那正是他们想要的效果;③不要理会个别极端声音,那等于传播他们的主张;④不传播血腥画面,慎采伤员及遇难者家属。"更是得到了广泛的传播和认同,在舆论引导中发挥了主力军的作用。

(三) 各类媒体同频共振,形成传播合力

在媒介融合背景下,暴恐事件报道出现了媒体自身内部、新媒体与传统媒体等多向度互动的机制。在昆明"3·01"暴恐事件报道中,面对挑战公众底线的残暴行径,各类媒体多元互动,呈现出典型的同频共振特征。在报道中,传统媒体和新媒体之间实现了报道模式、基调、内容的一致性,并且互相配合,形成传播合力。

一是传统媒体与其官方微博的互动。媒介融合时代,"两微一端"等新媒体样式为传统媒体的暴恐事件报道提供了多样化的信息传播方式。在昆明"3·01"暴恐事件报道中,传统媒体与其官方微博始终围绕统一的思路、基调和方向开展报道,两者的互动中有补充,补充中有融合。比如,央视官方微博"@央视新闻"将更多的微博内容以视频的形式发布。通过网友的留言及互动,央视能够清楚地了解到受众信息需求和关注点,进而邀请反恐专家、社会学家、心理学家等各个领域的专家学者进行访谈,满足受众对专业信息的渴求,有针对性地进行议程设置。《人民日报》在针对该事件发表的社论中,多处引用其官方微博"@人民日报"下网民的评论,拉近了社论与受众的距离,增强了传播效果。《人民日报》在2014年3月2日的社论《严惩暴恐犯罪,保障人民安全》一文中提到,"暴恐分子针对平民制造血腥与恐怖,正如群众所言'唤醒了人们心中的正义与力量,坚定了人们捍卫社会稳定的信念'"[①]。文中的"群众所言",正是"@人民日报"在当日受到转发和评论最多的一条微博。其在3月4日的评论文章《像石榴籽那样紧抱在一起》中提到,"不管你以谁的名义,当你把屠刀对准无辜者,你就是人民公敌""为遇难者祈祷,愿逝者安息,伤者平安""昆明不哭,我们与你在一起"[②],这些都是来自"@人民日报"微博页面中的读者评论。

二是传统媒体与新媒体互动。对于暴恐事件报道而言,新媒体在第一时间传播信息方面具有得天独厚的优势,而传统媒体则在权威性专业性上优势明显。对于暴恐事件,通常情况下受众会向主流传统媒体进行求证,以证实微博、微信等新媒体消息的真实性。当受众不满足于传统媒体大致相同的信息,急于获知关于暴恐事件的更多信息时,又会转向新媒体进行交流。基于此,传统媒体和新媒体只有紧密配合,才能为受众提供完整的信息。昆明"3·01"暴恐事件发生后,社交媒体反应迅速,传统媒体及时跟进,不到1个小时,就形成了网民—本地媒体—全国媒体迅速贯通,互动传播的局面。现场网民、政务微博、当地媒体及官方微博和中央媒体及官方微博利用微博的"@"功能和评论转发功能,汇聚成了一个传播网络,逐渐将暴恐事件的真实情况还原,为受众提供了迅速、全面、权威的信息,有效引导

[①] 《严惩暴恐犯罪,保障人民安全》,《人民日报》2014年3月2日。
[②] 《像石榴籽那样紧抱在一起》,《人民日报》2014年3月4日。

了舆论。传统媒体与新媒体的互动还体现在围绕特定议题的密切配合上。从2014年3月2日到3月3日,"@人民日报"集中发布了7条微博谴责西方媒体对"昆明暴恐事件"报道的闪烁其词和暧昧态度。如"CNN:为什么要在恐怖分子上面加引号?!""对9·11恐怖袭击,中国给予人道同情,对昆明暴力恐怖事件,一些美媒却用双重标准。为什么?请回答!"《人民日报》尖锐的质问激发了网民的爱国热情,引起众多网民互动,出现谴责美国政府及媒体的评论远超其他评论的情况。

三、重要报道评析

习近平就云南昆明火车站暴力恐怖案件作出重要指示
要求全力侦破案件 依法从严惩处暴恐分子
精心做好受伤和遇难群众的救治和善后工作
李克强对处置工作作出批示
孟建柱率工作组连夜赶赴昆明指导处置工作

(2014年3月2日 新华社)

新华社北京3月2日电 3月1日昆明火车站暴力恐怖案件发生后,中共中央总书记、国家主席、中央军委主席习近平高度重视,立即作出重要指示,要求政法机关迅速组织力量全力侦破案件,依法从严惩处暴恐分子,坚决将其嚣张气焰打下去。要精心做好受伤和遇难群众的救治、善后工作。要深刻认识反恐形势的严峻性复杂性,强化底线思维,以坚决态度、有力措施,严厉打击各种暴力恐怖犯罪活动,全力维护社会稳定,保障人民群众生命财产安全。并指派中共中央政治局委员、中央政法委书记孟建柱,国务委员、公安部部长郭声琨和有关部门同志连夜赶赴云南指导处置工作,看望受伤群众和遇难人员亲属。

中共中央政治局常委、国务院总理李克强对处置工作作出批示，要求抓紧追捕和坚决严惩暴徒，各地公安机关要加强治安防控措施，做好人群密集的公共场所防范工作。

云南省委、省政府有关负责同志迅速赶赴现场组织指挥处置工作。目前，受伤群众救治、案件侦破等工作正抓紧进行中。

评析：作为新华社的第一篇通稿，这则消息发布在昆明"3·01"暴恐袭击发生的五个多小时后。报道虽然只有300多字，但是信息量很大。一是迅速对袭击事件进行定性，称其为暴力恐怖案件，为后续报道的开展指明了方向，有效压缩了炒作空间；二是第一时间传递了党和政府依法严惩暴恐分子的坚决态度和有力措施，对于消除恐慌、稳定大局起到了很好的引导作用；三是展示了党和政府安抚民众情绪、迅速组织救援的举措，塑造了一个积极负责、爱民护民的政府形象。通稿发出后，全国各大媒体迅速刊播，对赢得舆论引导主动权、主导权发挥了积极作用。

严惩暴恐犯罪，保障人民安全

（2014年3月2日 《人民日报》，作者 《人民日报》评论员）

文明底线不容挑战，法律尊严不容亵渎。暴力恐怖犯罪漠视基本人权，践踏人类道义，手段残忍，危害极大，对这样的暴力恐怖犯罪活动决不能手软，要坚决打击、严厉制裁。血腥暴行也警示我们，必须深刻认识反恐形势的严峻性复杂性，强化底线思维，以坚决的态度、有力的措施，出现一起，就打掉一起；露头就打，严打狠打。无论是谁，只要是触犯了法律，只要危害人民群众生命财产安全，都要坚决依法处理。对于那些胆敢以身试法、搞暴力恐怖活动的犯罪分子，要依法从严惩治，绝不姑息，绝不手软！只有这样，才能减少人民群众的生命财产损失，有力维护社会稳定、捍卫法律尊严。

暴力恐怖，法无可赦；伤害无辜，天理难容。无辜群众的鲜血，染红了平和安宁的春城，更激起全国人民的强烈愤慨。"我们与春城昆明在一起！""愿逝者安息，伤者平安"……互联网上，人们共同谴责暴力，呼吁严惩凶手；案件现场，无数普通人积极协助警方制服歹徒，抢救受伤群众。警民携手构筑起打击暴力犯罪、捍卫社会安宁的铜墙铁壁。这一切充分说明，打击暴力犯罪，13亿人同仇敌忾；维护团结稳定，是大势所趋人心所向。

当前，全面深化改革正处在关键时期，改革发展任务艰巨，乘势而上前景可期，人民群众渴盼在和谐稳定的环境里，创造更好的生活、更美的未来。暴恐分子针对平民制造血腥与恐怖，正如群众所言"唤醒了人们心中的正义与力量"，坚定了人们捍卫社会稳定的信念；党和政府打击暴力恐怖行为的坚强决心，更增强了人们维护和谐安宁的信心。迅速行动起来，以雷霆手段和有力措施，严厉打击暴力恐怖犯罪，我们就一定能为全面深化改革营造良好社会环境，为人民的幸福安宁编织起牢不可破的安全之网。

评析： 作为中共中央机关报，《人民日报》肩负着传递党和政府的声音，反映人民心声的重任，这一点在暴恐袭击等突发事件报道中显得尤为重要，这篇评论员文章堪称这方面的典范。评论站在维护稳定大局的高度，坚定表达党和政府反对暴力恐怖的立场态度。同时，评论还充分表达了广大人民群众共同谴责暴力、同仇敌忾、维护稳定的心声。整篇文章用词如有千钧之力，立场态度斩钉截铁，让受众看到了正义的力量和战胜暴恐的信心，对于消除恐慌，稳定民心起到了很好的作用。

十足的虚伪与冷酷

（2014年3月3日 《人民日报》，作者 温宪）

……

大量事实充分证明，这一丧心病狂的暴行，是赤裸裸的暴力恐怖犯罪。但一些西方媒体在报道中不愿使用"恐怖分子"一词,并不顾事实真相,混淆黑白。CNN 在相关报道中将恐怖分子打上引号,并居心叵测地称此类持刀袭击并非第一次,2010 和 2012 年也在校园发生过,但并无"政治联系"。美联社在相关报道中加上"官方所称的恐怖分子"这一前缀,《纽约时报》《华盛顿邮报》等将恐怖分子称为"攻击者"。在讲述事件来龙去脉时,CNN、《纽约时报》、《华盛顿邮报》等无视新疆取得的巨大社会进步,毫不掩饰地挑拨中国民族关系。更有甚者,美联社在选择性引用某受访者的话时,竟声称"应让维吾尔人独立"。

在如此一清二楚的事实面前,这些媒体的表现已经不仅仅是虚伪,而是在偏见的驱使下全然露出一副冷酷嘴脸。你们不是说"人权"吗?你们看到那些倒在血泊中的无辜生命了吗?你们的文字中体现出了哪怕一点点对受害者人权的关心吗?如果这样的事情发生在美国,哪怕死亡人数少得多,你们又将会怎样评判事件性质,你们会如此吝啬使用"恐怖分子"一词吗?

偏见早已成为美国某些人观察中国新疆问题的痼疾。令人记忆犹新的是,就在不久前,美国政府不顾中国反对,将关押在关塔那摩基地军事拘留中心的最后 3 名中国维吾尔族囚犯移交给了斯洛伐克。这些嫌犯是联合国安理会认定的恐怖组织"东突厥斯坦伊斯兰运动"成员,是地地道道的恐怖分子。而美国的逻辑是,只要这些人不祸害美国,他们就不是美国眼中的"恐怖分子"。长期以来,美国政府一直不愿称疆独分子制造的种种血腥暴力事件为"恐怖主义事件",转而指责中国的所作所为。美国政府对疆独分子的这一纵容态度无疑助长了其嚣张气焰。在昆明火车站发生的惨剧背后,美国媒体和政府难道不应该做更为深刻的反省吗?!

……

评析:由于意识形态等多方面的原因,西方主流媒体通常将我国境内暴恐活动放在民族冲突的框架内报道,对其进行"漂白"或表达同情。我国媒体报道暴恐事件时,常常伴随着激烈的信息博弈,甚至引发舆论对抗。作为一篇典型的国际新闻评论,文章紧紧抓住西方媒体在报道"3·01"事件时表现出来的"双重标准",予以有力批驳。评论采用对比的手法,用无可争辩的事实、严密的论证和灵动的语言,有理有据,充分揭露了西方媒体双重标准的巨大危害,有力回击了西方舆论对我国反恐政策的质疑,引起了俄罗斯等许多国家的共鸣,营造了较为有力的国际舆论氛围。

像石榴籽那样紧抱在一起

(2014年3月4日 《人民日报》,作者 王慧敏)

……

笔者曾在新疆工作过,这两天,许多新疆的朋友给我打来电话或发来短信,表达了对暴恐分子的痛恨和维护团结的强烈愿望。

乌鲁木齐一位朋友说:"请你转告身边的汉族朋友,千万不要把恐怖分子与广大的新疆人民混淆。新疆人民是友好和善的。分裂势力是我们共同的敌人。"

一位长期在喀什工作的维吾尔族干部也在微信群里发出呼吁:"亲爱的内地朋友,分裂分子制造的杀戮,天人共愤。打击暴力恐怖,绝不能手软。昆明火车站事件,让我们心痛,让我们愤恨。新疆各族人民同样勤劳善良、热爱生活,我们要像石榴籽那样紧抱在一起。"

评析:文章大量引用网民的留言、评论,特别是文章的标题也是引用自一名维吾尔族干部在微信群中的呼吁。这些质朴真挚的语言充分表达了人们对暴恐分子的憎恶,对民族团结的珍视。文章还引用作者新疆朋友的真情表态,说明要将暴恐分子与广大新疆维吾尔族民众区分开来。这些来自群众的语言,既具有说服力,又有感染力,拉近了与受众的距离,增强了传播效果。

......

昆明"3·01"暴力恐怖案件发生后,包括新疆各族人民在内的全国人民无不心系昆明,无数群众自发前往采血点,积极参与献血,传递爱心。国际社会以各种方式表达对这起暴恐事件的强烈愤慨与谴责,向中国政府和中国人民表示诚挚慰问。这充分说明,暴力恐怖犯罪是各族人民共同的敌人,是人类文明共同的敌人。

3月3日下午,庄严的人民大会堂里,参加全国政协十二届二次会议开幕会的2 000多名委员集体起立,向昆明"3·01"遇害无辜民众默哀。这是对逝者的悼念,也是全国人民团结一心,向暴力恐怖分子的无声宣战。

......

评析:文章用大量事实着重展现了国际社会的愤慨与谴责、国内民众的团结与互助、政府的负责与爱民等。这些都彰显了中国政府和人民打击暴恐分子的决心和信心,揭露了暴恐分子企图破坏民族团结、造成民族隔阂图谋的失败,有效地消除了恐慌情绪,发挥了较好的舆论引导作用。"像石榴籽那样紧抱在一起"得到广大民众的广泛认同,人们纷纷转发、点赞,一度成为热词。

(撰稿人:胡栓)

第五部分

社会责任

"魏则西事件"报道分析

一、案例介绍

魏则西事件是一起引发全民关注的舆论监督事件,导致魏则西这位 22 岁大学生病逝的,除了癌症,还有百度搜索的"竞价排名"机制、医疗行业中的虚假广告,以及唯利是图的"莆田系"。政府有关部门顺应舆论,责令百度和相关部门进行整改,该事件极大地促进了互联网和我国医疗事业的有序发展。在医疗、教育、住房成为社会发展最受关注的三大领域之际,借助魏则西事件,媒体责任、政府监管、行业治理、媒介素养诸问题一并进入公众视野,舆论监督推动社会进步,由此可见一斑。同时,魏则西事件也是典型的由微博、微信、媒体共同卷入,由公民、新闻界、政府和业界共同参与的媒介事件,体现了我国当前阶段的舆论生态和舆情特点。

魏则西是西安电子科技大学的一名学生,2014 年 4 月被查出患有滑膜肉瘤晚期,该病目前还没有有效的治疗手段,五年生存率是 20%～50%。魏则西父母带着他随后往返多家医院求诊,被告知治愈希望不大。2014 年 9 月,魏则西父母通过百度搜索引擎发现武警北京总队第二医院号称有一种肿瘤生物免疫疗法可以治疗此病,在花费 20 多万元进行四次治疗后,他们发现魏则西病情不但没有好转,反而发生了肺部转移。治疗期间,魏则西开始在知乎论坛上记录、分享自己的看病过程和遭遇,随即引发舆情风暴。舆情发展经历了升温期、高峰期、回落期三个阶段。

舆情升温期从 2016 年 2 月 26 日持续到 4 月 30 日。

2016年2月26日,知乎论坛上有人提问:"你认为人性最大的'恶'是什么?"魏则西在这个问题下详细叙述了自己通过百度搜索受骗的治疗经历,他得知这种免疫疗法是国外已经淘汰的技术,感慨为时已晚。2016年4月12日,魏则西因患滑膜肉瘤去世,当天在一则"魏则西怎么样了?"的知乎帖下,魏则西的父亲用魏则西的账号进行了回复,告诉大家魏则西已经去世,感谢广大知友的关爱。

2016年4月27日,新浪微博用户名为"孔狐狸"(真名孔璞,前《新京报》调查记者)的网友发文称,通过知乎得知魏则西患癌去世的帖子,微博内容直指百度搜索存在竞价排名问题。此文被转发一万多次,后被孔璞设为仅自己可见,却被网友认为"神奇消失",顿时激起众人的好奇心。"魏则西事件"开始在微博扩散,舆论热度逐步上升。

2016年4月28日,百度通过官方认证微博账号"@百度推广"就"魏则西事件"发表声明,除了慰问致哀,还表示魏则西去世后,已经在第一时间对武警北京总队第二医院进行搜索结果审查,认定该医院是一家公立三甲医院,资质齐全,网络信息健康有效,且没有虚假的条目和违规推广的情况。百度疑似避重就轻的回应并没有平息微博网友的质疑,成为舆情热度上升的关键节点。

2016年4月29日,"魏则西事件"在微信上的相关话题也被迅速点爆。《医疗竞价排名,一种邪恶的广告模式》《魏则西的死,百度经年累月的恶》等热门文章陆续发表。4月30日,腾讯新闻旗下微信公众号"新闻哥"等也推送文章《他的生命,能不能唤起你们的良知!》,从孔璞这条不见了的微博入手,一步步把矛头指向百度。由于微博、微信等社交媒体平台的网友对此事的参与范围不断扩大,逐步把该事件的舆情推向新的高度。

舆情高峰期从2016年5月1日持续到5月4日。

2016年5月1日,微信公众号"有槽"的名为《一个死在百度和部队医院之手的年轻人》的推文迅速刷爆了朋友圈,阅读数超过十万。

与此同时,百度再次就此事进行了回应,称百度正积极向发证单位及武警总队主管该医院的相关部门递交审查申请函,希望相关部门能高度重视,展开调查。并称如果该医院有不当行为,支持魏则西家属通过法律途径维权。百度再次被推到舆论的风口浪尖,引发传统媒体跟进。

2016年5月2日,国家网信办牵头成立联合调查组进驻百度。涉事医院武警北京总队第二医院生物诊疗中心停诊。5月3日,国家卫计委、中央军委后勤保障部卫生局、武警部队后勤部卫生局联合对武警二院进行调查。此次事件成为整个"五一"期间最热门的话题。5月3日才过半天,舆情信息量便很快超过之前20天信息量的总和。随着新华网、财经网等各大媒体及时对此事进行调查跟进,国家相关部门采取行动,极大地引发了关注和扩大了社会影响,公众情绪及意见吸引了越来越多的网民加入讨论,推动舆论走向最热阶段。

舆情回落期为2016年5月5日至5月9日。

随着舆情事件引发相关政府部门关注并进而推动事件调查,网民的参与热情开始出现回落。2016年5月9日,国家网络信息管理办公室、国家工商总局、国家卫生计生委联合成立的调查组最终公布了调查结果,调查组对百度提出了三项整改要求:"立即全面清理整顿医疗类等事关人民群众生命健康安全的商业推广服务。改变竞价排名机制,不能仅以给钱多少作为排位标准。建立完成现行赔付等网民权益保障机制。"对北京武警二院的调查结果是"立即终止与上海可莱逊生物技术有限公司的合作,彻底整治涉及该院的虚假信息和广告,对涉嫌犯罪医务人员移送司法处理"。百度随即回应,提出从六个方面全面落实。CEO李彦宏也发内部信,提醒百度人"勿忘初心,不负梦想"。

二、案例分析

"魏则西事件"是一个比较典型的社会事件,引起了广泛的关注和强烈的社会反响,整个事件经历了酝酿、升温、爆发、解决几个阶段。事件首先从网友评论开始,公众热议,随即各大媒体持续跟踪,深度调查,将此事件推向舆论的高潮。随着政府部门的调查逐渐明朗,舆论发酵数日后,相关企业被约谈,涉事医院被调查,政府相关部门所作的一系列回应令公众基本满意,给了公众舆论一个交代,快速平息了舆论中的负面情绪。

事件发生的源头在网络场域中,并逐渐扩散到传统媒体,其传播模式为"网络传播—公众关注—媒体跟进"。在这个过程中,社交媒体和主流媒体在舆论监督中互动共存,通过"溢散"和"共鸣"的议题互动形成舆论共振,通过合作最终殊途同归地促进了事件的解决。整个事件既是大众话语、官方话语、媒体话语之间相互博弈、寻求舆论共识的过程,也是公民网络参与和公共治理的过程。

负面情绪是引发社会舆情的重要因素,尤其是当负面情绪被触及社会痛点的事件点燃的时候。而"魏则西事件"中,网民的情感倾向以负面为主,舆论关于该事件的批评主要集中在三个方面:批评百度竞价排名的商业模式和企业道德;揭露"莆田系"及武警医院科室外包问题;质疑政府监管缺失。针对公众反应最强烈的三个方面进行舆情的疏导,促进公众关注的社会问题的解决,是坚持马克思主义新闻观,坚持正确的舆论导向的重要体现,对坚持以人民为中心的工作导向,建立为群众服务的有效机制以及促进社会不断进步有重要作用。

1. 牢牢坚持正确舆论导向,发挥主流媒体的舆论引导作用

社会环境是网络舆论的客体,社会环境的变化对网络舆论的形成具有非常重要的影响。当前,我国正处于经济社会全面发展的战略机遇期,同时又处于社会矛盾的凸显期,我们所处的社会环境已经或正在经历着巨大的变化。但是无论世情、国情、党情如何变化,新的舆论生态环境多么复杂,信息传输技术怎样发展,新闻从业者都必须承担历史赋予的使命,把马克思主义新闻观运用到实际工作中,充

分发挥舆论引导作用。

在"魏则西事件"中,通过互联网,不论是网民还是媒体都在事件的推进过程中传播了信息,同时也接受了从其他渠道中得到的信息,舆论主体已经多元化,并不局限于官方和传媒机构。其中,普通网民成为社会舆论的始发点,并且影响了社会舆论的走向,整个事件的传播过程是由非传统的知名网站知乎开始,由网民设置议题并通过自媒体发声,从而形成对官方传媒机构的舆论"倒逼"。这个过程中,主流媒体和社交媒体不断进行"议程设置互动",进行双向交互影响。在传播过程中,魏则西死亡真相、百度竞价排名、百度回应等议题首先在社交媒体上爆出,而主流媒体介入后,"莆田系"、部队医院外包、监管混乱官方问责和公布调查结果等议题则是经由主流媒体报道后,反过来引发了社交媒体的关注和热议。这些议题代表着社会主义核心价值观,也是主流媒体进行舆论监督和舆论引导的核心议题。主流媒体和社交媒体分别在舆情的不同阶段占据主导地位,社交媒体多关注事件本身,而主流媒体注重对事件进行深度挖掘,更关注全局和宏观问题,重视传播正能量和社会主义核心价值观。比如2016年5月1日,"有槽"发表的《一个死在百度和部队医院之手的年轻人》刷爆朋友圈;同日《人民日报》的社论《魏则西之死拷问企业责任伦理》以权威性和深刻性引导了舆论,通过"魏则西事件"追问企业责任,抨击百度的竞价排名,将舆论引向深层次的追问。同时,主流媒体还担负着发布权威信息、澄清社交媒体不实信息的任务。正是社交媒体与主流媒体二者的互动使"魏则西事件"的议题不断深入和扩大,并最终促成问题的解决。

据统计分析,2016年4月27日至2016年5月4日,关于"魏则西事件"的新闻报道大约有5 300篇,其中,以《人民日报》、新华社为代表的央级媒体的报道因其权威性引发了更高的关注度,在引导舆论的过程中发挥了主要作用。主流媒体自发形成矩阵,如《北京青年报》《新京报》《法制日报》,微博平台上的《头条新闻》《人民日报》《南都周刊》《环球时报》,微信平台的《广州日报》《人民日报》,还有人民网、新华网、凤凰网、中国青年网等,共同成为传播主体,将"魏则西事件"的影响力进一步扩大,导致监管部门的介入。

"魏泽西事件"中,传统媒体与新媒体的互动较为明显,二者相辅相成,相互促进,使媒体对公众舆论的引导和把控愈发有力。在信息高度发达的全媒体时代,只有按照媒体自身发展规律,牢牢掌握宣传思想工作的话语权,提升舆论引导能力,才能达到舆论监督与舆论引导的正向效果。

2. 建立为群众服务的有效机制,消除互联网信息不对称,提高公民的媒介素养

马克思主义新闻观指出,新闻工作者要根据人民群众的需要,向他们提供适用的新闻作品和其他服务,要建立为群众服务的有效机制。"魏则西事件"不是偶然的个体事件,而是互联网平台信息呈现不对称与公民媒介素养缺失在当下的一个社会缩影。如何让大众传媒不被资本绑架、如何提升公民尤其是弱势群体的媒介素养已然成为当下的重要课题。

根据源清智库舆情监测室的数据显示,从2016年5月1日至2016年5月31日,共有涉及此事件的媒体报道41 198篇(包括媒体转载);微博95 335条、论坛主帖991 725条(含其他博友评论和互动讨论)、微信公众号相关文章共1 099篇。传媒给予的强调越多,公众往往对该问题的重视程度也会相应越高。随着媒体对"魏则西事件"报道的深入,受众的关注点从事件发生的过程和对真相的探求,转为追问"魏则西事件"的主要责任方,矛头直指百度的"竞价排名"。等到5月2日国家网信办入驻百度,面对铺天盖地的来自权威媒体或机构对百度提出的质疑,百度不得不两次回应,并且最后根据调查组的意见进行整改。事件的调查进程以中央官方媒体发布简讯的形式公布。与此同时,各方评论、背景事件介绍、延伸事件报道也同时进行。正是通过权威媒体的舆论引导,网民的言论也从"魏则西事件"

本身转向追问"魏则西事件"背后的垄断利益集团。

"魏则西事件"使百度的竞价排名成为众矢之的。所谓"竞价排名",是指企业通过在互联网竞争出价的方式获得某个网站的有利位置,是一种按效果付费的网络推广方式,目前被 Google、Yahoo、Bing 等多个著名搜索引擎采用,百度和搜狗等也都采用了此模式。百度作为国内最大的搜索引擎几乎垄断了国内搜索引擎市场。2017 年,国内搜索引擎市场份额报告显示,2017 年 10 月,国内搜索引擎市场份额排行榜上,百度市场份额为 82.99%。这表明普通大众无法从其他渠道获取更多的信息,人们只能无条件接收这一搜索引擎所呈现的一切。百度企业正是利用普通大众的信息不对称来为自己牟取利益,通过隐瞒对方不利的信息,提供对方有利的信息,从而达到获利的目的。

习近平 2016 年 4 月 19 日在《网络和信息化工作座谈会上的讲话》中指出,互联网不是法外之地,利用互联网进行欺诈活动、散布色情材料、进行人身攻击、兜售非法物品,这样的言行也要坚决管控,决不能任其大行其道。"坚持经济效益和社会效益并重,一个企业既有经济责任、法律责任,也有社会责任、道德责任。企业做的越大,社会责任、道德责任就越大,公众对企业这方面的要求也就越高。"互联网是人类的重大发明,互联网企业在为人类社会提供巨大便利并获取巨额利润的同时,也承担着对社会、对网民的重要责任,决不可让经济效益压倒社会效益。

辩证来看,"魏则西事件"的部分原因也可归咎于当事者的媒介素养不足,没有经过多方证实便相信了百度竞价排行的医院。媒介素养能力既包括媒介使用能力,也包括媒介信息辨析能力。在信息不对称和个人媒介素养差异的对决中,前者属于外部因素,后者属于内部因素。媒介技术的发展程度与人类对媒介的了解及控制程度的不平衡,直接导致了媒介素养的缺失。在高度媒介化的社会,虽然每个人都有权利接触到众多信息,但由于公众的媒介素养不同,对信息的接收和理解能力也不同。"魏则西事件"给全社会敲响了警钟。

3. 坚持以人民为中心的工作导向,加强网络信息传播的监管,建设良好的网络空间

马克思主义新闻观认为,坚持以人民为中心的工作导向是中国新闻媒体的根本特性和取胜之本。

"魏则西事件"引发大众参与讨论的敏感点在于资本对正义的撬动,医疗乱象背后有着更为隐秘、复杂的力量。医院本是救死扶伤之所,却通过欺骗的手段和无视患者生命的方式敛财,这足以撼动人们对社会正义的认识。"莆田系"作为我国影响力很大的民营医院系统,借用公立医院的信用,一些三甲公立医院将科室承包给"莆田系",这些医院是通过"价位"和"关系"来决定承包的人选,而不是通过承包者的实际医疗水平。这不仅影响了就医者的利益,还对公立医院自身的声誉造成影响。在"魏则西事件"中,"莆田系"医院通过与百度合作,实现了"互利共赢",这是资本与资本的联姻。"莆田系"医院借助百度的"竞价排名制度",实现了利益最大化,这是资本与技术的合谋。

习近平2016年4月19日的网信工作讲话强调,"办网站的不能一味追求点击率,开网店的要防范假冒伪劣,做社交平台的不能成为谣言扩散器,做搜索的不能仅以给钱的多少作为排位的标准"。作为国内最大的搜索引擎,百度依靠"竞价排名制度",每年从"莆田系"医院获得巨额广告费。"魏则西事件"发生时,由于搜索引擎竞价排名模式与传统商业广告运营模式差别较大,因此搜索引擎是否应受到广告法等相关法律的约束存在很大争议,百度需要承担的责任并不明确。经过"魏则西事件",百度承诺整改自身的某些制度,但这并不能从根本上杜绝类似事件的发生,因此,互联网信息监管就显得尤其迫切和重要。

习近平在网信工作讲话中还指出,"要加快网络立法进程,完善依法监管措施,化解网络风险"。"魏则西事件"是我国网络广告规范

化的一个里程碑式事件,它暴露了网络广告法缺失、政府监管不到位、网络广告市场混乱等问题,激起了全社会的热议。随着"魏则西事件"渐渐明晰,公众关注点也从事件本身转移到对法律法规的研究。《人民日报》2016年5月3日刊发《魏则西事件:事前监管比事后追责更重要》,认为政府部门有不可推卸的责任,完善互联网立法,加大对互联网企业的监管力度,严惩发布虚假信息的互联网平台已经刻不容缓。

中国要建设网络强国,就需要对搜索引擎结果进行有效监管,形成符合开放环境下全球网络空间的治理能力体系。国家网信办联合调查组公布进驻百度,在调查结果中提到,"搜索引擎是网民获取信息的重要渠道,具有很强的引导作用。国家网信办将于近期在全国开展搜索服务专项治理,加快出台《互联网信息搜索服务管理规定》,促进搜索服务管理的法治化、规范化;会同相关部门严厉打击网上传播医疗、药品、保健品等事关人民群众生命健康安全的虚假信息、虚假广告等违法违规行为。国家工商总局将加快出台《互联网广告管理暂行办法》,进一步规范互联网广告市场秩序"。这番讲话成为将要出台的《互联网广告管理暂行办法》和《互联网信息搜索服务管理规定》的风向标。国家互联网信息办2016年6月25日发布的《互联网信息搜索服务管理规定》中明确规定了"提供付费搜索信息服务应当依法查验客户的有关资质,明确付费搜索信息页面比例上限,醒目区分自然搜索结果与付费搜索信息"。

而我国于2016年9月1日起施行的《互联网广告管理暂行办法》,在法律层面明确了搜索引擎需要承担的责任。其中第三条明确了互联网广告包括推销商品或者服务的付费搜索广告;以及第七条规定互联网广告应当具有可识别性,显著标明"广告",使消费者能够辨明其为广告,付费搜索广告应当与自然搜索结果明显区分。这从国家立法层面明确了搜索引擎需要承担的责任,提高了网络信息服务和互联网广告营销渠道的信源可信度,维护了互联网社会网民用户及品牌的和谐一致关系。这样不仅能有效提升全体国民参与数字化的战略进程,同样也是构建我国和谐社会的重要基础。

三、重要报道评析

丢掉责任,企业还能走多远

(2016年5月3日 《人民日报》,作者 王石川)

唯有"坚持经济效益和社会效益并重",才能让网络技术回报社会、造福人民。

这两天,一篇关于搜索和医院的网文,在一些媒体平台刷了屏。

患有罕见病的大学生,通过网络搜索找到一家医院,在花光东凑西借的20多万元后,仍不幸去世。尽管有人指出,搜索引擎的主要责任在于鉴别参加竞价推广者的医疗资质,难以对每位患者的疗效负完全责任,但作为医疗机构或医疗技术的网络推广平台,搜索引擎承担了公共媒体的社会功能,能否因此就放弃自己的社会责任?个中疑问,引发人们对搜索引擎"良知"的强烈关注。

……

尤其是,不同于一般的信息,医学信息与患者生命健康息息相关,更需规范、严谨。不管是"竞价排名"还是"推广",都应恪守这样的底线。如果病情危急的患者轻信吹嘘,除了钱包被掏空,更可能因贻误救治而死于非命。如何给用户提供有效、管用、靠谱的医学信息,不管是对于网站还是对于搜索,甚至对一些专业医疗软件而言,都是一个根本性的问题。

哲人有言,每个人都被生命询问,只有负责任才是对生命最好的回答。那些被用户寄托以生命希望的企业,尤需谨守责任。基于对企业的信任,亿万用户使用搜索、创建贴吧,企业有责任善待这种信任,更有义务承担社会责任。这种责任,应是坚守企业伦理,在自身发展的同时思量,该如何饮水思源、回报社会。

评析:医学信息不同于一般信息,医学信息竞价排名关系到患者的生命健康。互联网企业可以求利,但是必须建立在合理合法的基础上,百度公司在中国互联网的浪潮中赚得盆满钵满,但是它的财富也是建立在亿万网民支持和信任的基础之上的。百度取财于社会的同时也应当对社会承担一些基本的责任,这种责任不仅是道德上的要求,更应该有法律上的约束。在中国,"社会责任"这四个字有时被企业视作一个无须重视的话语,甚至形同虚设。这不仅需要我们广大群众和媒体进行舆论监督,同时也需要相关法律的支持和严格执行。

将"贴吧"卖给生意人更有利可图,开发"竞价排名"可坐地生财,问题是,如果只追求经济效益而忽略社会效益,如果挥霍信任、丢掉责任,企业还能走多远?只有富有爱心的财富才是真正有意义的财富,只有积极承担社会责任的企业才是最有竞争力和生命力的企业。很显然,一个企业的价值,不只体现在拥有多少市值,更体现在如何造福民众,在多大程度受人尊重。

评析:从百度"卖吧"到"魏则西事件",暴露了百度对网络营销盈利模式的依赖和对商业伦理的漠视。利益至上的竞价排名和企业的社会责任如何兼容?在中国占据垄断地位的百度已经不仅仅是一家公司,而是作为信息入口成为社会基础服务的一部分,这意味着它不可能只负责检索,而不负责提供正确的知识和信息。一个社会责任感不强的网络公司可能危害社会秩序和公众利益。"魏则西事件"引起国人担忧:如果信息入口被金钱绑架,社会或将出现信任危机和安全危机。

……

互联网企业更该思忖,如何更好地塑造价值观。如果仍然被动应对质疑,而不能理清信息责任链条,拧紧责任螺丝,进行彻底的内部整饬,结果就可能让人们对互联网世界失去信任、对技术失去尊重。唯有"坚持经济效益和社会效益并重",才能形塑风朗气清的网络生态,让网络技术回报社会、造福人民。

评析: 企业的经营目标不仅仅是实现经济效益和利润的最大化,同时也要重视社会效益,有这样的价值观和责任感,企业才会不断提升和永续发展。一个互联网公司,用户的信任是根本,如果提供虚假信息,这样的公司必将被用户抛弃;一个企业如果想做得长久,它必须承担它应该承担的社会责任,塑造良好的价值观,否则这个企业走不远,做不久。虽然理论上只要企业不违法,更多地应该追究监管的责任,但是"能力越大,责任越大"不应该只是一句口号,更应该是一个企业应该承担起的基本价值观。

魏则西之死,何以引起舆论沸腾

(2016年5月3日 《新京报》,作者 廖保平)

魏则西之死之所以引起舆论怒火,是因为这种肮脏的商业模式已经持续了太久,已经在整个社会积累了太多的受害者,埋伏了太多的怨言。

西安大学生魏则西之死,再度引发舆论对百度和莆田系的猛烈批判。昨日下午,国家网信办表态,国家网信办会同国家工商总局、国家卫生计生委成立联合调查组进驻百度公司,对此事及互联网企业依法经营事项进行调查。

这是意料中的事,血友病吧事件刚过,百度有"前科",而且还是大树,招风亦是必然。"老军医、包治淋病"起家的莆田系一直就给人不太正面、干着暗地里的勾当的形象。两者通过竞价排名搜索合作联系到一起,黑的更黑,原先还有点白的,也黑的难看。

评析: "魏则西事件"之所以能够成为公共事件,是因为太多人在该事件中看到了自己面临的潜在医疗欺诈风险,它撞到了民众的安全底线:你可以谋财,但是不能害命。人们关注这个不幸的青年,也是在关心自己会不会重复他的不幸。该事件让人们意识到医疗搜索行业存在巨大的漏洞和隐患,舆论期待让个人生命的陨落成为推动制度变革的转折点。在对百度调查后,国家网信办也表示,要加快出台《互联网信息搜索服务管理规定》,促进搜索服务管理的法制化、规范化。

……

简单还原这个过程可知,魏则西得了不治之症,虽然我们怀着难过的心情,但这是残酷的现实。如果不是不治之症,他可能早就在那些正规大医院治好了,也就不会到百度上去搜索竞价排名的医治方案。

百度的竞价排名作为一种商业模式,本身并无太大问题,央视的优质时段广告不也靠竞价而得?商家如莆田系花钱去竞价排名,为自己打广告,本身也没有太大问题。只是,当竞价上去的商家销售的是假冒伪劣产品或名实不符的服务时,消费者可以通过《广告法》进行维权索赔,包括向投放广告的商家和广告平台本身;如果达不到违法的程度,至少要恪守道德伦理,因为没有道德的市场行为是可怕的。

……

习近平总书记在网络安全和信息化工作座谈会上的讲话特别强调,一个企业既有经济责任、法律责任,也有社会责任、道德责任……办网站的不能一味追求点击率,开网店的要防范假冒伪劣,做社交平台的不能成为谣言扩散器,做搜索的不能仅以给钱的多少作为排位的标准。

评析:虽然魏则西的病是很难治愈的,但是即便病人患了不治之症,也不代表他可以被任意欺凌。网民从"魏则西事件"本身转向背后利益集团垄断给他们带来的相对剥夺感。作恶者应该受到惩罚，欺诈的成本应该抬升，尤其在涉及医疗和生命安全的方面。作为用户获取信息的来源，百度承载着用户极大的信任，与之对应，应承担更大的责任，不能放纵自己作为一家互联网企业的底线审查与过滤责任，任何企业都不能没有边界地逐利。对企业而言，守法经营、服务社会是基本底线。

……

在连年的舆论炮火中，百度和莆田系似乎总能全身而退。现在，魏则西之死引起的舆论怒火，不只是对百度和不良医疗机构的声讨，更是因为，这种肮脏的商业模式已经持续了太久，已经在整个社会积累了太多的受害者，埋伏了太多的怨言。大家仍然希望尽快有个终结，同时，这也是对多年来一些部门监管不作为的不满。

此事当中，更值得讨论与关注的是，监管之责与监管之失。有关部门有责任告诉公众，对莆田系的诸多民营医院、科室的违法行为是否知情，又是因为什么对这些普遍的大规模违法事件眼睁眼闭？

评析：魏则西之死，到底谁的责任最大？第一个要被追责的就是北京武警二院及其背后的"莆田系"民营医疗机构，它发布虚假疗效的广告进行医疗欺诈。如果不清理、整顿、规范医疗机构，那么魏则西的悲剧还可能重演，我们每个人都可能面临医疗欺诈的风险。其次是医疗监管体制的问责，医疗监管体制的滞后和政策漏洞造成的医疗行业乱象也必须问责，促使其体制变革。第三是百度等宣传虚假效果的广告平台。虽然道德不该是指导商业行为的依据，但是一个企业必须承担必要的社会责任。

搜索服务如何更靠谱？

（2016年5月18日 《人民日报》，记者 张璁）

5月9日，由网信办、工商总局、卫生计生委等部门组成的联合调查组公布调查结果,认为百度竞价排名机制存在付费竞价权重过高、商业推广标识不清等问题,影响了搜索结果的公正性和客观性,容易误导网民,必须立即整改。

同日,百度作出回应,根据整改要求将从6个方面全面落实,"不打一丝折扣"。

一周多时间过去了,实际整改效果如何?记者进行了调查。

医疗信息有所好转,商业推广仍待改进

调查组在整改要求中明确表示,即日起对医疗、药品、保健品等相关商业推广活动,进行全面清理整顿,对违规信息一经发现立即下线,对未获得主管部门批准资质的医疗机构不得进行商业推广。与此同时,还要求改变竞价排名机制,提出以信誉度为主要权重的排名算法并落实到位;对商业推广信息逐条加注醒目标识,并予以风险提示;严格限制商业推广信息比例,每页面不得超过30%。

记者在百度中输入"滑膜肉瘤"时,发现该搜索页面首页及边栏的推广信息均已下线。

……

以上搜索结果,截至记者发稿前仍未发生变化。这样的搜索结果,不单单是百度一家,360、搜狗等搜索引擎也同样存在。这表明,尽管联合调查组是对百度作出了整改要求,但其中所涉及的问题恐怕是全行业的,需要相关搜索引擎企业引起高度重视。

评析:世界上任何一家公司的目的都是盈利,几乎所有搜索引擎都会利用竞价排名的方式获取收入。对一个企业而言,守法经营、服务社会是基本底线,但是在大声疾呼企业自律、勇于承担社会责任的同时,更应尽快建立和完善政府监管机制及法制体系,加强社会他律和舆论监督,进一步促进企业自律。企业不是天使,有些企业不作恶,只是因为"作恶成本"太高而已。让企业不作恶,不能单靠企业的善良,而是要靠完善的监管制度和严格的执行力度。利益面前,他律一定比自律有效。

搜索引擎责任缺失,普通群众难辨真伪

在搜索引擎中,非自然排序的搜索结果往往会左右信息传播的有效性,影响公众获取信息的准确性。正如在"魏则西事件"中反映的,处于信息弱势的普通人就因此而受到了伤害。

"大数据时代里数据信息海量、快速产生,而搜索引擎则控制了人们获取信息的入口。"中华全国律师协会信息网络与高新技术专业委员会秘书长陈际红表示,不能单纯认为搜索引擎只是一个普通的信息服务提供者,更应将其视作重要信息基础设施,而考虑到其公共服务的属性,应当承担更大的社会责任,"对于搜索引擎而言,其社会责任就是保证用户获得信息的公平权利,包括公众有权获得非扭曲、非误导信息的权利"。

……

评析:当今互联网已经深度融入人们的日常生活,遇到问题求助网络搜索已经成为很多人的习惯,但是面对海量的信息,如何甄别则有赖于人们信息素养的提高。而医疗领域是信息严重不对称的领域,普通患者由于缺乏专业知识,往往无法对这一领域的问题作出正确的判断,转而严重依赖各种外来的信息渠道。因此,无论是信息提供者、发布渠道,或是监管部门,都应该从各自职责出发,履行必要的责任。这一事件中,百度提供的搜索推广业务究竟是广告还是单纯的信息检索服务是认定百度应否履行相应义务、承担相关责任的前提。

"九龙治水"责任不明,法律滞后监管乏力

当前面对诸如网络广告管理等互联网治理领域,还存在着"九龙治水"、条块分割的政府监管问题。就目前而言,包括国家网信办、工信部、广电总局、公安部等多个部门都对互联网治理承担部分职责,而具体到互联网领域可能遇到的具体问题时,各部门监管职责交叉,

责任不够明确,难以形成监管合力。

相关法律滞后,也是舆论关注的焦点。搜索引擎推出的"竞价排名"商业模式算不算广告,前些年已有多名全国政协委员在两会期间联名建议,将搜索引擎有偿推广服务尽快纳入广告法统一监管。事实上,2015年公布的《互联网广告监督管理暂行办法(征求意见稿)》就曾经写入"付费搜索结果"属于广告,但这一办法至今仍未正式实施,造成了监管规定上的空白地带。

......

评析: "搜索推广"到底是信息检索服务还是广告服务?百度推广有偿服务并按效果收费的模式与按照信息定位的自然搜索服务有明显的差别,像百度推广采取的竞价排名方式是否为商业广告,对其界定却遭遇困难,"魏则西事件"发生前一直未达成共识。法律法规对此并没有明确态度导致对百度推广的定性认识未能统一,百度公司很明显更倾向于将推广不置于《广告法》的管制之下。而之后2016年7月4日推出的《互联网广告管理暂行办法》对医疗广告的审查、付费搜索广告应当与自然搜索结果明显区分等问题有了较为明确的规定。

(撰稿人:李彦平)

"江歌案"报道分析

一、案例介绍

2017年11月,微博上一起"征集判决陈世峰死刑签名"的活动突然被刷爆,随后在朋友圈大范围扩散。在各种媒体推动下,各种观点与评论层出不穷,使事件持续发酵,公众的关注点也从判决陈世峰死刑转移到指责江歌室友刘鑫。随着舆论愈演愈烈,全民讨论呈现出转向网络暴力的势头。"江歌案"不仅是2017年话题量最高的案件之一,也是自媒体炒作下"后真相"时代的标志性事件。

2016年11月3日,留日学生江歌在日本东京公寓门外被杀害,同居的中国室友刘鑫报警,在当地警方到达后,受害人江歌已经倒在血泊之中,警方将其送往医院后不久因抢救无效身亡。

"江歌案"从案发伊始,舆论经历了三次反复。2016年11月3日后,网络随即开始出现大量针对留学生群体在海外生活混乱的声讨。11月4日,江歌母亲发布求助微博。案发第42天,犯罪嫌疑人陈世峰被日本警方以杀人罪提起公诉,网络舆论再次对陈的变态行径进行了讨伐。2017年3月,江母发起"为被害独女讨公道,单亲妈妈众筹赴日"的线上众筹活动。在2017年11月3日,江歌被害一周年时,江母发表了长微博《泣血的呐喊:刘鑫,江歌的冤魂喊你出来作证!》,一方面为征集民众签名判决嫌疑人陈世峰死刑,另一方面谴责刘鑫对江歌死亡的冷漠,并呼吁广大网友找出刘鑫住址和目前所在地,还曝光了刘鑫及其家人的姓名、身份证号、微信号、手机号码等私人信息。这一网络信源出现后,迅速吸引大量关注。2017年11月9

日,随着《新京报》旗下栏目《局面》发布江歌日本遇害案专访视频,江母与刘鑫会面,舆论又纷纷指向刘鑫的冷漠和自私。网络视频点击量达到惊人的 3.7 亿次,又把"江歌案"推上了舆论的风口浪尖。2017 年 11 月 9 日开始,江歌案的新媒体发布量以及关注度一直持续高涨,截至 11 月 13 日达到了顶峰。2017 年 11 月 9 日至 15 日,以"江歌"为关键词的微信公众号文章达 4 013 篇,总阅读数超过 3 700 万。2017 年 11 月 11 日,微信公众号"东七门"发布文章《刘鑫,江歌带血的馄饨,好不好吃?》,部分网民转向对刘鑫的指责;11 月 12 日,自媒体公众号"咪蒙"发表文章《刘鑫江歌案:法律可以制裁凶手,但谁来制裁人性?》,再度掀起舆论高潮,对刘鑫的斥责逐渐转向网络暴力。2017 年 12 月 20 日,日本东京地区法院有了对"江歌案"的审判结果:法官认为陈世峰的杀人动机非常明显且有计划性,陈世峰被判 20 年有期徒刑。

根据百度指数,从 2017 年 10 月至 2018 年 1 月,"江歌案"的网民关注度和媒体报道量一直很高,其中在 2017 年 11 月 14 日、2017 年 12 月 11 日和 2017 年 12 月 20 日时达到峰值;在 2017 年 12 月 10 日到 12 月 23 日期间,舆情集中且热度极高,此后热度下降。

网民关于"江歌案"的讨论内容以负面情感为主,占 67.2%,只有 15.23% 的网民在进行中性的讨论。而主要引起广大舆论狂潮的是《刘鑫,江歌带血的馄饨,好不好吃?》和《刘鑫江歌案:法律可以制裁凶手,但谁来制裁人性?》这两篇文章。"江歌案"的主要涉案人员为江歌、刘鑫和陈世峰。作为受害者的江歌已经去世,凶手陈世峰伏案,而刘鑫则成为舆论游戏里的最大"受害人"。在这则不算复杂的案件里,刘鑫扮演了什么样的角色,从江母的口述中可以了解到。在案发当天,是刘鑫为了保命而将救她的好友江歌阻隔在了门外,以致被陈世峰一刀接一刀地砍死。在这一过程中,刘鑫始终没有勇气去救好友,甚至是报警。陈世峰作为凶手应该被制裁,那谁来制裁刘鑫?这是留给公众的一个问题,也为后续的讨论留下了最难达成妥协的一关。

在"江歌案"中,微信、微博等自媒体成为重要舆论场,舆情延续时间长,其中的焦点问题反复被网民提出、炒作,各种小道消息弥漫整个自媒体空间。"江歌案"发生后,"江歌吧""刘鑫吧"等以此事件为主题的贴吧相继成立,论坛以发帖、回帖的互动模式和强大的聚众能力,成为大众获取信息、交流观点的重要平台。自媒体舆论场上,舆论的焦点开始出现偏移,甚至出现大量针对刘鑫"欲除之而后快"的群体极化现象。网民在很大程度上更在意的是真相是否符合头脑中固有的认知和情感,体现出"后真相"时代情绪主导的特征。

二、案例分析

(一) 情绪引导的"后真相":客观性原则的缺失

"江歌案"之所以在事发一年后再次引发舆论关注,很大程度上是由于社交媒体中各种情绪的积累和爆发。在这个过程中,情绪比事实真相更有感染力和传播力。尤其当咪蒙发表文章《刘鑫江歌案:法律可以制裁凶手,但谁来制裁人性?》,一下激起了网民的情绪,一些尖锐刻薄的话语铺天盖地涌向了当事人刘鑫。用《新京报》评论文章的话来说,"这篇文章实在'燃'得可怕,杀气腾腾的咪蒙制造了网络暴力的新高潮"。这篇文章一天时间内阅读量达到了10多万,通篇都使用引导性文字,放大了案件中的各种情绪。江歌母亲失去女儿的痛苦和刘鑫事后不配合的态度,令人心碎的骨肉亲情与令人愤怒的所谓"不义之举",两相对比下,加剧了舆论情绪的积累,为双方之间的谅解筑起了高墙。而网友则是加高、加固这高墙的强大力量,他们对江母报以同情,极力宣扬惩罚刘鑫,两种情感的冲击让舆论一发不可收拾,于是公众的关注点便从案件事实本身转向了对个人行为的讨论,甚至批判。理智在轮番的煽动下便彻底地沦陷了。公众的注意力从对事实的求问转向了对个人行为的批判,在这个过程中,情绪成为推动事件传播的首要因素,而真相渐渐被人们遗忘在身后。

舆情发酵之际,大约有三种类型的文章在网络上流传,最受欢迎的是以"江歌案"的事实为先导,夹杂大量个人情绪、对刘鑫进行声讨的文章,例如微信公众号"小读物"2017年11月13日发表的文章《江歌事件:刘鑫,你能不能说句实话!?》,文章结尾用动物的案例说明道理:"我看到刘鑫的冷漠、看到江妈妈的无助,但最让人觉得无力的,是死去的江歌,和被践踏到一无是处的善良。好人就应该被欺负,好人就没有好报吗?不,善良不应该,也绝不是这样的结果。这世上所有的善良,都应该被好好珍惜,都应该有所回应。小伙7年前救了狗妈妈,7年来,每天它都在车站那里接他回家。连动物都懂得,善良,是无论如何都不能被辜负的。或许法律无法制裁道德的对错,但良心可以。不管好人有没有好报,我们都要坚持做个好人。因为我们坚持一件事情,并不是因为这样做了会有效果,而是坚信,这样做是对的。做人,要善良,要无愧于心啊。"整篇文章无论从标题还是从对"江歌案"的描写,都夹杂了太多情绪化的东西,其结尾更是以"连动物都有良心"的观点来反衬刘鑫的做法禽兽不如。

随着社会的发展,各类社会信息层出不穷,人们很难在最短的时间里判断真相。这时,真相虽然一直存在,却变得很不重要了。比起各媒体爆出的信息,花很多时间来分辨真相、相信真相,人们更愿意相信情感。一旦出现真相和自己预先的判断相背离的情况,民众会选择忽略这些信息。主观想法已明显压过了客观事实,社交媒体上越来越多的讨论内容甚至还未被核实,很多人就已经把自己的观点当成了证据①。牛津词典把"后真相"(post-truth)评选为2016年年度词汇,用来描述"客观事实在形成舆论方面影响较小,而诉诸情绪

---

① 刘洁吟:《浅析"后真相"时代真相敌不过情感的原因》,《新闻研究导刊》2017年第11期。

和个人信仰会产生更大影响"的情景。

情绪驱动是指人们在面对一些与自己的意见相左的事实时,会拒绝承认这些真相。在这种情绪和行为的驱动下,人们为了顺从内心想法,会选择逃避真相,跟着情绪走。也就是说,人们一旦确定了立场,就会选择性地接收信息,对其他信息视而不见。人们乐意看到自己猜测的信息成为事实,而不愿意接受相左的观点成为事实,与存在于自己刻板印象里的真相相左会刺激人们产生对抗情绪。

在《新京报》的栏目《局面》陆续将江母和刘鑫的对话公布之后,无论视频中的刘鑫作何表现,在受众看来都是不被接受的。此刻她做什么都是错,道歉会被说是被舆论逼的;稍许的抱怨会被放大成人性的扭曲;无论何种穿着打扮都会被观众评论为不尊重逝者。受众沉浸在谴责的快感中无法自拔,任何一点风吹草动都会刺激他们敏感的嗅觉。那么真相是什么?真相成了江母的爆料,成了网友以讹传讹的猜测。更有甚者,当大众沉浸在共同的情绪里,斥责声和谩骂声造就了这个时代的喧嚣。

在马克思主义新闻观中,新闻传播的真实性是指新闻报道同其所反映的客观事实的相符程度,即新闻报道反映新闻事实的准确度和可靠性。新闻报道是客观事实在新闻传播者头脑中的反映,是通过某种符号向受众发布的物化产品。马克思主义辩证唯物论和实事求是的思想路线,要求新闻工作者真实地反映客观存在。因此,坚持客观真实报道是马克思主义新闻观对新闻传播实践提出的思想上的基本规范。为了达成新闻的真实性,报道时必须客观,也就是要不偏不倚、公正无私。新闻工作者要站在中立的立场,报道新闻要忠实地反映新闻事实,不能带有个人偏见,也不允许撒谎和欺骗受众,不能因为个人好恶来决定信息的选择。在报道过程中不能随意表露自己立场,即使要发表评论,也必须将个人观点与新闻事实分开。同时,新闻报道必须真实地反映客观事物的原貌,不能只是抓取某一点大肆宣扬,这样容易有失整体真实。但是在"江歌案"中,许多自媒体为了获得流量关注,将"带血的馄饨""人血馒头"等触目惊心的字眼表现在报道标题之中,使用许多负面针对性的语言刺激公众情绪,对舆论指责的对象直接进行话语轰炸和媒体审判。这些媒体作为信息的传递者,已然忘记了作为新闻从业者的职业道德,摒弃了客观性和中立性,无视其应该承担的社会责任。

李东雷在其微信公众号"老兵东雷"上阐述了为何要使用澎湃新闻的时间轴事实。他说:"为什么要列出这个时间轴,因为它更客观、中立地呈现事实,也能看清楚事件的因果关系。从时间轴上我们可以看到,江母在事实未明之前(凶手尚未被控制)已经把丧女的愤怒集中在了刘鑫身上,她在网络上公开指控了刘鑫,并号召对她进行人肉,于是有了刘鑫拒绝接触的反应。2017 年 6 月,江母打印了 1 000 张印着刘鑫及家人照片、身份证信息、手机号码的传单,张贴在村头和干道。如果你是刘鑫,你是刘鑫的家人,你会怎么反应?"

(二) 嗜血的流量:自媒体与专业媒体的博弈

舆论是经济地位和社会地位相同或相近的人们对某一事件的一致态度。舆论反映了人心的向背,马克思把舆论看作是一种普遍的、隐蔽的和强制的力量。在复杂的社会控制系统中,舆论引导是不可缺少的一个环节。正确地引导社会舆论是社会主义新闻传媒的重要功能,也是马克思主义新闻观指导下的重要业务规范。社会舆论具有强烈的倾向性和针对性,是社会群体对特定人物和事件的集中评价。这些评价无论是赞成还是反对,表扬还是批评,都强烈地反映出这一群体的立场与观点。社会舆论广泛而有力地影响人们的思想和行动,左右局势的发展和变动。

微信公众号"静说日本"的徐静波有一篇文章《我看了江歌被害案的案卷》,强调抓住社会人群普遍关注的事件和问题,集中时间和运用较多版面、节目对之进行报道和讨论,是新闻传媒普遍使用的引导舆论的一种方法,亦即"热点报道"。这里的热点,是公众热切关注的要点,是社会议论的焦点,是许多矛盾的集合点。新闻传媒关注的

"热点"一般具有三个特点：一是具有较为广泛的社会性,能够牵动万众之心;二是能够充分调动公众关注和参与的热情;三是能体现出较强的集中性,即确实是在一段时间内家谈巷议的焦点话题。

"江歌案"舆情传播主体包括传统(专业)媒体、自媒体、网民等,舆情传播主体的多元性使本案舆情传播的过程错综复杂。新时代的到来冲击了原有的行业规则,自2010年微博开通以来,中国的新闻事业由传统媒体时代转向了新媒体时代,传统媒体适用的行业规则在新媒体时代已经不再适用,但是由于新媒体时代的复杂性和不断发展,新的行业规则始终无法确立,自律也远远不够,所以各种自媒体"张牙舞爪",对于它们来说,流量比责任更具吸引力。

在对刘鑫的道德审判中,自媒体发挥了关键作用：一是徐静波的自媒体"日本新闻网",他在与江母合作时第一时间发布了有关刘鑫的大量失实报道;二是人物专访栏目《局面》,其拍摄的有关"江歌案"的许多视频对网民影响广泛;三是"咪蒙",它是对刘鑫发起道德审判的最大力量。

新媒体环境下,舆论的中心转向互联网,新闻业的中心也转向移动互联网。人人都成为信息传播者,新闻生产的主体从机构转向个人。在"江歌案"这一事件上不难看出,江母将刘鑫的信息曝光在网络上,随着关注度的不断增高,一方面一部分自媒体抓住热点将信息整合,输出态度,受众获取信息并传播信息,这种传播是在普罗大众之间进行的,基本将精英媒体摒除在外;另一方面,精英媒体则站在高地上批判"网络暴力",他们置身事外,用上帝视角去批判大众的愤怒,却不在真实的网络生活中倾听和感受普通人的想法。于是,在这一场对峙中,受众更倾向于替自己发声、表达大众情绪的自媒体,对精英媒体的态度不买账,说教性的文章反而容易引起他们的逆反心理。

在对"江歌案"的报道中,不难看出自媒体带有倾向性的语言更容易激发民众的共鸣,咪蒙在文章中使用了大量带有引导性的文字,诸如"装无辜、强行制造、混蛋逻辑、人渣、不配"等字眼,一味地用带有引导性的文字煽动大众情绪,制造网络暴力。除了咪蒙,其他网络大V也是一样,将自己的情绪灌输给网民,制造舆论共同体,不以传播真相为主,而是沉浸在网络暴力的狂欢中,蹭热度、蹭热点。最让人感到悲哀的是,这些比较偏激的文章也确实更能吸引受众的注意力。就像咪蒙分享《如何写出阅读量100W+的微信爆款文章?》的文中写道:"好的文章,要体察到人性的痛点,表达大众的情感共鸣。你说话很温和,你观点很中立,你性格很宽容。那你不要写公众号文章了。你不适合。你看了《乌合之众》就会知道,任何时代的领袖,包括意见领袖,都是特别偏激的。偏激的观点才具有煽动性。你的标题必须简单粗暴,情绪明确。"①

正是咪蒙这一类的自媒体,为了争夺受众市场,找出了一条迎合大众心理的路径,利用浮躁社会中失去耐心的受众,简单粗暴地宣扬一种态度,放大人性的偏见,放大内心的不满,让人们产生共鸣,谁越偏激,越能刺中受众内心的痛点,帮他们说出想说的话,就越能成功制造"爆款"。这种畸形的媒体生态下,没有人还会去对事实进行核对,去追求客观,理性早已不再是主流。在《新京报》将"江歌之死"再次推到公众视野中后,许多自媒体捕捉到这一事件的热点价值,趋之若鹜地涌向与此相关的舆论漩涡,使用了许多情绪化的语言,给舆论指责的对象贴上具有侮辱性的标签,更有甚者以戏谑的语言对这一悲剧进行调侃,博人眼球。

值得注意的是,原来的专业媒体在"江歌案"中的表现值得反思。一方面,专业媒体运用了新媒体技术,试图引导舆论;另一方面,部分做法可能起到了推波助澜的作用。在"江歌案"的报道中,《新京报》和其他一些专业媒体进行了大量一手资料的采集,为公众呈现了一

---

① 咪蒙:《如何写出阅读量100万+的微信爆款文章?》,新浪微博 https://weibo.com/p/1001603913919918910912,2015年11月27日。

系列专访报道。而大多数专业媒体则是采用转发、梳理和评论的形式发布相关的案件报道。在报道的过程中，部分专业媒体也存在煽动公众情绪、借机博取关注的倾向。

这其中，《新京报》通过微博平台发布的 25 个视频是此案舆论发酵的原始动力，图像比文字更有冲击力。在镜头下，被质问者的懦弱恐惧和质问者的愤怒绝望都被放大，压低的帽子、无处安放的双手、速效救心丸和紧缩的眉头，诸如此类的细节也被真实地记录下来并呈现在公众眼前，透过屏幕仿佛亲眼见证了双方再次见面的场景，增强了人们的代入感。发布江歌采访视频、引爆舆论的《新京报》，其让事件双方在镜头之下相见的行为是否合适也有待商榷。

公众情绪在一定程度上源于专业媒体的情绪，媒体在报道中的措辞、语气以及报道的偏向都会对公众产生很强的引导性，而这种引导在客观上形成了公众舆论的导向。媒体应报道客观事实，呈现事件本来的面貌，不在报道中任意掺杂记者和专业人士的个人情绪。网络时代，传受双方本来就是统一体，专业媒体无权去阻止网民发声，但专业媒体应承担自己的责任，积极引导社会舆论良性发展。专业媒体的新闻生产既要保持内容生产的可信度，又要有相当的专业水准，在网络信息的海量中发挥主导作用，彰显价值。

（三）网络暴力：公民丢失的理性

因为社交媒体的网民分散性，舆论呈无秩序状态，在这种背景下受众自发抱团寻找舆论共同体，壮大发声力量，形成了网络社群。网络社群是针对社交媒体时代出现的一种聚众行为，是网络社会一种新型组织方式。在现实社会中，受兴趣、观点、情感、价值观而形成的群体组织，在网络社交媒体越来越"亲民"的趋势下逐渐反映在了网络上。以微博为例，在微博上逐渐形成了各式各样的圈子，如追星圈、二次元圈、公知圈等不同社群，一个人可能拥有多种属性并存于不同的社群中，但一个社群基本上以同一价值标准来凝聚大家，这样的环境中存在一定程度的同质性和融合性。因共同的文化和价值观聚集在一起的受众,会害怕被群体"边缘化",于是他们为了更加融入这个群体会选择跟随群体意见。这种群体认同极易左右个体思维,导致舆论声波越来越大,而有异议的声音越来越小,出现"沉默的螺旋"机制。同时为了表现团结性,他们会不断说服自己加强头脑中的印象,以强化他们固有的价值观和信念。

除了群体认同,新型传播机制也在强化刻板印象。信息茧房是指在信息传播的过程中,由于信息量的庞杂性和多样性,公众会根据自己的喜好有选择地接收信息,"它将用户束缚在由兴趣和先入之见所引导的狭隘的信息领域",久而久之,就会将自己置身于如同蚕蛹制造的茧房中①。在这样一个密闭的空间内,相似的观点不断被重复,使人们相信这些观点就是事实,最终形成回声室效应。在回声室效应的影响下,受众会不断强化在自己脑海里的印象,很难再接受不同的观点,最终走向极端,形成偏激的观点。比如在"江歌案"这一事件中,一方网友猜测江歌是在陈世峰要求刘鑫开门,喊一声不开的话就砍一刀的情形下惨死。这种只有当事人才知道的细节被网友杜撰,引发大量的猜测,最终造成一定的影响,不知情的网友只会将这一细节默认为真相,最终造成对刘鑫的诋毁,一旦网友接受了这种设定,就很难再去接受新的信息。

大数据时代更容易促使信息茧房的形成,算法的推荐让信息传播更加固化,精准推送一遍一遍地加厚茧房,也就是重复的观点不断加深受众固有的偏见,导致这种声量不断变大、变强,持相对意见的人被抵制,最终消弭,由此形成群体极化现象。

公众亟需提高个人的媒介素养,在客观看待新闻报道的同时,应客观判断自己在舆论中所处的位置,当公众将自己从围观者提升为审判者的高度时,那么舆论可能会轻易挤压法律发挥的空间,使本应

---

① 〔美〕凯斯·桑斯坦:《信息乌托邦——众人如何生产知识》,毕竞悦译,法律出版社2008年版,第7页。

客观的法律审判发生不可逆的巨大转变,其结果不堪想象。

今天的许多网民分不清事实与观点的关系,经常把观点当事实。首先,"江歌案"引发受众对刘鑫的道德审判很明显就是建立在事实缺失的基础之上。其次,在"江歌案"中看到那么多网民被"道德"牵着鼻子走,而且在事实清楚后仍然执迷不悟,让人感到不可思议。也许情感判断很多时候是被代入感误导的,而理性判断则需要极其冷静的旁观和思考。再次,要学会在网络中洞察他人设下的陷阱与存在的漏洞,识别其中的利益关系。最后,要学会自我纠偏,随着庭审的开始和事实的不断澄清,要不断纠正自己的偏见,要学会对一切可能性持开放包容的态度。

通过"江歌案",不难发现,在自媒体时代到来的背景之下,以微博、微信为代表的自媒体由于自身互动性强、传播迅速及时、影响范围广泛等特点,在社会公关事件中发挥着越来越重要的信息作用。然而,自媒体即时性、广泛性、去中心性的传播特征以及传播过程中存在的大量网络谣言和网络虚假信息等不实的报道内容,使得公众产生极化现象,语言谩骂和情感宣泄导致网络舆论审判、道德审判现象出现。为了避免这种现象的产生,应该采取多种措施积极预防和改善。

首先,做好热点事件引导工作。热点事件引导工作可以解疑释惑,增进理解,化解矛盾,平衡心理,针砭时弊,弘扬正气。它对于正确引导社会舆论具有重要作用。通过热点报道引导社会舆论,关键在于选好热点。为此要做好四方面工作:选择有新意的热点;选择群众关注的热点;选择通过工作可以解决的热点;选择不易引起负面效应的热点。在现实生活中,有积极意义的热点,也有消极性的热点。对有积极意义的热点,要及时迅速地报道和宣传,做到家喻户晓;对一些带有消极倾向的热点,也不能回避,要正确引导,使其向积极的方面转化。热点问题是不断变化的,从热到冷,从冷到热,新闻工作者要以很强的新闻敏感及时抓住,积极引导。

其次,主流媒体要做好舆论引导工作。社会热点事件之所以会引起广泛关注,是因为此类事件与民众产生了利益上或情感上的碰撞,或与民众的切身利益相关,或引起了民众的某种情绪,而这些利益上或情感上的碰撞促使民众持有态度并进行看法的表达,相同态度和看法的舆论形成相应的舆论场,一个事件有多少不同的意见和态度就有多少舆论场。传统媒体通过议程设置引导舆论,官方舆论场发挥重要作用,但在新媒体环境下,民间舆论场异军突起,民众更倾向于通过新媒体平台发表相应信息,表达自己的看法,行使舆论监督的权利,因此应该加强传统媒体与新媒体之间意见的整合与互动,更好地引导舆论。

最后,要做好媒介素养教育工作。何为媒介素养?1992年,美国媒介素养研究中心给出了如下定义:"媒介素养是指人们面对媒介各种信息时的选择能力、理解能力、质疑能力、评估能力、创造和生产能力以及思辨的反应能力。"[1]在国内,一种有代表性的认识是,媒介素养是指媒介受众对各种媒介信息的解读批判能力以及使用媒介信息为个人生活、社会发展所应用的能力[2]。学者周葆华、陆晔对北京、上海、广州和西安四个城市进行的《中国民众媒介素养状况调查报告》指出,"我国公众的媒介信息处理能力处于中等偏弱水平,换言之,公众批判接受媒介信息、积极主动思考解读的情形尚不普遍"[3]。

网络时代背景下,民众拥有了更自由的话语权,每个人都可以通过网络发表自己的所见所闻、所感所想,但正是这种自由催生了一些"网络暴民"。这些"网络暴民"用过激的言论肆意宣泄自己的情绪,甚至对他人的人身安全造成威胁,给社会现实和网络环境造成了极大的困扰,因此,应该培养受众媒介素养,规范网络行为。

---

[1] 张玲:《媒介素养教育——一个亟待研究与发展的领域》,《现代传播》2004年第1期。
[2] 胡莹、项国雄:《传者素养:媒介素养教育的根本》,《传媒观察》2005年第8期。
[3] 周葆华、陆晔:《受众的媒介信息处理能力——中国公众媒介素养状况调查报告之一》,《新闻记者》2008年第4期。

首先，民众应该不断加强自身文化素养的学习，提高辨别信息真伪的思考能力，合理利用网络平台发布真实、客观的信息，自觉遵守相关法律法规和道德正义。对于社会热点事件，保持清醒的头脑，不随波逐流，不恶语相向，谨言慎行，避免做出伤害司法公正、伤害他人合法利益的行为。

其次，应加大相关法律法规的普及力度，使网民自觉遵守法律，维护法律尊严。政府和司法机关应加大法律宣传力度，树立民众遵纪守法的思想，强化民众维护法律尊严的意识。唯有此，民众才能相信司法的公正，相信政府的公正。

人们拥有发表言论的自由，但这种自由是建立在遵纪守法的基础上的，人们应该自觉遵守法律法规，理性地分析社会热点事件，相信法律的公正客观。任何人都不能践踏法律尊严，这是我国社会文明进步和发展的重要体现。

三、重要报道评析

一名留学生遇害，我们只想问她的"好闺蜜"：带血馄饨，好吃吗？

（2017年11月13日　搜狐网）

这是一个让你怀疑人性竟然丑陋至此的故事……
……

下面这段视频是江歌出事294天以来，刘鑫第一次和江歌妈妈见面。江妈妈问她，到底有没有反锁？她说："没有。"前天，"刘鑫首度面对江母"的视频公布……

看得我几度流泪，气愤难填，无法入睡。事实是，江歌被送到医院，刘鑫才从屋里出来！！！

当时，警察询问她知不知道凶手是谁。

她说不知道。

后来接受采访时,刘鑫竟然称:"如果知道是陈世峰的话,我拼死都会出去的。"(人性的卑劣苟且真让小编我感到寒心～)

不站出来指证凶手、为江歌伸冤,还能只想着撇清关系、澄清自己,更过分的是下面的……11月3日,江歌妈妈发微信问情况,刘鑫回复了一句:"对不起,我不知道该怎么回复你。"之后,再没有任何回应。直到江歌妈妈在微博上发了一条状态,提到了怀疑凶手是刘鑫前男友(江歌生前跟妈妈沟通过当天发生的事),暴露了刘鑫的名字。刘鑫才重新现身,却是一条愤怒的责备和威胁:"再出这种新闻,我就停止协助警察。"之后就对江歌妈妈一直避而不见,微信不回,电话不接,就像人间蒸发了一般。就连她父母也纷纷把江歌妈妈拉入黑名单。

评析:上文的自媒体小编直白和情绪化的文字表达显然是非常个人的情感诉求,这一类持有比较极端负面情绪的文章容易感染网民,会唤起网民的正义心,导致网民产生负面情绪,进而发展为对刘鑫的全面声讨。

江歌妈妈无助又绝望,只好把刘鑫的信息公布,拜托大家帮忙。这一招果然见效,江歌妈妈终于收到了刘鑫妈打的电话。同样没有安慰和自责,只有狠心的责问和恶毒的谩骂:与江歌妈妈的电话录音,说江歌是"可怜的东西"。简直令人发指。

当天刘鑫就发来了微信:"给你一天时间撤回信息,你不撤回,我死了也不会去作证。"刘鑫爸爸也给江妈妈打了一个电话,内容是这样的:"她命短。她不是为了我闺女。"

看到此处,小编我也是气炸了:"你女儿没有地方可去,是江歌收留了她。一起住的时候,你女儿总是用江歌的日常用品,没钱的时候,是江歌借给她钱,最后又因为你女儿江歌才被杀害的。她为你女儿雪中送炭,你家愿她家破人亡是吗?!"如果你看了上面的视频,刘鑫294天之后站出来的哭诉道歉,感觉不出真心,还让人觉得虚伪。

我就想问问你刘鑫,江歌带血的馄饨,好吃吗?

评析: 作者使用"带血的馄饨"这样偏激的字眼,在一定程度上会激发网民极端的情绪,进而对刘鑫进行批判,对刘鑫来说这是一场逃脱不了的网络暴力。值得大家关注的是,"江歌案"的案件主体是江歌、陈世峰,而此处文章关注的重点却集中于江歌妈妈和刘鑫。自媒体情感营销的各种评论和软文点燃了网民的情绪,但此时网民非理性的负面情绪的累积,对于社会心态的调整显然不能起到积极作用。当然文章也表达了对江歌妈妈的理解与同情,移情效应下带动了网民对江歌妈妈的人文关怀。

刘鑫江歌案:法律可以制裁凶手,但谁来制裁人性?

(2017年11月13日 "咪蒙"自媒体公众号)

关于日本留学生江歌被杀害的事件,网友提了个问题:
如果你的好朋友,因为救你被捅了十几刀,不幸身亡。
她的妈妈悲痛欲绝,你会怎么做?

1. 迅速安慰她妈妈,表示自己就是她妈妈的第二个孩子,同时严惩凶手,报答好朋友的救命之恩。

2. 迅速把她妈妈拉黑,欢天喜地地烫头发,买新的包,和朋友出去吃饭,自拍发朋友圈。如果她妈妈找上门来,就骂她女儿短命,撇清所有关系。

你可能会觉得第二个答案是什么鬼?太扯了。
怎么会有这种人?
只能说,善良限制了你的想象力。
新闻事件中,刘鑫就是这么做的。

评析: 自媒体新闻的批评力量很大,但是自媒体自身的运营管理有限,专业采编队伍的素质不高,甚至有的时候缺乏必要的法律常识。类似对"江歌案"这样的热点事件的报道,自媒体很难做到对事实的深入调查和采访。当然,当下自媒体人在"流量为王,金钱至上"的价值观驱使下,热衷于生产新闻观点,写出各种吸引眼球的商业化标题,利用网民情绪传达自诩的正义之心,以取得良好的传播效果,但是这样的推波助澜和非理性发声,不但不能正确引导舆论,同时还会增加专业媒体的工作压力。

……

此事中,有一件事情尤其令人愤怒。

首先是刘鑫,那一晚她躲回江歌的公寓,让江歌在门外与自己的前男友对峙,可见其性格怯懦,但这也不算什么了。但是,当她听到江歌的惨叫声,却依然紧锁大门,任凭江歌倒在血泊之中,握着自家那道打不开的门,凄惨而死。这就不只是怯懦,简直是卑劣。

有人说,倘若刘鑫出门,岂不是自投罗网,到时死的就是两人了,所以刘鑫没错。我想说这话的人,恐怕内心也很卑劣。前男友持刀而来,显然是已经动了杀人的念头,要杀的自然是刘鑫。所以,江歌为保护刘鑫而死,是救了她一命,但刘鑫却将江歌求生的门紧紧锁住,只为自保。

这不是卑劣,又是什么?

在江歌被杀5天之后,在网友都在议论是她男朋友杀死了江歌的时候,刘鑫不得已接受了采访,但她不是指证凶手,不是为江歌申冤,而是急着撇清自己的关系。

刘鑫试图解释:第一,她对凶手是谁全不知情;第二,因为江歌倒在了门前,所以门打不开;最后,她视江歌为亲人。

……

这种满口谎言的行为,除了卑劣,还能是什么。

……

这不是卑劣,又是什么!

评析: 文章出现了三次"这不是卑劣,又是什么!",作为"咪蒙"

的专业自媒体人是否需要在写作时问一句"我要给网民带来什么样的价值?"这个价值可以是新的认知、视角或是思维方式,只要能触动网民的内容都是有价值的。面对后真相时代的舆论乱流,无论是自媒体人还是专业媒体人,都要能够切实把握网民的心理变化,理解网民的真实诉求,单纯地呈现事实远远满足不了网民需求,还需考虑用网民能够理解的方式呈现事实,最主要的是能够影响网民的情绪。

而网络上,有些网民对于江歌之死,更是加以嘲笑和侮辱,甚至称江歌好好的国内不呆着,非要去日本留学,简直是卖国贼。

我们可以讲道理,说鲁迅先生也是日本留学回来的,那也是卖国贼吗?但我们没必要这样讲,对卑劣之人是无法讲道理的,所以江歌的母亲无法联系到刘鑫,讲出"卖国贼"三个字的网民依然洋洋自得。一个人可以卑劣到什么程度,他们就是下限。

刘鑫和她的前男友,作为两个中国人,一个背弃保护自己的好友,一个残杀无辜之人。请问看到这个新闻的日本人,会怎么看我们中国呢。而江歌,江歌为保护他人而死,却被中国的网友辱骂为卖国贼。请问看到这个新闻的日本人,又会怎么看我们中国呢。

我们常说逝者安息,可对于江歌来说,她恐怕永远都无法得到安息。

评析:自媒体新闻最夸张的一点就是什么都敢说,而且多数还是胡扯。去日本留学就是卖国贼的言论将网民带入一种理性失范的新媒体空间,自媒体信息大爆炸的虚拟环境让广大网民可以任意地选择性接触,同时强调了"使用与满足"的信息传播过程。网民情绪极端化和选择性接触,其原因就是后真相时代新闻被过度解构。自媒体新闻引爆舆论场,也给专业媒体带来警示,把握真实才是新闻的生命,才能让后真相无所遁形。

说说江歌事件：杀人偿命，天经地义

（2017年11月13日　自媒体公众号"连岳"）

……

4. 江歌的母亲发起签名，要求处死凶手。我支持。这类案件，被害人家庭是否谅解，也是法官裁量的一个因素，江歌母亲的签名，不过是表达自己的愤怒与复仇愿望，明确告诉法官：我不谅解凶手。

可能，要求废除死亡的人，会指责其观念落后、挑动民意暴力。但我却支持江歌母亲要求处死凶手的要求。

……

曾经，我也是废除死刑派。这是当下法律的主流，也是基督教影响法律的体现，认为人的生命是神给的，也只能由神剥夺，法官（或陪审团）判处死刑，剥夺一个人的生命，是对神的冒犯。结论就是处死凶手是残忍的、落伍的。他们还认为，即使从惩罚的角度看，终生关押也比死刑更残酷。

评析： 文章以江歌妈妈赴日签名为例。比较分析中日两国网络媒体，我国的自媒体网络马上被引爆，而日本主流媒体却对它基本没有什么关注[①]。日本媒体只有一家转发了中国媒体的相关报道，而日本网民留言只有3条。关于江歌妈妈在日本国内征集签名的报道，日本网民有6人留言评论。其中，对于江歌妈妈的这一做法，有的日本网民提出了批评，他们认为"道德审判"对解决此案并无促进作用。

随着时光流逝，我接受了自然法，就是人类祖先在生存中，演化出的最符合人性的原则。换言之，重新回到猴子，再进化一次，自然法又会出现。自然法的基本原则就是同态复仇，就是俗话说的：欠

---

① 《面对江歌案日本人的看法因何与中国人不同》，新浪网，http://news.sina.com.cn/s/sd/2017-11-20/doc-ifynwnty5724996.shtml，2017年11月20日。

债还钱,杀人偿命。任何有思维能力的人,告诉他这8个字,他都能理解,并表示赞同与支持。

……

我希望处死谋杀江歌的凶手,还江歌母亲一个安慰,还所有义愤者一个公道。不然,人们会觉得世界太不公平了,江歌母亲无尽悲痛,而凶手却免于一死。这种事,经常发生,人类社会都会崩溃。

评析:作者作为一位法律工作者也仍然受到情绪左右,文章提到了"欠债还钱,杀人偿命"的俗语。"江歌案"的舆论确实不断高涨,铺天盖地,受众要求处死杀人者。但我们必须清楚,案件发生在日本,必须按照他们的法律来审判。我们所谓的正视舆论和重视网民诉求并非指司法必须盲从舆论,也不是对百姓极端情绪的妥协,而是看重舆论背后的合理性意涵。民意并不是百姓意见的胡乱混合和汇总。

江歌案的舆论焦点与反思:后真相时代的新闻标本|特别策划

(2017年11月14日 "RUC新闻坊",作者 王宇戈 蒋政旭 姜晶琨 刘建坤 王怡溪 姜紫荆)

刘鑫是受害者还是"帮凶"?江歌案因为新京报《局面》的采访,再次回到公众视线之内。但是目前舆论的焦点却不是凶手陈世峰本身,而是死者江歌生前好友刘鑫。

腾讯《大家》专栏作者苏更生在文章《你们骂刘鑫自私,她却因为自私保住了生命》中分析舆论转向刘鑫的原因时称,在好友因保护自己而惨遭杀害时,刘鑫并没有遵循公众道德认知的做法——立即协助警方指认凶手,安抚好友家属的情绪,再向公众忏悔并许诺会赡养好友母亲。她反而"拉黑好友母亲,威胁不协助调查,其父母也咒骂江歌母亲"。

截至目前,该文章阅读量已达64 433次,精选评论中立场双方各执一词,刘鑫作为整个事件中最具争议性的人物,有人认为她是受害者,并施以同情;但也有人谴责她是杀害江歌的"帮凶"。

知名作家苏岑在转发央视新闻关于该事件的报道时评论称:"江歌事件最让人痛心的,是把人心最卑鄙的一面挖开给你看,江歌事件是对'朋友'这个词汇最无耻的一次亵渎!不过不必侥幸,天道自有轮回,看它能饶过罪孽深重的谁?!特别相信一句话:因果报应里,没有侥幸。"

截至目前,该微博被转发10 697次,被评论9 272次,且评论呈现"一边倒"趋势:大部分网友谴责刘鑫的行为,认为她是帮凶。网民@何玉华mm直言:"全国人民判处刘鑫死刑,立即执行!"网友@我是个好坏的人则表示:"如果有一天刘鑫因为受不了网络暴力而自杀了,我一直在等这一天。"网民@在云上唱歌表示:"一个受害者不妨碍她痛恨死也是一个帮凶,刘鑫就是。"但是,也有网友对刘鑫表示同情,认为她是受害者,网友@George、大虾认为"刘鑫确实是受害者之一"。

评析:以上专栏作者和知名作家用自己的评论和微博来吸引网民眼球,赚取名利实是无可厚非的事情。但从更广义的层面来讲,当某个新闻事件介入社会问题、公共议题等易掀起舆论浪头的热点事件时,我们的自媒体人应恪守道德底线,遵循客观事实,追求完整新闻真相。在"江歌案"的舆情发展中,正是自媒体不断地制造网络舆情,带来网络暴力,导致网民群情激愤。

……

然而,通过这几天法庭上多方(包括检方、法官、陈世峰、刘鑫、江母、法医、邻居)之辩论、询问和证词,我们对案件的过程大体有了比较清晰的了解,可以有一些达成共识的事实了。对刘鑫的那三条指控基本上站不住脚了,等最后判决的时候应该可以看得更清楚。

作者在此提出了三个疑问:第一条,凶手的目标可能是江歌而不是刘鑫。这个结论可以从检方的陈述和陈世锋的律师的辩护中得出。如果这一点最终成立的话，那么"江歌是为了保护刘鑫而死"这个说法就不成立，更准确地说不能直接成立。间接地说还是成立的，因为江歌收留了刘鑫，但当晚陈世峰是奔江歌而去的，虽然动机还不清楚。

第二条，凶杀过程很快，没有传说中的争吵和打斗。1.江歌被杀之前与被杀的过程中没有明显的争吵声，邻居的证词证明了这一点。邻居只听到了一声尖叫，所谓"被杀之前有20分钟的争吵"完全是中国网络编造出来的。陈世峰下手狠毒，致命一刀下去后瞬间江歌就失去知觉。2.江歌所住公寓的门确实是向外推，而非向内推的。如果被重物挡住的话，刘鑫所说的推不开门是可能的。3.刘鑫在第一时间报警。警方收到的报警录音有三段：1)11月3日零点16分刘鑫报警录音；2)11月3日零点21分邻居小岛报警录音；3)11月3日零点22分：刘鑫再次报警录音。4.目前核心争议依然是刘鑫有没有主动锁门，刘鑫一直坚持的是她以为门是从外面被锁上的，因为她推不开门。她的报警录音中有一句很关键的话："把门锁了，你不要闹（骂）了。"当庭法官让刘鑫不断重复"闹"和"骂"这两个字，最后法官断定刘鑫说的是"把门锁了，你不要闹了"。刘鑫说，这句话前面还有两个字"怎么"。

这个所谓的核心争议的目的还是想证明刘鑫在说谎，她的证言无效。我看了昨天刘鑫庭审的完整记录，总体感觉刘鑫在法庭上的证言与其以前的说法是一致的。面对陈的律师和法官的提问，她把个别与之前供述的差异之处也都自圆其说了，没有大的逻辑漏洞。就看日本陪审团是否会采信、采信多少刘鑫这种在中国完全是负面形象者的证词了。退一步说，刘鑫就是把门锁了也是很正常的行为。因为她打电话报警时，警察给她的建议也是把门锁上。

第三条，刘鑫一直都在配合警方调查，她不理睬江母是有原因的。这一点，我曾经引用过案发后的时间轴，更简单的归纳是这

样的:

A. 11月3日凌晨,凶案发生,刘鑫第一时间报了警。

B. 11月4日,江母在微博上公布了刘鑫的姓名,并@了很多大V。

C. 11月5日,江母在微博上公开怀疑凶手是"刘鑫的前男友",网络上出现了大量对刘鑫的攻击,并且有人号召人肉刘鑫。而这两天里的刘鑫,正在协助警方调查。

D. 11月6日,网上流出刘鑫威胁江母不协助调查的微信原话:"再出这种新闻,我就停止协助警察。"

评析: 新闻真实报道的具体做法需要媒体人积极关注事实真相,报道揭示事实发生过程的原因及其本质,上述文章很有逻辑地将事实真相展现在网民面前。执行检验新闻是否实事求是相对来说还比较容易,但是,检验新闻是否正确地反映了事物的本质,执行起来就相当困难。我们要不断地比对参照物才能很好地完成这一任务,这个参照物就是我们对时代、社会和世界本质的普遍认知。

……

刘鑫肯定不是一个高大上的人物,她就是一个普通人,有着普通人的瑕疵。但就目前看到的案情而言,我觉得她的行为属于正常。假如你是刘鑫,如果你身处在不确定的、恐惧的环境下,你会怎么做?你会比她做得更好吗?当你惊魂未定,却要面对江母突然的责难、面对汹涌的网络暴力时,你会不会愤怒,会不会发出"再出这种新闻,我就停止协助警察"的"威胁"?

刘鑫是证人,不是凶手。媒体现在再妖魔化刘鑫,把她视为帮凶也不会对她造成更多的伤害,这一年的伤害已经够她受一辈子了。

评析: 我们目前看到的所谓"江歌案"的事实很多都是单向化、碎片化的,有的甚至被人为加工或篡改过。碎片化传播形式的直接结果就是产生了后真相语境下的形塑,后真相时代的新闻事件通常破碎为单个的时间点,网民注意力被分散,很少对新闻事件中的人物进行思考,从而形成了对新闻人物片面的意见。上述文字中的人物刘鑫就成了网民们炮轰的对象。当然,对这样的网络暴力事件,自媒体专业人士要适当了解,在自己的职业生涯中尽量避免此类舆情的发生。

(撰稿人:叶欣)

第六部分

职业伦理

21世纪网新闻敲诈案分析

一、案例介绍

21世纪网新闻敲诈案是一起以舆论监督为幌子,通过有偿不闻和有偿新闻获得巨额利益的特大新闻敲诈案件。2014年3月27日,中宣部等9部门联合印发《关于深入开展打击新闻敲诈和假新闻专项行动的通知》,在全国范围内开展打击新闻敲诈和假新闻专项行动,21世纪网新闻敲诈案是这次行动中查处的涉案金额最大、波及面最广的一起案件。

21世纪网原为南方报业集团所属21世纪传媒公司旗下的专业财经新闻网站,该网站最初是从《21世纪经济报道》的网络版改版而来,于2010年实现独立运营、独立核算,拥有自己的采编团队,事发前在财经新闻领域拥有广泛的影响力。

该起案件在新闻媒体上的曝光源自2014年9月3日晚上海市公安局通报的一条消息。消息称,上海市公安局于日前侦破一起特大新闻敲诈案件,涉案的21世纪网主编和相关管理、采编、经营人员及上海润言、深圳鑫麒麟两家公关公司负责人等8名犯罪嫌疑人被依法采取刑事强制措施。上海警方成立专案组对此案进行了调查。9月10日,专案组披露了案件细节:21世纪网通过公关公司招揽介绍和业内新闻记者物色筛选等方式,寻找具有"上市""拟上市""重组""转型"等题材的上市公司或知名企业作为"目标"对象。对于愿意"合作"的企业,在收取高额费用后,通过夸大正面事实或掩盖负面问题进行"正面报道";对不与之合作的企业,在21世纪网等平台发布负面报道,以此要挟企业投放广告或签订合作协议,单位和个人从中获取高额广告费或好处费。据专案组核查,21世纪网平均每年与100多家拟上市公司、上市公司签订"广告合同",累计收取费用数亿余元。

卷入此案的两家公关公司——上海润言和深圳鑫麒麟,都是在业内首屈一指的财经公关公司,它们与21世纪网相互勾结、共同获利。这种新闻敲诈模式由此形成,并逐渐呈现愈演愈烈的趋势。专案组还查明,上海润言、深圳鑫麒麟等财经公关公司还会对21世纪网部分高管进行"公关",手段包括请客、送礼,甚至直接行贿,行贿金额从数十万元到上百万元不等。

专案组在调查过程中还发现,21世纪传媒公司旗下的《21世纪经济报道》与《理财周报》同样牵涉其中。2014年9月25日,时任21世纪传媒公司总裁、《21世纪经济报道》创办人兼发行人沈颢和总经理陈东阳被警方带走。10月10日,上海市人民检察院第一分院以涉嫌敲诈勒索、强迫交易、非国家工作人员受贿和对非国家工作人员行贿罪,依法分别对21世纪网总裁刘冬、副总编周斌,《理财周报》社发行人夏日、主编罗光辉,《21世纪经济报道》社湖南负责人夏晓柏等25人批准逮捕。刘冬供述说:"为防止我们报道企业的负面新闻,财经公关公司会找企业以与网站签订广告合同、投放广告的方式,封我们的嘴。"周斌也承认,所谓"广告费"其实就是"保护费","为了不出现负面新闻影响上市,企业不得不和网站签订广告合同,这就等于签了一个保护协议"。[①]

2015年4月30日,国家新闻出版广电总局向社会通报了对21世纪传媒公司旗下21世纪网、《理财周报》和《21世纪经济报道》等新闻敲诈案件的行政处理情况,其中21世纪网被责令停办,《理财周报》被吊销出版许可证,《21世纪经济报道》被责令整顿。12月24

---

① 张洋:《揭开新闻敲诈背后的利益链》,《人民日报》2014年9月11日。

日,上海市浦东新区人民法院对该案作出一审判决:以强迫交易罪对被告单位 21 世纪传媒公司判处罚金人民币 948.5 万元,追缴违法所得 948.5 万元;判处 21 世纪传媒公司原总裁沈颢有期徒刑四年,并处罚金人民币 6 万元;对系列案件的其他被告人分别处一年六个月至十年六个月不等有期徒刑。

沈颢在任职 21 世纪传媒公司总裁之前,原为《南方周末》新闻部主任,曾在《南方周末》新年献词中写出"总有一种力量让我们泪流满面""让无力者有力,让悲观者前行"等经典语句,被一代中国媒体人奉为心目中的偶像之一。他在庭审的最后陈述阶段表达了自己的痛悔:"公司业务这几年发展较快,由于自己一直更多地从事采编工作,对经营业务较为陌生,也由于自己性格上的弱点和管理能力上的短板,所以在经营管理上过于松懈。久而久之,方向发生了偏差,酿成大错,直到走上了违法的道路而不自知。想起来觉得非常愚蠢,又十分痛心。"①

21 世纪网新闻敲诈案也是一起严重的新闻职业伦理失范事件。该起案件经媒体广泛报道后,在新闻行业内部形成了巨大冲击力,促使媒体机构和新闻从业者认真反思新闻行业的伦理困境。

二、案例分析

(一) 严重违背新闻真实性原则

此案件是一起典型的新闻敲诈案例,严重违背了新闻的真实性原则。新闻敲诈是指新闻机构、真假记者以媒体曝光威胁、要挟当事人,从而非法获取公私财物的行为②。在 21 世纪网新闻敲诈案中,主要表现为有偿不闻和有偿新闻。有偿不闻俗称"封口费",是指新闻机构或新闻从业者接受或变相接受报道对象的贿赂而停止采写活

---

① 《21 世纪传媒原总裁沈颢被判 4 年》,《青年报》2015 年 12 月 25 日。
② 陈建云:《新闻敲诈,该当何罪?》,《新闻记者》2014 年第 7 期;陈建云:《新闻敲诈的社会根源与防治举措》,《新闻爱好者》2014 年第 11 期。

动,不再揭露报道对象的违法甚至犯罪行为。在本案中,具体表现为通过刊登原创性、以深度见长的负面报道,吸引拟上市或已上市公司自动找上门,或通过公关公司作为中介人,以签订广告合同的形式支付费用,交换删除网站上的相关负面报道。21世纪网涉案人员、原21世纪网总裁刘冬承认,这些"广告费"实为"保护费"。同时,对于支付了高额"广告费"的企业,21世纪网通过夸大正面事实进行"正面报道"。这就是该案中的另一种谋财方式——有偿新闻,即新闻机构或新闻从业者以报道内容换取不正当的商业利益。有偿新闻在有偿基础上美化报道对象或丑化竞争对手,扭曲了事实真相;有偿不闻则包庇了报道对象,遮蔽了事实真相。两者的本质都是利用媒体的舆论监督权进行权力寻租。

真实性是新闻的生命,是马克思主义新闻观的核心理念之一。新闻业的公信力建立在对事实真相的客观、准确、全面报道上,这就要求新闻机构和新闻从业者在面对利益冲突时,始终坚守职业伦理底线,抵制各种利益的诱惑,坚守真实性原则。《中国新闻工作者职业道德准则》第四条明确规定:"坚决反对和抵制各种有偿新闻和有偿不闻行为,不利用职业之便谋取不正当利益,不以任何名义索取、接受采访报道对象或利害关系人的财物或其他利益。"新闻敲诈背离了新闻的真实性原则,破坏了国家治理秩序,危害了群众切身利益,损害了新闻媒体公信力,污损了新闻工作者的形象,影响了新闻行业的健康发展,是应当坚决杜绝的一种违法行为和新闻伦理失范行为。

(二)严重侵蚀媒体公信力

社会责任是马克思主义新闻观的有机成分,认真履行社会责任是新闻媒体公信力的来源。大多数新闻机构和新闻从业者都能够坚持把社会责任放在首位,坚守伦理底线。但也有部分媒体社会意识淡薄,甚至抛弃社会责任,片面追求经济利益,21世纪网就是这样的媒体。《人民日报》就此案发表的评论文章称:"媒体从业者也是思想文化工作者,引领着社会思潮,提供着精神养料,这是价值所在,更是尊严所系。他们能否严守节操、行为世范，关乎社会主义核心价值观能否真正深入人心。从这个角度看，媒体人更需把握好自己在整个社会中的位置。"[1]诚然，与大多数在改革开放中成长起来的行业一样，新闻业也经历了市场化改革的浪潮，否认新闻机构的商业属性也是不客观的做法。但是新闻业毕竟不同于纯粹的商业性行业，社会属性和公共属性才是新闻业的底色，也是新闻业能够获得尊重的原因所在。

要践行马克思主义新闻观，就要厘清社会责任和商业利益之间的关系，明确新闻机构的社会属性与商业属性孰轻孰重，强调新闻业公共性与商业性之间的清晰边界。无论在何种情况下，新闻伦理的规范性基础都是不容破坏的，否则就有可能影响到新闻业的权威性与公信力。当前，人工智能等新兴技术正在重构新闻生产流程，带来新的伦理议题。但是，无论新闻业如何变迁，有偿不闻、有偿新闻等行为永远都会为真正的新闻从业者所唾弃。要维护新闻业的公信力，就要坚持原则、明辨是非，坚持真理、反对谬误，以社会责任作为新闻机构的首要责任，杜绝新闻敲诈等伦理失范行为，在新闻实践中真正践行马克思主义新闻观。

（三）严重破坏人民性原则

《中国新闻工作者职业道德准则》第一条明确提出，新闻工作者要全心全意为人民服务。人民至上是马克思主义新闻观的本质要求，是党的群众路线在新闻实践中的具体体现。2016年2月19日习近平总书记在党的新闻舆论工作座谈会上强调，要深入开展马克思主义新闻观教育，引导广大新闻舆论工作者做党的政策主张的传播者、时代风云的记录者、社会进步的推动者、公平正义的守望者。而新闻敲诈行为将动摇媒体作为传播者、记录者、推动者和守望者的规范性基础。

---

[1] 贾壮：《守住底线，才有媒体公信》，《人民日报》2014年9月12日。

在21世纪网新闻敲诈案中,涉案媒体用自身对资本市场的舆论监督权交换不正当的利益,引发伦理危机和行业信任危机,也引发新闻业对舆论监督的反思。新闻媒体的舆论监督权不能异化为机构或个体的牟利工具,它是与新闻媒体的公共性逻辑而非商业逻辑联系在一起的。马克思认为,报刊的首要职责是揭发招摇撞骗,舆论监督的首要对象是公共权力,其次是公共服务领域中的人和事。资本市场需要舆论监督。正如涉案人员所说,他们知道某些上市公司是有问题的,但是在利益的诱惑下,他们把舆论监督异化为换取不正当利益的手段。更令人震惊的是,在巨大利益的诱惑下,一些21世纪网的工作人员甚至私下开办公关公司,肆无忌惮地实行新闻敲诈。还有部分人员涉嫌内幕交易,故意以负面报道导致相关企业股价下跌,进而大量做空,获取巨额利益。在一个规范的新闻机构内部,内容生产和经营活动是泾渭分明的。但在21世纪网这一案例中,新闻机构已经实实在在沦为了资本的奴隶,新闻生产与敲诈勒索交织在一起,彻底破坏了新闻业的公信力。21世纪网前总裁刘冬就承认:"如果运用媒体的人心怀不端,造成的危害无法想象。举上市公司为例,如果媒体不能据实报道,或者故意隐瞒敏感信息,或者故意误导读者,那损坏的将是整个市场秩序以及投资人的信心。"①

(四)及时报道反思媒体责任

在反思21世纪网等媒体的伦理失范行为过程中,新闻业也不断发出自己的声音,重申对社会责任的重视与追求。案件披露初期,媒体通过引用权威信息来源,及时跟进报道;在案件调查过程中,媒体通过深入挖掘案件产生的原因与背景,提供解释性报道;在舆论扩散过程中,媒体还通过评论类作品反躬自省,反思新闻业在市场化过程中遭遇的伦理失范问题。这些媒体报道通过揭露事实真相,深入剖析事件原因,对切实遏制新闻敲诈等媒体伦理问题起到了

---

① 张洋:《揭开新闻敲诈背后的利益链》,《人民日报》2014年9月11日。

重要的舆论监督作用,也对肃清媒体自身发展环境起到了较好的推动作用。

1. 引用权威消息来源

在 21 世纪网新闻敲诈案的披露、调查、审判过程中,全国各级媒体主要通过引用权威信息来源进行报道,最大限度地保证了新闻的真实性。本案初次被披露时,各级媒体都是引用了上海市公安局的权威消息。此后,上海市公安局成立了专案组对此案进行侦查。本案的第二次媒体披露就来源于专案组发布的消息。2014 年 10 月 10 日,上海市人民检察院第一分院批捕了部分涉案人员。2015 年 4 月 30 日,国家新闻出版广电总局向社会通报了对 21 世纪传媒公司旗下 21 世纪网、《理财周报》和《21 世纪经济报道》等媒体机构的行政处理情况。2015 年 12 月 24 日,上海市浦东新区人民法院对该案作出一审判决。在上述过程中,国家和地方机关是主要的信息来源,为相关报道提供了坚实的基础。

在自媒体时代,新传播技术的迅猛发展不仅使公众能够更加方便快捷地获得消息,也促使他们更多地参与到信息的自主生产过程,舆论场中由此出现了许多不和谐的因素。尤其是网络谣言的泛滥,成为许多假新闻的信息来源,造成了舆论场的秩序混乱。而在 21 世纪网新闻敲诈案的报道中,新闻机构能够立足于权威机构的权威信息,秉持实事求是的精神,据实和如实报道新闻事实,以行动实践了马克思主义新闻观。

2. 及时跟进事件进展

及时跟进事件进展是新闻媒体的职责,是马克思主义新闻观的基本要求。21 世纪网新闻敲诈案时间跨度较长,从 2014 年 9 月上海市公安局首次披露案情,到 2015 年 12 月宣判,各级媒体纷纷跟进报道,及时披露案件最新进展,满足了公众的知情权。有偿不闻和有偿新闻等媒体伦理失范行为早已存在于新闻业,尤其是在财经新闻领域。但是,公众对于上述情况的了解程度普遍较低。通过 21 世纪网新闻敲诈案的相关报道,公众得以了解新闻敲诈的利益链及其背后的行业黑幕,一方面满足了公众的知情权,另一方面也有助于提高公众的媒介素养,增强他们对新闻的筛选能力。

有人说,有偿不闻是新闻业公开的秘密。但是对于大部分公众来说,如此大规模的行业失范仍然令人震惊。21世纪网新闻敲诈案涉案金额高,涉案主体广,公众要厘清其中的因果逻辑,就需要新闻媒体的跟踪性报道。与此同时,该案的影响巨大,部分公众由此对新闻业产生了不信任感,媒体机构的公信力也受到质疑。因此,通过及时准确的一手报道,新闻媒体能够重新让公众了解新闻业的伦理基础,了解有偿不闻、有偿新闻等新闻敲诈行为并非新闻业的主流,进而重塑新闻业的公信力。

3. 深入挖掘事件真相

深入挖掘事件真相,揭示事件的起因、经过与结果,是马克思主义新闻观的必然要求。在21世纪网新闻敲诈案中,记者通过走访上海市公安局成立的专案组,采访犯罪嫌疑人以及办案民警,还原案情真相,揭示事件的起因与背景。媒体报道也追溯和分析了新闻敲诈之所以会发生的主要原因。其中最关键的一点在于,负面报道对未上市或已上市的公司来说都存在较大的风险。企业在准备上市的过程中,一旦出现负面新闻,这个企业的上市就会搁浅,甚至有可能被证监会调查而取消上市资格。而对于已上市公司来说,负面报道也会令其经营受影响或股价下跌。正因为如此,这些公司才会如此小心翼翼,对21世纪网和涉案公关公司奉上"保护费"。此类深度报道不仅揭示了新闻业存在的行业弊端,也对资本市场的运作逻辑提出了拷问。

在我国市场化发展的过程中,商业逻辑已经深入各大行业,媒体不再仅仅保持其公共属性,而是同时增加了商业属性。一旦巨大的利益诱惑摆在面前,机构和个人都有可能因为贪婪而走向歧途。在21世纪网新闻敲诈案中,媒体机构与公关公司同流合污,谋取不正当利益,严重破坏了新闻业的规范性基础。媒体通过对该案真相的深入挖掘,践行马克思主义新闻观所要求的真实性、客观性、准确性原则,是对新闻敲诈等伦理失范行为的有力回击,在满足公众知情权的同时,亦整肃了新闻业的不正之风。

三、重要报道评析

揭21世纪网新闻敲诈黑幕:涉非法收取数亿保护费
(2014年9月10日 新华网,新华社"新华观点"记者)

"媒体作为一种公权力,如果使用它的人心怀不端,造成的危害将无法想象。长此以往,我们不仅不会成为社会进步的推动者,相反会成为价值毁灭者。"

……

消息公布的次日,关于财经新闻行业"有偿沉默"的讨论即在网上散播开来。

有人直言:"有偿沉默"是业内公开的秘密,追究起来可以入刑,被查是早晚的事。也有人发问:这次为什么是21世纪网出事?

记者了解到,21世纪网进入公安机关视野,正是源于一些企业和个人的举报。多名犯罪嫌疑人的供述显示,被21世纪网涉嫌敲诈过的企业"实在太多",站出来举报的还只是小部分。

评析:开篇就点明媒体的公权力来自其自身作为社会进步推动者的价值,如果这种价值遭到破坏,媒体的公信力也将荡然无存,由此引出财经新闻行业的"有偿沉默"现象,从而展开对21世纪新闻网敲诈案的报道。这是一种由面及点的报道手法,以层层递进的方式揭开新闻行业长久以来存在的伦理危机——有偿不闻。

……

专案组查明,21世纪网通过公关公司招揽介绍和业内新闻记者物色筛选等方式,寻找具有"上市""拟上市""重组""转型"等题材的上市公司或知名企业作为"目标"对象。对于愿意"合作"的企业,在收取高额费用后,通过夸大正面事实或掩盖负面问题进行"正面报道";对不与之合作的企业,在21世纪网等平台发布负面报道,以此要挟企业投放广告或签订合作协议,单位和个人从中获取高额广告费或好处费。

按照刘冬的指示,周斌每周组织召开选题会议,选择未与21世纪网建立"合作"关系的公司作为报道对象,撰写负面报道在21世纪网上刊登;涉及重大、敏感题材的,则报给刘冬审定。

"负面报道出来后,被报道的公司就会主动找上门来,或者通过公关公司找我们谈合作,一般都是以广告合同的形式,费用大致在20万至30万元之间。"周斌供述,"广告合同"一旦签好,他就会通知编辑部门将网上的相关负面报道删除。

评析:重点揭示了媒体机构、企业与公关公司之间通过"有偿不闻"来进行不正当利益交换的具体手法,包括夸大正面事实或掩盖负面问题。通过签订合作协议或广告合同等手法,这种违法行为被"正规化"了。新闻与广告之间本应有清晰的界定与区分,报道则揭示了媒体机构如何以违法手段混淆了两者之间的边界。

……

那么,为什么众多企业都会选择息事宁人,乖乖交纳"保护费"?

"一个企业上市,会获得巨大的经济利益。那么企业在准备上市的过程中,如果媒体上出现了针对该企业的负面新闻,这个企业上市就会搁浅,或者被证监会调查而取消上市资格。所以,企业在上市前会不惜一切代价维护正面形象,不能出现负面报道,不管这些报道是真实的,还是不真实的。"刘冬坦言,对于已上市公司来说,负面报道也会令其经营受影响或股价下跌。

犯罪嫌疑人、21世纪网记者王卓铭说,用负面报道敲诈企业是行业内的潜规则。"这也是集体行为,公司上下都这么干。"

评析: 这是一篇深度的解释性报道。此段进一步解释了企业选择交纳"保护费"的深层次原因,那就是资本市场的运作规则导致上市企业不能出现负面报道,否则会影响企业上市或导致股价下跌,因而用负面报道敲诈企业才有可能成为一种行业内部的潜规则,进而形成巨大的利益链。

……

"2005年,A股上市公司进入股权分置改革。从这个时候起,部分'先知先觉'的媒体就开始探索以负面报道相要挟的'合作'模式。"连春晖回忆,上市公司开始关注到媒体压力,有不少企业不得不花钱消灾,这种模式由此初具雏形;在后来的企业上市高潮期,被更多媒体争相效仿、直接复制,呈大范围扩张的态势。

上市企业对媒体态度的变化也令连春晖印象深刻。2009年开始,她去竞标拟上市企业客户时,对方的第一句话就是:"你们和媒体的关系如何?能不能消除负面新闻?"

"也就是说,拟上市企业已经把媒体工作替代路演推介,作为最重要的公关需求了。"连春晖供述。从2010年起,财经媒体公关行业的乱象越来越严重,一线财经媒体全部加入,二三线财经媒体全面开花,都想分一杯羹。如果企业没有向各路媒体告知"合作"意向,则基本上难以幸免于负面报道。

评析: 与其他报道相比,该报道还对有偿不闻利益链形成的历史原因进行了深入挖掘,包括2005年A股上市公司的股权分置改革何以催生了以负面报道相要挟的"合作"模式,以及这种行业内部的乱象何以在2010年后愈演愈烈,导致"一线财经媒体全部加入,二三线财经媒体全面开花"。

……

连日来,身陷囹圄的多名犯罪嫌疑人对自己的所作所为进行了深刻反思和忏悔。他们集中谈到的一点,即是这种"保护费"模式对各方带来巨大伤害,为之埋单的是股民的利益、媒体的公信力、企业的发展乃至整个市场的未来。

……

"对媒体行业也是巨大的伤害。"陶凯说,这显然违反媒体从业者应当遵循的公平公正的职业操守,也违反了新闻报道的独立性、客观性和真实性原则;还败坏了行业风气,引发更多媒体效仿,催生出更多的违法犯罪。

……

有关人士指出,21世纪网涉案被查,应当引发各方对于资本市场舆论监督问题的深入思考。新闻媒体的舆论监督权不能异化为待价而沽的牟利工具,媒体从业者不能成为手握"第四种权力"的寻租者和牟利者。资本市场不是不需要舆论监督,恰恰相反,市场的任何变化都关系到股民的真金白银,关系到企业的正常发展乃至国计民生,公众的知情权必须得到保护,媒体的监督权需要正确行使。对于媒体而言,客观报道、公正中立是根本;对于企业而言,诚信守法、规范经营是底线。各类市场参与者都应当在法律的轨道上运行,共同推进市场的规范化、法治化。

评析:该报道在结尾分析了这种"保护费"模式带来的几大危害,包括"股民的利益、媒体的公信力、企业的发展乃至整个市场的未来",也为相关行业的从业人员敲响了警钟。尤其是对于媒体行业来说,这种行为显然违反了新闻业的职业操守,破坏了新闻的独立性、客观性和真实性原则。因此,报道也强调,对媒体行业来说,"客观报道、公正中立是根本",媒体从业者不能异化为寻租者和牟利者。

揭开新闻敲诈背后的利益链

(2014年9月11日 《人民日报》,记者 张洋)

上海警方日前对外发布消息称,根据一些企业和个人举报,侦破一起特大新闻敲诈案件。涉案的21世纪网总裁等高管和相关管理、采编、经营人员以及上海润言、深圳鑫麒麟两家公关公司的负责人等8名犯罪嫌疑人被依法采取强制措施。

21世纪网到底从事着哪些犯罪活动,该案揭开了哪些"黑幕"?上海警方对记者披露了案件详情。

……

说到"相关舆论上的保护",刘冬供述说,"21世纪网属于全国一线财经网站,有较大的话语权和影响力。为防止我们报道企业的负面新闻,财经公关公司会找企业以与网站签订广告合同、投放广告的方式,封我们的嘴"。

"其实就是保护费。为了不出现负面新闻影响上市,企业不得不和网站签订广告合同,这就等于签了一个保护协议。"21世纪网主编、犯罪嫌疑人周斌说。

评析:通过警方披露的犯罪嫌疑人供述,最大程度地还原了案情真相,披露了事件背后隐藏的利益链,揭示了事件的本质,即21世纪网的做法就是收"保护费"。由此,也将财经新闻行业内部长久以来存在的伦理失范现象呈现在公众面前。

……

敲诈之后还有二次敲诈

"签订合同后,网站会将企业名单统一交给采编部记者,要求他们不要撰写这些企业的负面新闻。但有些记者还是会撰写其中一些企业的负面新闻,此时公关公司就会启动'紧急公关机制'。"据刘冬介绍,对于有长期合同、关系较好的公司,他们会马上撤稿;对于关系一般、有短期合同的公司，广告部就会在公关公司的协调下，要求对方增加广告投放费用或者延长广告投放时限。

祥云飞龙公司就这样被敲诈过。"今年6月，网站记者朱益民对祥云飞龙公司做了1个月的秘密采访并撰写成稿。记者采访时，对方通过深圳鑫麒麟公司给我打招呼，我没有理睬。"据刘冬回忆，发稿当天祥云飞龙公司再次联系到他，请求撤稿。"经过多番交涉，我决定不再发稿了。"

评析： 作为一则解释性报道，进一步挖掘事件背后隐藏的深层次真相，揭示21世纪网"敲诈之后还有二次敲诈"，即在与被敲诈公司达成协议后，部分记者仍有可能继续撰写企业的负面新闻，从而在原有的利益链上形成二次敲诈。

……

目前，本案正在进一步侦办中。身处高墙之内的犯罪嫌疑人对自己的所作所为都表示了自责和悔过。刘冬说："如果运用媒体的人心怀不端，造成的危害无法想象。举上市公司为例，如果媒体不能据实报道，或者故意隐瞒敏感信息，或者故意误导读者，那损坏的将是整个市场秩序以及投资人的信心。"

"时至今日，如果给我一个重新选择的机会，我会对自己和所有人说，要拒绝那样丑陋的商业模式……"周斌说。

记者获悉，目前涉案企业已达100多家。公安机关专门开设了号码为"021-22029018"的报案电话，欢迎社会各界举报犯罪线索。

评析： 以犯罪嫌疑人的悔过作为报道的结尾，一方面是对事件的性质进行定性，表明事件的危害性；另外一方面也是借由直接涉案人的供述来警示新闻从业者，应当"拒绝那样丑陋的商业模式"，在新闻的公共性与商业性之间划清边界。

守住底线，才有媒体公信

(2014年9月12日 《人民日报》，作者 贾壮)

......

"广告费"实为"保护费"，涉嫌非法牟利数亿元……很难想象，这是一个财经新闻类网站和公关公司的联手所为。日前，上海市公安局通报，21世纪网和两家公关公司的8名犯罪嫌疑人被依法采取刑事强制措施；近日，媒体再次披露了这起特大新闻敲诈案细节，引发对媒体人职业道德的讨论。

一颗歪脖树，不能代表整片森林。应该说，绝大多数媒体及其从业人员，都能够严守职业道德底线，保持良好的职业操守。一篇篇真实、深刻、鲜活的新闻报道，是舆论监督发挥社会功效的生动注解。单看资本市场，没有当年对基金黑幕的揭露，不会有公募基金的快速发展；蓝田股份和银广夏造假被媒体公之于世，让上市公司质量成为公众话题。为了职业理想，很多媒体人夙兴夜寐、孜孜以求。

评析： 这是一篇评论，重点在于对案件涉及的媒体人职业道德问题进行批判和警醒。开篇首先肯定了"绝大多数媒体及其从业人员，都能够严守职业道德底线，保持良好的职业操守"，也突出了以往媒体行业如何通过新闻报道发挥舆论监督作用的贡献。如此立论，既指出问题，又避免了以偏概全。

......

诚然，和许多行业一样，新闻媒体也需要自负盈亏，新闻从业者也会遭遇油盐酱醋的烦恼，面临不少现实困境。特别是伴随着技术变革和行业整合，越来越多的媒体经营出现困难，也不得不面对复杂深刻的社会转型。但这绝不是"新闻寻租"的理由！将传统媒体商业模式难以为继，当成新闻敲诈时有发生的原因；以"行业潜规则""职务行为"等为说辞，为涉案的新闻记者辩护，根本就是是非不分。即便像有些人说的,"理想不能下饭,情怀难以变现",但就像穷困不是偷盗的理由、亏损不是欺骗消费者的借口一样,任何情况,媒体都不应该成为谋取私利的工具,这是一条不可突破的底线。

今天的中国,媒体从业者面对着更为复杂的"盗梦空间"。因为职业特点,媒体从业人员往往会成为各种利益关系交织的节点,面对很多现实的诱惑。但无论如何,守住底线是一个基本要求。任何一个正规的媒体采编规范中,都能找到严禁有偿新闻和不得利用采编报道谋取不正当利益的规定。这不仅是职业道德要求,如若走错了一步,也很容易就跌入违法犯罪的深渊。无论是公民还是记者,对于"有偿新闻""有偿沉默",都应坚决说"不"。

评析:评论继续分析了新闻行业的特殊性,例如,新技术变革和行业整合给新闻业带来经营困难。但评论强调,这不能成为新闻寻租的理由,"任何情况,媒体都不应该成为谋取私利的工具,这是一条不可突破的底线"。因此,无论是公民还是记者,都应当对"有偿新闻"和"有偿沉默"坚决说"不"。

……

媒体具有公共性,正如21世纪网新闻敲诈案一名犯罪嫌疑人所反思的,"如果使用它的人心怀不端,造成的危害将无法想象。长此以往,我们不仅不会成为社会进步的推动者,相反会成为价值毁灭者"。的确,媒体人掌握着一定的话语权,这就决定了应该接受比常人更加严格的道德要求。应该说,媒体从业者也是思想文化工作者,引领着社会思潮,提供着精神养料,这是价值所在,更是尊严所系。他们能否严守节操、行为世范,关乎社会主义核心价值观能否真正深入人心。从这个角度看,媒体人更需把握好自己在整个社会中的位置。

评析:最后,评论点明了媒体的公共属性,并以犯罪嫌疑人的直接供述作为佐证,表明掌握话语权的媒体人不能心怀不端,否则"不仅不会成为社会进步的推动者,相反会成为价值毁灭者"。最后,评论还将遵守新闻职业伦理提升到社会主义核心价值观的高度,认为严守节操是确立媒体人在整个社会中位置的关键所在。

21世纪传媒原总裁沈颢被判4年

(2015年12月25日 《青年报》)

他曾经写出"总有一种力量让我们泪流满面""即使新闻死了,也会留下圣徒无数"等经典语句,曾经被一代中国媒体人奉为心目中的偶像之一……然而,他却跌入犯罪的泥潭,从二十一世纪传媒公司掌舵人变成被告人,接受法律的庄严审判。

评析: 该报道以21世纪网新闻敲诈案中的主要责任人——21世纪传媒原总裁沈颢作为主要报道对象,因此开篇就回溯了沈颢曾经在中国媒体界的特殊地位以及他曾经写下的经典语句——"总有一种力量让我们泪流满面"。

……

此前的庭审中,坐在被告人席上的沈颢始终攥着一叠纸——这是一份悔过书。在最后陈述阶段,沈颢面对法庭,整整念了13分钟,几度哽咽并深深鞠躬致歉,当庭认罪悔罪。

"千里之堤,溃于蚁穴。长期小问题的累积终于造成了崩溃,悔之晚矣!"在庭审的最后陈述阶段,沈颢站了起来,展开长达3 000余字的悔罪书,表达自己的痛悔。

"作为总裁,要负很大的责任。"沈颢说,自己不应该过分追求经济效益,目标有时不合实际。媒体是为公共利益服务的,但是媒体又需要通过商业活动获取收益来维持自身的发展,这使得媒体业在定位上有天然的矛盾冲突性,需要特别的平衡。

"公司业务这几年发展较快,由于自己一直更多地从事采编工作,对经营业务较为陌生,也由于自己性格上的弱点和管理能力上的短板,所以在经营管理上过于松懈。久而久之,方向发生了偏差,酿成大错,直到走上了违法的道路而不自知。想起来觉得非常愚蠢,又十分痛心。"沈颢沉痛地说。

评析:该段主要呈现了沈颢在庭审中认罪陈述的情况,报道重点是沈颢的悔过书,包括他如何承认"作为总裁,要负很大的责任",如何后悔"由于自己性格上的弱点和管理能力上的短板,所以在经营管理上过于松懈。久而久之,方向发生了偏差,酿成大错",以此来警示新闻从业者要严格遵守新闻职业道德。

......

2001年1月,《21世纪经济报道》创办发行,这是一份"承载着新闻理想与抱负"的报纸,主要创办者为沈颢、陈东阳等人。当时年仅30岁的沈颢,此前是《南方周末》报社新闻部主任。"让无力者有力,让悲观者前行""一张纸很小,但一张报纸很大;个人很渺小,但一个媒体人使命神圣"。这些激扬的文字都出自沈颢之手。

"我一直在坚持一种正义、爱心、良知的新闻价值观,也只有在这样一种价值观的引导下才能去为公众利益服务。在很长的一段时间里,我坚持得很好。"沈颢说。

然而,当纯粹的媒体人转型为媒体经营管理者,要靠新闻挣钱逐利的时候,一种无形压力随之而来,铁规开始松动。

评析:理想与现实的冲突是每个新闻人都要面对的问题,报道以沈颢为例,表明他这样一位"一直坚持一种正义、爱心、良知的新闻价值观"的优秀新闻从业者,何以在转型为媒体经营管理者后,因为巨大的现实压力而偏离了曾经的理想,导致铁规开始松动。这种抉择的过程对于每个新闻从业者都是一种很好的警示。

......

同时,沈颢通过制定高额考核指标,要求下属媒体利用负面报道和"有偿不闻"的方式逼迫企业"合作",收取"广告费"。其中,明确要求跟IPO企业合作的数量要达到当年IPO企业总数的70%以上。

对此,沈颢自己也承认,"如果按照合法的经营方式,是不可能达到这么高的。我定下如此高的比例,其实是鼓励、逼迫他们利用负面报道和'有偿不闻'敲诈企业钱财"。

2011年,原本只是转载《21世纪经济报道》的21世纪网独立运营,刘冬被任命为负责人。沈颢对他的要求很直接:紧盯IPO企业,一定要完成IPO客户合作指标。

"当时沈颢对我们说,准备上市的公司都会投这样一笔钱,他测算一年这方面的整个盘子是10个亿,全国有多少媒体,我们作为这里面最有影响力的媒体,应该占多少份额?"刘冬说。

按照考核办法,营收完成情况与管理层个人收入直接挂钩。2012年,由于没有完成指标,刘冬没有拿到足额的80万元年薪;2013年,完成情况仍不理想。2014年年初开会时,沈颢向刘冬、周斌、莫宝泉等人放出狠话,"完不成可以换人"。

……

沈颢承认,旗下媒体的这些新闻敲诈行为,自己不仅是默许,更是领导者、支持者、协调者和参与者。"我很早就知道这是涉嫌犯罪的,这种非法模式在媒体圈内已经不是什么秘密。"

评析: 沈颢的这段悔过书内容表明,他"很早就知道这是涉嫌犯罪的",只不过由于公司的营收压力,还是制定了高额的考核指标,"明确要求跟IPO企业合作的数量要达到当年IPO企业总数的70%以上"。他明白,"定下如此高的比例,其实是鼓励、逼迫他们利用负面报道和'有偿不闻'敲诈企业钱财"。可以说,报道对于沈颢在理想与现实之间、道德与利益之间抉择过程的揭示,是为了使更多新闻从业者思考自身的境遇,作出符合伦理规范的选择。

(撰稿人:丁方舟)

"上海女孩逃离江西农村"事件报道分析

一、案例介绍

"上海女孩逃离江西农村"事件是发生于2016年的一起典型传媒假事件,被中国互联网举报中心列为该年度"十大网络谣言"之首①。该事件发生在2016年春节前后,由自媒体引发,机构媒体跟进,舆论达到沸点之后又被证明是假新闻,继而媒体纷纷撰文分析这起传媒假事件发生的原因。

该事件缘起于2016年2月6日19时28分,上海本地的网络社区篱笆网有一篇题为《有点想分手了……》的帖子,全文不到300字。发帖人"想说又说不出口"称自己是上海女孩,陪江西籍男友回农村过年,因无法忍受农村简陋的晚餐而连夜离开,并由此提出分手。帖主还配发晚餐对比图,表明江西男友家寒酸落魄,而自己家在上海,且生活小康。随后发帖人还在评论区与网友互动,引发了论坛网友的热烈讨论,该帖在当晚11点后跟帖近千条。

该网帖发布的第二天即2016年2月7日上午10时28分,新浪微博博主"@KDS 宽带社"将其转发到新浪微博,使事件的舆论热度迅速扩大,微博评论量高达18万条。同时,其他自媒体也纷纷发文跟进。2月10日13点16分,一位网友疑似以事件男主角的口吻称是自己太心急,"太相信爱情的力量"。2月11日,一名同样声称是江西年夜饭事件男主的人在天涯论坛发帖《对不起,我来迟了,我就

---

① 《中国互联网举报中心盘点2016年度十大网络谣言》,《中国信息安全》2017年第1期。

是江西年夜饭事件男主》。截至 2 月 11 日 15 时,有关"上海女孩逃离江西农村"的微博话题已有 17 万条评论、5 万次转发和 7 万个点赞。各种自媒体大号接二连三地发文,从"教养问题的重要性"到"婚恋中的门当户对问题",议题涉及方方面面。在此期间,产生了 10 篇以上的"10 万+"热门文章,例如"和菜头"的《姑娘,你的问题是没教养》[①]。

该事件在网上传播得沸沸扬扬之时,新闻媒体也纷纷跟进。2016 年 2 月 10 日,腾讯网在《今日话题》栏目中针对这起事件进行了专题分析,发表评论文章《上海女子吃年夜饭分手,显示城乡差距依然残酷》。2 月 12 日,新华网发表《嫌弃年夜饭的上海姑娘,你的问题是教养差目光短》,《南方都市报》发表《城市女和农村男故事背后的隐喻》。2 月 13 日,《人民日报》发表新闻评论《农村,说爱你太沉重》。2 月 14 日,光明网发表《私域的爱情,公域的乡愁》,等等。事件涉及的江西、上海两地媒体也纷纷发声,跟进评论。中国江西网在 2 月 14 日推出《江西女孩致信上海女孩:江西农村有能力滋养年轻人的爱情》,上海《新闻晨报》在 2 月 15 日发表《放开那个上海女孩》。随后,自媒体进一步跟进扩散。作家陈岚发表《上海姑娘不是逃饭,是逃命》[②]一文赞成这位女孩的做法。然后,又有人发表《这不是逃饭,也不是逃命,是逃避》[③]一文。咪蒙在微信公众号接连发表《什么门当户对,不就是爱得不够》《最好的婚姻是精神上的门当户对》两文,回击了"门当户对"论,这两篇文章的阅读量瞬间"10 万+"。据统计,在这起事件当中,有上千家自媒体转载,上百家媒体跟进,一篇不过二三百字的帖文成了当时最热、谈论度最高的话题。在这起事件中,各方评论涉

---

① 《姑娘,你的问题是没教养》,个人图书馆,http://www.360doc.com/content/16/0210/08/26186435_533544765.shtml,2016 年 2 月 9 日。
② 《上海姑娘不是逃饭,是逃命》,搜狐网,https://www.sohu.com/a/59435708_117262,2016 年 2 月 18 日。
③ 周小平:《这不是逃饭,也不是逃命,是逃避》,氧分子网,https://www.yangfenzi.com/shehui/59324.html,2016 年 2 月 14 日。

及多个议题,包括城乡差距、地域差距、贫富差距、婚姻择偶,等等。

《有点想分手了……》这篇帖子出现不到一周时间,就有媒体指出其中存在多处疑点。2016年2月12日,澎湃新闻发表《网传上海女因一顿饭逃离江西农村男友家,网友称内容多处存疑》一文,指出原帖中的多处漏洞:"想说又说不出口"为新注册账号;照片模糊不像现场拍摄;在外企工作竟不知12306能订火车票;回家时间太短对不上;多位自称事件男主角注册微博账号发声。2月21日,江西网信办发布调查结果,称根据江西网络部门的信息梳理,发帖者"想说又说不出口"并非上海人,而是上海周边某省的一名已婚妇女徐某某,春节前夕与丈夫吵架,不愿去丈夫老家过年而独自留守家中,于是发帖宣泄情绪。至此,"上海女孩逃离江西农村"事件被证实为假事件。2月22日,《江南都市报》发布消息《"上海女孩逃离江西农村"事件:假的!》,全国1600余家媒体转载,大量了解真相的网友纷纷痛斥造谣者。

《人民日报》2016年2月23日发表《虚假网文,为何搅动一池情绪》、2月25日发表《媒体别被牵着鼻子走》,新华网2月24日刊发《1.1亿次点击量,"上海女"反转剧带来几多反思?》,开始对这一事件进行反思。2月26日,国家网信办就这一事件作出回应,在官方微信公众号"网信中国"上发布《国家网信办发言人就"上海姑娘逃离江西农村"等虚假信息答记者问》一文。2月27日,国家网信办又发表评论《不能让不实报道骗取点击量》。由该事件引发的舆论热潮自此平息。

二、案例分析

(一)违背新闻真实性伦理规范

马克思主义新闻观认为,真实是新闻的生命,是新闻最根本的属性和最基本的特征。缺少真实性的新闻,再轰动的信息也不是真正意义上的新闻。《中国新闻工作者职业道德准则》(2009年11月修订)第三条规定,"坚持新闻真实性原则。要把真实作为新闻的生命,坚持深入调查研究,报道做到真实、准确、全面、客观","认真核实新闻信息来源,确保新闻要素及情节准确","摘转其他媒体的报道要把好事实关,不刊播违反科学和生活常识的内容"。坚持实事求是的思想路线,以真实报道为原则,是马克思主义新闻观对新闻传播实践提出的基本规范[①]。在这起事件当中,新闻媒体的主要问题是在没有核实新闻信息来源的情况下就互相转载,甚至进行评论,导致假新闻的更大范围传播。尽管不少媒体是过失行为而非故意,即便如此,也违背了新闻真实性原则。在新媒体技术发达的当下,快餐化成为不少媒体对新闻的处理方式,而片面追求时效性往往会导致媒体忽视对新闻真实性的核实。事发后,很多媒体限于主客观条件,未能对事件的当事人进行采访核实。但在及时跟进的错误传播观念影响下,迅速关注公众普遍关心和讨论的话题,彰显媒体存在感,即使未对事情真伪进行核实也要参与报道,以求在时效性竞争中占据一席之地。在此事件中,《华西都市报》微博账号的转发成为第二个重要传播节点,随后多家媒体官微均转发该条微博。《华西都市报》、《南方都市报》、《人民日报》、光明网、新华网等新闻媒体还撰写相关新闻评论来探讨该事件所折射的各种深层次社会问题。

在这起事件中,部分新闻媒体片面追求时效性和关注度,疏于把关,未加核实就转载或评论,加剧了虚假新闻的传播。

(二)新闻媒体没有履行失实报道更正原则

《中国新闻工作者职业道德准则》第三条第 4 点规定:"刊播了失实报道要勇于承担责任,及时更正致歉,消除不良影响。"刊载失实报道应及时更正,中外新闻职业规范均如此。真实是新闻的生命,这是中外新闻界一致认同的铁的原则和传播理念。但是由于新闻工作特殊的运作方式和规律,新闻失实又较难杜绝。那么新闻工作者该如

---

① 童兵主编:《马克思主义新闻观读本》,复旦大学出版社 2016 年版,第 56 页。

何完善报道,不断澄清事实,使新闻最终走向"真理",媒体"更正"成了不得不面对的话题。新闻真实表现为"一个过程",马克思曾有这样的表述:"一个报纸记者也只能把他自己视为一个复杂机体的一个小小的器官,他在这个机体里可以自由地为自己选择一种职能。例如,一个人可以侧重于描写他从民众意见中获得的有关贫困状况的直接印象,另一个人作为历史学家则可以谈论这种状况产生的历史,沉着冷静的人可以谈论贫困状况本身,经济学家则可以谈论消灭贫困的办法,而且这样一个问题还可以从各方面来解决:有时较多地着眼于地方范围,有时较多地着眼于同整个国家的关系等。这样,在有机的报纸运动下,全部事实就被揭示出来。"①

其实,在这起事件的早期,也有媒体或者个人对它的真实性提出过质疑。例如澎湃新闻微信公众号在 2016 年 2 月 12 日发布署名苏雄的文章《上海女孩因一顿饭逃离江西男友家?网友称内容多处存疑》。在明知事实存疑的情况下,不少新闻媒体在报道中虽然一开始提到了网帖的真实性有待观察,但报道的重点没有落在核实事实上,而是以外部围观的姿态对社会现象进行没有事实基础的讨论。新闻媒体正式辟谣是 2 月 21 日江西省网信办发布的调查。错失最佳辟谣时期,新闻媒体在这起事件中没有很好把握舆论主导权。

而当事件发生反转后,各大新闻媒体虽然及时改变舆论导向,由原来针对该事件发表新闻评论,转变为探寻为何这起传媒假事件能够得以广泛传播。几乎没有新闻媒体发表更正,承认自己此前疏于核实事件真伪,更没有新闻媒体主动进行自我反省。

(三) 损害新闻媒体公信力

新闻媒体的公信力是指新闻媒体通过提供以新闻报道为主的信息产品(包括广告),能够获得受众信赖的能力和程度。换言之,公信力表现为人民群众对新闻媒体的一种信任程度。人民群众越信任,

---

① 《马克思恩格斯全集》(第 2 版)第 1 卷,人民出版社 1998 年版,第 358 页。

新闻媒体的公信力就越高①。新闻媒体公信力主要包括以下几个要素：正确导向、思想高度、舆论主调、新闻真实、高雅格调、舆论监督、情感亲和、品牌特色、职业道德等②。构成新闻媒体公信力的要素尽管很多，但只有新闻真实始终是衡量新闻媒体公信力最直接、最重要的要素，也是其他一切构成要素的前提和基础③。在实际的新闻报道操作中，新闻业的公信力建立在对事实真相客观、准确、全面的报道上。如果不能提供真实的信息，就谈不上什么公信力。有时一则虚假新闻就足以使新闻媒体的信誉度大打折扣，倘若这家媒体接连出现虚假新闻，人民群众对它的信任也将彻底消失。所以衡量一家新闻媒体的公信力，首先要看它报道的新闻是不是真实的。如果说新闻媒体能为人民群众提供真实的信息，有助于人民群众认识客观世界，并引导他们朝着正确的目标前进，它一定具有公信力④。梁启超曾提出报刊是政府的"耳目喉舌"，马克思、恩格斯提出"报纸不仅是群体的宣传者，同时是组织者"。媒体作为党、政府以及人民的耳目喉舌，对舆论具有直接的导向作用，因此必须保证传媒内容的真实性。

在这起传媒假事件中，新闻媒体存在的问题严重损害了新闻媒体的公信力。因为是在春节这样一个节点，很多人都借这个事件去表达自己的情绪，"就好像有人评论里写到的，有人看到了教养，有人看到了辛酸，有人看到了无知，有人看到了歧视，有人看到了陋习，有人看到了乡愁，有人看到了鸿沟……这些情绪都借助于这起虚构事件表达和扩散，而关于这起事件是否是真实的，反倒被很多人忽略了"⑤。但专业的新闻媒体绝不可以以此作为新闻失实的免责事由。

---

① 新闻学概论编写组：《新闻学概论》，高等教育出版社2009年版，第46页。
② 刘兰明：《全民记者时代报纸的应对策略》，《今传媒》2011年第11期。
③ 新闻学概论编写组：《新闻学概论》，高等教育出版社2009年版，第46页。
④ 同上书，第47页。
⑤ 《上海女孩逃离江西农村？别闹了，这事纯属虚构!》，《成都商报》2016年2月22日，第7版。

纵观今天中国的网络媒体，虚假新闻层出不穷，而且此类虚假新闻在事实反转之前往往占据各大媒体的显著位置，引发社会的广泛关注。作为这些假新闻的接受者以及反馈者，人们一度为之震惊的事件，也许明天便会有人指出这是一则虚假新闻，辟谣声不断。新闻媒体的公信力也就在一波又一波的新闻反转过程中不断减弱。在这起事件当中，新闻媒体的加入为该事件起了"证实""正名"的作用，让普通受众和众多自媒体以为网帖内容是真实发生的事件，并进一步传播。新闻媒体的公信力就是建立在对新闻真实负责的基础之上的。新闻媒体未经核实就大加传播，极大损害了新闻媒体的公信力。从中央媒体到地方媒体，从国外媒体到国内媒体，或多或少都面临着公信力下降的严重威胁，在此危机面前，媒体更应当自重，恪守新闻的真实性原则，对新闻内容进行严格审查，并始终坚持：真实性是媒体的生命。

（四）事件的教训与启示

其一，主流新闻媒体应切实承担核查事实的责任与义务，争当权威信源，做好新闻舆论的"压舱石"。在人人都有麦克风的时代，新闻媒体尤其是主流媒体应该成为新闻真实的最终守卫者。"上海女孩逃离江西农村"事件给媒体上了生动一课：用事实说话才是新闻媒体的职责所在。新闻媒体面对任何事情都要以客观、公正、冷静的态度分析、报道新闻。新闻伦理中最重要的一条就是尊重客观事实，以事实为依据。在信息爆炸的社会里，人们越来越没有耐心去探寻事件真相，流量、关注度才是王道，似乎只要能够吸引大众的目光，不管是以何种方式以及不管代价如何，大家都不在乎。事件最初的发酵也是从个人发帖、转载、评论等传播形式下扩散开来，"三人成虎"，当讨论的人多了，人们也就自然而然地认为事情必真无疑了，很少会有人去思考这件事情的真实性。专业媒体对来自网络的信息应该有严格的审核标准，新闻采编部门应该多方核实与求证之后再传播，不能成为虚假消息的二传手，被网络信息牵着鼻子走。对任何信息来源不明确的新闻都要保持怀疑的态度，直至核实结束，确保传达的消息都是真实可信的,而不是迎合大众兴趣,传播甚至制造假新闻。当网络上出现热点话题时,媒体首先应该做的是证实该事件是否属实,而后再传播。新媒体时代,舆论环境十分复杂,借助发达的传媒技术,人人都可以发声,各种各样的社会负面情绪往往在不经意中被点燃和煽动。在这种情况下,媒体对信息的去伪存真功能对整个舆论场和社会情绪的平稳有着至关重要的意义,一旦媒体失去对事实进行探究和甄别的能力,就很容易被那些别有用心的信息散布者牵着鼻子走,给社会发展和老百姓的生活带来严重的负面影响。

其二,在复杂的传媒环境中,新闻媒体应该坚持新闻真实是"过程真实"的马克思主义新闻观,采取连续报道等方式,及时报道完整真实的事实,争取做到媒体自净。媒体自净是指在完全开放、不受外力干预的环境下,媒体对一起事件的连续报道会不断对谣言、错误信息进行纠正,从而达到逼近事实真相的效果。马克思主义新闻观是社会主义国家一切媒体必须遵循的基本立场与政治规范。在当下"人人都是自媒体"情形下,各种声音都能在舆论空间中找到发声通道。很多事件刚一出现时,真假难辨,真相也不一定全部呈现,这就需要新闻媒体从业者发挥职业精神,不断探寻,多方核实,将事实真相全部揭示出来并通过真实准确的新闻报道告知受众。习近平强调,要尊重新闻传播规律,强调"根据事实来描写事实",要坚持反对虚假报道、低俗报道和新闻欺诈三方面的问题[①]。"上海女孩逃离江西农村"事件最初从网络传播出来,后来主流媒体的介入加大了其传播热度,最后发现是假新闻,也是由主流媒体来辟谣的。可见,在新媒体环境下,传播环境更加复杂,新闻真实是过程性真实也体现得更为明显。这就提醒新闻媒体及从业人员需要紧跟事实,在"报纸的有机运动"之下揭示事件的真相。

---

① 《习近平:坚持正确方向创新方法手段 提高新闻舆论传播力引导力》,新华网,http://www.xinhuanet.com/politics/2016-02/19/C_1118102868.htm,2016年2月19日。

其三，新闻从业者要恪守新闻职业伦理，坚守新闻真实性。新闻真实性还要求新闻活动要向社会公众提供全面的而不是片面的、整体的而不是零星的事实和意见①。新闻媒体的公信力源于新闻从业者恪守新闻职业伦理，在长期的真实准确的新闻报道中建立的权威性和影响力。新闻的真实是全面的真实，在一个媒体高度发达和开放的时代，任何虚假信息，哪怕是极其微小的细节失实都是藏不住的。自媒体时代，普通公民拥有参与新闻传播的机会，他们可以随时发布新闻、表达观点。各种媒体的从业人员，无论是媒体的管理者还是从业者都必须适应时代的变化和要求，勇于和善于承担起自己的历史责任、政治责任和社会责任，恪守职业和道德底线，用真实鲜活的新闻报道引导社会舆论，从而引导人们探求事物的本源，了解事情的真相。但是百密难免一疏，任何一家新闻单位都不敢保证永远不出假新闻。媒体自律是传媒自我约束和自我控制的有效手段。只有新闻从业者能够时刻牢记自己的职业道德和使命，不断提高自律能力，才能够营造一个健康的良性竞争的行业氛围。在"上海女孩逃离江西农村"事件中，也是新闻媒体的自净功能揭露了事实真相，及时中断了谣言的进一步扩大和传播，始终有理智清醒的媒体对事件的真相保持质疑，并着手调查，最终揭露其从头至尾皆为虚构。

三、重要报道评析

"网络部门"能否像舆论一样思考

（2016年2月22日 《京华时报》，作者 杨耕身）

……

这未免显得多此一举。即使证明了帖文为伪托之作，"江西农村"仍是"江西农村"，它无论如何也变不成上海，更不可与其同日而

---

① 参见童兵主编：《马克思主义新闻观读本》，复旦大学出版社2016年版。

语。而从被帖文所触发的公共讨论与舆论聚焦来看,人们更关注帖文所反映的城市与乡村的差距、婚姻与家境的关系、阶层固化与社会流动的辩论、"孔雀女"与"凤凰男"的标签等更具普适性的话题,这些其实已不仅仅局限于"江西农村",更不是可以轻易无视的现实。

那尽管是纯属虚构的"逃离",却也多含并非巧合的现实;尽管是可以辟谣的帖文,却也是无法"洗地"的现实。只要还是一种现实,只要还存在一种深刻的贫富差距与地域隔阂,那么对于"网络部门"来说,其所面临的就不只是消除地域影响那么简单的事。作为在此事件中唯一公开发声的政府相关部门,"网络部门"能否像舆论一样思考,能否摆脱地域的浅见而介入到更深层次的现实之中,恰恰体现了政府部门关注此类问题的格局与态度。

评析:此文认为帖子中具体的人和事是假的,但其所折射的现实却是真的,只要反映问题、有讨论价值,其真假无关紧要。这个观点明显不对。"新闻真实是全面真实","真问题"不是假新闻的免责证,基于虚假新闻的讨论,无论多么深刻都是"无本之木,无源之水",因而也是毫无新闻价值可言的。

党报评"上海女逃离江西农村"事件:媒体别被牵着鼻子走

(2016年2月25日 人民网)

在"上海女孩逃离江西农村"事件的整个发酵过程中,媒体和公众的争论是多维度的,有人关注个人修养,有人关注爱情婚姻是否应该门当户对,有人关注人口流动中的社会阶层问题,有人关注中国城乡之间仍然存在的差异……但不管怎样,所有的争论都建立在相信事件本身真实性的基础上。尤其对于媒体来说,在关于事件的所有观点和辩驳都喧嚣沸腾的同时,却几乎没有人对事件的真实性进行探究和拷问。媒体是新闻事实和社会情绪的放大镜,但在事实依据都不确凿的情况下,被放大的情绪究竟又是什么呢?

新媒体时代,舆论环境的复杂性已经今非昔比,尤其在我国目前正处于社会转型期的形势下,各种各样的社会负面情绪往往在不经意中就被煽动和点燃。在这个过程中,媒体对信息的去伪存真功能对整个舆论场和社会情绪的平稳有着至关重要的意义,一旦媒体失去对事实进行探究和甄别的能力,就很容易被那些别有用心的信息散布者牵着鼻子走,给社会发展和老百姓的生活带来严重的负面影响。

评析:媒体应该及时更正失实报道,中外新闻职业规范均如此。但上文全文只字不提媒体之前没有核实就发表《农村,说声爱你太沉重》并被不实信息牵着鼻子走,通篇更是没有道歉和自我检讨的文字。

(撰稿人:何秋红)

图书在版编目(CIP)数据

马克思主义新闻观典型案例分析/马克思主义新闻观教学团队编写;陈建云主编.
—上海:复旦大学出版社,2019.10(2024.2重印)
ISBN 978-7-309-14655-4

Ⅰ.①马… Ⅱ.①马…②陈… Ⅲ.①马克思主义-新闻学-高等学校-教材 Ⅳ.①A811.67

中国版本图书馆 CIP 数据核字(2019)第 214965 号

马克思主义新闻观典型案例分析
马克思主义新闻观教学团队　编写　陈建云　主编
责任编辑/刘　畅　章永宏

复旦大学出版社有限公司出版发行
上海市国权路 579 号　邮编:200433
网址: fupnet@fudanpress.com　http://www.fudanpress.com
门市零售:86-21-65102580　　团体订购:86-21-65104505
出版部电话:86-21-65642845
浙江临安曙光印务有限公司

开本 787 毫米×960 毫米　1/16　印张 16.25　字数 200 千字
2024 年 2 月第 1 版第 2 次印刷

ISBN 978-7-309-14655-4/A·41
定价:55.00 元

如有印装质量问题,请向复旦大学出版社有限公司出版部调换。
版权所有　侵权必究